SHAO QUANLIN QUANJI

第二卷

文艺理论与批评（下）

武汉出版社
WUHAN
PUBLISHING HOUSE

(鄂)新登字 08 号

图书在版编目(CIP)数据

邵荃麟全集.2,文艺理论与批评.下/邵荃麟著.—武汉:武汉出版社,2013.10

ISBN 978—7—5430—7887—1

Ⅰ.①邵… Ⅱ.①邵… Ⅲ.①中国文学—当代文学—作品综合集②文艺理论—文集③文艺评论—文集 Ⅳ.①I217.2

中国版本图书馆 CIP 数据核字(2013)第 232967 号

著　　者:邵荃麟
责任编辑:杨建文
封面设计:刘福珊
出　　版:武汉出版社
社　　址:武汉市江汉区新华路 490 号　　邮　　编:430015
电　　话:(027)85606403　85600625
http://www.whcbs.com　　E-mail:zbs@whcbs.com
印　　刷:武汉精一印刷有限公司　　经　　销:新华书店
开　　本:880mm×1240mm　1/32
印　　张:11.5　　字　　数:239 千字　　插　　页:7
版　　次:2013 年 12 月第 1 版　　2013 年 12 月第 1 次印刷
定　　价:480.00 元(全套八卷)

1945年，邵荃麟一家在重庆

1945年，在重庆张家花园文协宿舍门前（后排左立者为骆宾基，前排下蹲者为黄碧野一家）

1945年，在重庆与朋友合影

1960年代初，邵荃麟、葛琴在重庆曾家岩50号

目　　录

找到了题材以后

这一期我们所选登的几篇，对于题材的选择都比较进步了。譬如说，《舅舅家的菜》和《失望》，都已经能从孩子的生活中去反映出社会生活的惨酷和帝国主义的压迫——纵然在表现上还是很差。《雪》虽然是成年人的生活，但却能很经济、很生动地写出。一般的说来，照这样去开始文艺习作，是很有希望的。

题材虽然找到了，但是怎样去把它有力地和生动地表现出来呢？这是在下笔之前值得仔细去思索的问题。我们要知道，题材好比是原料，没有好的原料是很难制成一件好的熟货，但是好的原料如果不经过细心的配合和挑选，也会把这原料很可惜地糟蹋掉。那么怎样把一件写作的原料构成一篇好的作品呢？这就要谈到题材的处理和剪裁了。

一个题材必须有一个重心，譬如说《舅舅家的菜》主要是去写出日本帝国主义对于中国北方农民的直接压迫，那么一切人物动作、景色和故事的发展，必须用最经济而有力的方法去把这重心的力量尽可能地增大起来，使你所要说的能更深刻地透入读者的印象中去。在若干作品中间，往往有许多不必要的闲笔，在作者原意，也许想写得更精密一些，但是结果却使故事的发展和文章的结构松懈起来了。这种离开主题的闲笔，很足以减少文章的力量，是应该注意删去的。

当然，除了题材的处理和剪裁以外，词句的修饰和结构以及用语等等，都是很重要的条件，如果缺乏这些条件，纵然这题材的处理很好，也会使一篇作品变成很沉闷和滞钝。

好吧，让我们把选登的几篇来具体一些谈一谈。

《舅舅家的菜》一篇的结构，比较是最好的。最后一段结束得很生动。虽然在写日本兵演习野战，但始终没有把菜的事情丢开，这是一个特长处。它的缺点是没有把日兵野战演习的紧张空气充分地描出，仅仅把娶亲的爆竹声来形容作战的枪炮声，而在四周景色上，完全没有特殊地描写出什么，这是不够的。而且在野战区域内，一个孩子能够平安地通过，没有碰到一些阻碍，也有些不大真实。因为这样，敌人凶暴的面目，便无从直接表现出来，给予读者的印象就减弱了。

《雪》的作者。仅仅用千把字写出这样一个动人的故事，是很难得的。但是也因为字数太少，许多地方不能充分地写到，譬如那男子和女人的打架仅写了几笔，而那孩子的死也写得太快。还有一点，既然把“雪”作为题目，而且结局又是那女人冻死，可是全篇中始终没有描写到冷，这是很大的疏忽。

《失望》的描写欠深刻一些，但是故事是很有意思的。作者似乎受过一些旧小说的影响，譬如“好不怎办……好不怎办”一类句子很多，(已经删去了)在技巧上尚需活泼一些。不过作者还是小学学生，能够写到这样已经很可满意了。

最后，我们希望下次能多收到一些更充实、更活泼的作品，尤其希望工厂商店的学徒和青年店员，能提起文艺习作的兴趣，多寄些关于实际生活记录和报告文学一些材料。

《又论患难》那篇是临时插进去的。因为这是一月中收到的第一篇比较可用的杂文，我们就先把它刊了出来。但关于杂文方面的话，我们打算下次再详细地谈到，这里限于篇幅，就略去了。

（原载 1931 年《少年时代》第 1 卷第 2 期）

内地戏剧工作的诸问题

目前戏剧上主要的问题，还是求得形式与内容的统一，因为艺术是进步了，而对象观众却换上了一批文化水平极低的劳苦大众，同时舞台的物质条件又低落了，于是发生了不能和谐的矛盾，无论在剧情、台词、表演，舞台装置、服装、道具上都发生了新的困难，在一个三家村的庙台上，想去演出适合于卡尔登的剧本，不仅是不可能，而且观众会根本不能接受，于是聪明的导演，便不能不以街头剧和幕表剧来应付需要了！怎样运用新的形式，表演出新的戏剧内容，就是今天剧作家和导演者急应解决的一个问题。

为了具体意见，我想在这里提出下面三个问题来讨论：

第一，是剧本的内容问题，目前各地剧团所应用的，除了少数抗战以后所编的剧本和活报外，许多还是采用抗战的剧本，在时间性和空间性都不会有若干问题，而临时编成的剧本和幕表戏往往会陷于这样一套公式：敌人压迫民众——汉奸乘机活动——游击队出现把敌人和汉奸消灭。于是戏剧就在观众满意中闭幕了。一次又一次，不仅演员感觉乏味，连观众也感觉总归这样，甚至更坏的会产生民众轻敌的观念，以为敌军只不过这样一批饭桶罢了。

这里的原因，我以为是戏剧缺乏生活的内容，因此剧作家不得不利用飞机大炮一些惊人的后台效果，作为刺激观众情感的手段。我希望剧作家应该多从民众生活中去着手，把当地当时的人民生活和抗战联系起来，作为中心的题材。例如有一次在一个接近前线的极小的村庄中，那里正忙着逃难，我们就利用这故事在十分钟内编成一个幕表戏，那一天演技是坏极了，布景是没有的，但是却意外地收获了极大的效果。又有一次，在征兵中间，我们演了一出恶劣的"应征"，又获得了很好的反响！这正证明在那场合里主观和客观是统一了，所以戏剧就产生了导演所不及预料的效果。

在目前这时期，我们不能拘泥于既成的剧本，不妨随时随地编制这类幕表戏，从它的成功和失败中研究其原因，不断地加以修正充实，在最后把它成了正式的剧本，这也许会成真正群众所要的东西。

第二，是关于戏剧形式的问题，自然还是根据客观的需要，譬如"活报"，特别是适合士兵和城市工人，对于农民，并不感到很大的兴趣。多幕剧在农村中也不很适合。我觉得群众剧在目前内地是一种很好的方法，就是采用外国 Mass Recitation 的原则来编成的剧本。这种方法，本来是专门适合于劳苦大众的，演员杂于观众中间，把戏剧扩大到舞台以外去，有时甚至不必利用舞台演出一次大规模的群众剧，收效是很好的。我希望剧作家在这时能多多供给这一类剧本，供给内地的戏剧同志。

总之，在内地演剧，我们必须活泼利用一切现成的舞台，在一个空场，或破庙台，都能成为戏剧的"阵地"，应用一切巧妙的方法和简单的道具来实践最大的效果，我们曾经叫出“展开戏剧的游击战”的口号，我们必须以极忠实的态度去实践。这就是说我们绝不能忽视舞台艺术的意义，存着“因陋就简”的观念就算了，我们必集合有经验的同志，更详细地去研究，在物质条件贫困的舞台上舞台装置的问题、灯光问题、后台效果问题，如何利用现成的环境作为我们的布景等，以求戏剧效果的更增强。

第三，是关于言语问题，在内地演剧演语是最大的困难。我以为除非十分必要，我们还是应该以国语为标准，因为土语的对白往往会失去戏剧的和谐性，不容易表演力量，尤其是三不像的土语，把戏剧的严肃性破坏了，结果引起观众的失笑。运用土语表演，不经过长久的排练，还是以不轻易尝试为上，可是国语的台词，应该竭力避免农民所不能了解的剧词，和冗长的句子，同时加强动作的表情，以帮助观众理解。例如旧剧的说白，虽用中州韵，和湖广韵的低能，使乡民理解，而且我们在戏剧运动中还该提倡民众戏剧对国语的学习，这也非常重要的。

此外哑剧也可以补救言语的缺陷，不过这是一种辅助的方法而已。

最后，我希望从事内地戏剧运动的同志，应该设法多多交换意见，尤其是在都市中所不容易发生的问题，必须经此不断的研究和讨论，才能获得有效的结果，同时剧作家应特别注意这些意见，创造出适合目前需要的新剧本，这项工作过去似乎做得不够，盼望大家予以注意。

（原载 1938 年 7 月 25 日《抗战戏剧》第 2 卷第 4、5 期）

“艺术大众化”的我见

一　通俗与庸俗

提起“大众化”，大众似乎立刻会想到四季相思、泗洲调或者火烧红莲寺一类的东西，仿佛大众化艺术是挺容易的了，只消把抓过几个旧调子，塞进一些抗战打日本的名词，就是大众艺术作品了。于是文艺书籍暂时不妨搁起，大家跑到小书籍上去搜罗一些唱本小书，艺术大众化的工作就从这里做起，因为是这样，于是艺术大众化就成为一个问题了。

其实这种尝试，在多年以前早已失败过了。清朝末年满清政府就颁布过教育大众的俗歌，例如“莫打鼓，莫打锣，听我唱过太平歌”之类，民国初年，各种报纸也刊过这类给大众看的作品，以后“五四”“五卅”每次大运动中间，总一度出现类乎这些的东西，然而不久终于淹灭了。普及在大众中间的，还是四季相思、泗洲调、火烧红莲寺之类的东西。

抗战以后，确实有点不同了，这个问题引起一部艺术家深刻的研究，然而大部分的人还是沿着老路在跑，结果到今天，在艺术大众化问题上，还是看到许多失败。

这个原因，是没有把通俗化和庸俗化分开，我们知道庸俗和通俗的区别，就是后者必须是有艺术性，而庸俗化则缺乏了这一特征的。庸俗化的作品只是从迎合一般社会大众的低级趣味或好奇心理而出发，它是大众欲望的一个尾巴。虽然它有时凭着一点低级趣味的描写，传奇式的结构或者“噱头”，也能抓住一些读者或观众，或则替治人阶层鼓吹一点扬善惩恶的伦理，被采用为大众教育的材料，但是这种东西决担负不了艺术上指导现实的任务，至多是成为茶后酒余的“闲书”。

然而这种东西却能大大的推销，这是什么缘故呢？那是因为过去文化的大门始终牢牢地关闭着，庞大的民众是被摒弃在文艺园地之外，于是一批蝴蝶鸳鸯派和神怪武侠的作者，便在这庞大群众之中大展神通了，大众本来是饥渴的，获得一些果子，不管是卫生或不卫生的，当然还是大大的欢迎，积而久之，这种作品，便似乎成为大众特需的东西了。一旦文化的大门打开，艺术作家从庄严美妙的园门口跑出来，看到这种现象却眼花缭乱了，误认这是大众的艺术，艺术家的任务只消把些正确的现实的意识加到里面去，新时代的大众艺术就会这么长成的。

这样的结果是什么呢？庸俗作品的特点——低级趣味、噱头、传奇式的结构丧失了，新的口号和内容生硬地被装进去，群众纵然一时感觉新奇，终究不及原来的有味，因此，抗敌五更调终及不上原来五更调的顺口，抗日的英雄终及不上飞墙走壁的侠客够劲，艺术大众化工作，还是碰了壁。

其实真正通俗的大众化艺术并不是一种低级的东西，恰恰是艺术更高级段的发展。这种更高形态艺术的完成，当然不是很近的事，而应该是人类生活达到真正平等自由时候，到了那个时候，大众化这个名词也将根本被否定了。因为艺术与大众生活本来是没有分开，在古希腊时代，贩夫走卒工作余暇的时候，谈谈雕塑、悲剧、喜剧，这并不稀罕，后来艺术被少数人掠入自己的园地了，艺术开始和大众化分开，一直到现在，艺术才开始走向归还大众的道路。可是这决不是还原或开倒车，而是螺丝形的向更高的阶段上去发展，目前正是在一个从旧形式脱化出来的时期，工作当然是艰苦的，然而决不是回复到庸俗的原始形式的路上去。

通俗的大众艺术所具的高度艺术性，是表现在下列三点上：第一，它的内容与形式都保持和大众化水准的一致；第二，它是排斥了旧时代知识分子一切抽象的渣滓，一切描写都是现实的、活生生的现代大众日常生活；第三，它是具有时代前进的正确意识，这种意识是潜伏在大众的心胸里面需要激扬出来的。艺术家必须了解这个前提，到大众生活中去理解群众的需要，才能创造出真正大众化的艺术作品。

大众化艺术决不是把词句化为简单明了，使乡下人能够看得懂，就算了事。这在通俗教育意义上是可以的，但是正因为它是艺术，所以必须具备作品的艺术性，对于一字一句的使用、人物细节、场面的描写必须使其明显，健全生动深刻。这并不是说非用许多美丽、重叠、深奥的形容词不足以完成，相反的，朴质的描写有时候能达到非常生动的程度。文学上的朴质是非常需要的。高尔基称赞契诃夫就是因为他有朴质的作风，鲁迅先生的成功，也在乎他的“笔大如椽，心细如发”八个字。当然鲁迅的作品还不能代表中国真正大众化的艺术作品，但是这种的作风在艺术走向大众化的路上，是值得学习的。

如果只求简单明了，那么这是民众教育馆的通俗读物，而不是大众艺术作品。

也有人以为通俗与大众化不能混为一谈，例如《文艺阵地》一卷三号上李南臬先生就是这个意见，以为一提到通俗，就仿佛是自己站在雅的立场"觉得芸芸众生俗得可怜，于是毅然下来，拉大众一把——然而这是屈就，不久还是要上去"。这种名词上争执是没有必要的。本来"俗"并不是一个不好听的名词，只要俗而不庸，就不妨越俗越好，鲁迅先生就自命为俗人，而和"雅人"斗争了一世的。一个现代的艺术家如果还要把自己看做芸芸众生之上的一个雅人，那么他的"雅作"也就可以了。

水浒红楼确实是艺术的作品，它们能够大众化，就是因为作者抛弃了一切离开大众知识水准的高雅的东西，而同时用最生动的艺法非常形象地表现出当时当地的人物和生活，这和一切庸俗的旧小说，本质上是不同的。这也不是说，我们应该完全采用红楼水浒的写法，因为时代不同了，内容不同了，形式也要随着而改变。现在的大众化艺术作品，还是需要我们在偷巧取便之外，艰苦地去创造出来。

二　普及与提高

抗战建国中间，文化界重大任务之一，就是使千千万万群众如何取得文化生活。这确实是一个极好的机会，在最残酷的屠杀压迫的现实之前，全国民众对于精神食粮的需要不仅不减低，反而增高。因此，无论在主观上客观上，艺术大众化在目前特别具有重大的意义。但是正因为如此，有些人就把大众化的意义解释为单纯的普及，以为今天艺术家应该把水准尽量放低，尽量避免采用一切新颖的名词，唯一的目的就是使民众能够看得懂，听得懂。这样往往就忽视了提高民众文化水准的意义，有的时候，反而把民众“拖住”了。

其实“大众并不如读书人所想象的愚蠢”，“当然，如果满口新语法，新名词，他们是什么也不懂，但逐渐的检必要的灌输进去，他们都会接受，那消化的力量，也许还赛过成见更多的读书人。”①尤其在抗战中间，人们的认识力和支配生活能力，是比平时大大地提高，反映现实的艺术家，在这时就不能不注意到这一点，利用这有利的客观条件而使民众的文化水准更提高起来。举个例说，话剧的形式曾经有一时有人担忧会使农民看不懂，但是实验的结果，许多著名的抗战剧本在农村里多演过几次以后，农民对于它的内容的理解是完全可能的，又如今天西北许多士兵农民对于戏剧诗歌的赏鉴能力确有相当提高，这些事实使我们知道在普及之外，不能不更注意到“提高”。

因为有许多人太把民众的能力估低了，便以为民众所能懂的，仅是四季相思之类的东西，甚至为了简单明了，对于艺术的形象化典型化，也抛弃了，老是在一些旧形式里兜圈子，结果反而使艺术落到群众的尾巴背后去。这种倾向，对于大众化并不是有利的。

恋恋于富丽的词藻，深奥的做法，把艺术看成至高至上，

---

① 鲁迅：《门外文谈》。

而忽视大众接受的能力，这是今天艺术的左倾关门主义。过分低视了群众的能力，以为群众是愚蠢的，生怕新颖一点会吓跑大众，这是艺术的右倾尾巴主义。这两者在艺术大众化的工作中必须克服。艺术家必须随大众现实生活中，去认识大众所需要，“由历史所指示，凡有改革，最初，总是觉悟的智识者的任务。但这些智识者，却必须有研究，能思索，有决断，而且有毅力。他不看轻自己，以为是大家的戏子，也不看轻别人，当作自己的喽罗。他只是大众中的一个人，我想，这才可以做大众的事业。”①

三　旧瓶子与新酒

旧瓶子能否装新酒，这个问题争论得很久了。我以为这个问题是不能机械了解的。

首先，我们必须了解，任何新的文化都不是凭空从天上掉下来，它一定是从旧的文化遗产中，经过扬弃作用而产生出来。所以在新形式产生以前的过渡时期中，尽量利用旧的形式是应该的。“中国新文艺二十余年没有对于旧文艺旧艺术的传统的接受和利用，尽了最大可能”，这不能不说是一种缺憾。“忽视文化上旧的民族形式，则新文化的教育是很困难深入最庞大的群众的。”②但这并不是说我们的任务在把新内容装入旧瓶子里就够了。形式与内容不是跟酒与瓶子一样是呆

① 同前。

② 陕甘宁边区文化界救亡协会：《我们关于目前文化运动的意见》。

板的东西，它是在不断变动的。利用旧形式正是过渡到新形式创造的过程中一种手段，如果老是停留在旧瓶子里，或者原封不动地搬用旧形式，这将被旧形式所利用，而使新内容的发展反而受到束缚了。

我们在利用旧形式的工作中间，必须加以周密的研究，发扬旧形式的优点和摒弃旧形式的渣滓，在这样工作中间，事实上形式与内容中间已经起了一种对立的统一作用。旧的形式与新的内容结合的时候，已经不完全是原来的东西。它将逐渐被新的内容所征服，而脱化到新的形式，这个意思，也正是说明艺术大众化并不是开倒车，并不是还原，而是向更高阶段的发展。

这里我可以举出一个最好的例子，就是柯仲平先生一首边区自卫军的诗，①这首诗是艺术大众化一篇比较成功的作品，它是利用旧大鼓词的优点，把中国农村中流行的语句，很自然地运用到诗中间。例如：

清水一边淌，
混水一边流，
他是一路来一路想，
他愁在心头恨上口头。

可是他对于艺术的形象性和典型性却充分地实践了，他写出来那李排长的样子：

---

① 《解放》一卷四一期。

他的身材不高也不矮，
结结实实的一条好汉，
他的服装上下蓝，
腰间缠着一条黄河水色带，
右手握着一根旱烟管，
鸭嘴帽儿歪歪戴，
脚下蹬着一双麻草鞋，
他那派头像什么？
说他像从前的侠客，
他的腰间却有小手枪一杆。

这完全把主人翁的样子表现出来了，他不是古代侠客，也不是山村农民，而是一个活生生现代的北方自卫军。诗中对于李排长与韩娃两个人物个性的创造尤其成功，这种表现的力量比一般所谓新诗恐怕还更强一些。

同时，他并不避用现代语，这种现代语用在这样一个题材中间，在陕北的士兵和农民听起来，至少不需要再解释的。例如：

他原是一个雇农，
会分得土地三垧，
为保护手中的一点利益，
也为着抗日革命潮的高涨，
打日本，勇敢上战场。

这里我们可以看到，它和那些抗日泗洲调之类的庸俗作品，是差着多大的距离。

总之，艺术形式与内容的统一性，还是应该尽量顾到的。旧形式的利用与新形式的创造是不可分的一件事情。“我们文化的新内容，会生出新形式，但我们文化的新内容，是可以在无论旧的任何形式中显现出来，而文化旧形式的尽量利用，正所以便利于文化新内容的庞大发展，并且在发展过程中文化新内容将不断征服旧形式，不断地使旧形式成为文化新内容的附属，而过渡到文化的新形式。”①

四　煞　语

艺术大众化的问题，说来并不很简单，因为篇幅的关系，这里不再扯开去了。不过有一点是非常重要的，就是艺术大众化必须是从大众生活的实践中去产生的。因此，文艺工作者在这抗战怒潮中间，必须勇敢地去参加一切群众的实际斗争生活，首先把你的生活、言语、动作和大众打成一片，然后经过熟练的艺术加工，把它产生出来。我们必须把艺术大众化看成一个艰苦的工作，在整个中国人民生活的改造过程中去创造更高阶段的艺术。否则，闭户造车，结果恐怕还是四不像的东西罢了。

（原载 1938 年《大风》第 17 期）

---

① 陕甘宁边区文化界救亡协会:《我们关于目前文化运动的意见》。

论戏剧的偶然性

抗战是座历史的洪炉，它剧烈地改变了中国人民的生活内容，刺激了几世纪来人们麻痹的生活状态，在血肉与炮火的现实之前，人民的政治意识与民族意识空前地提高了，同时人民大众对于文化的要求也显得格外的切迫。由于整个社会生活的剧烈变动，艺术的内容已随着改变了。目前艺术新的内容，第一是表现民族战争历史的伟大发展，提高民族革命的意识与指示这一战争的前途，因此艺术的政治性增强了。第二，艺术更发展成为大众的东西，它与大众生活的关系更密切了，因此它的现实性也更增强了。

内容的发展，决定了新形式的产生。目前艺术就在这种扬弃的转变过程中，如何创造新的形式，来适合和充实抗战艺术的内容，这是今日艺术家的任务。但是历史的变动太剧烈了，艺术家往往来不及深入地和精密地去把握这一内容，而客观的需要又是那么迫切，因此艺术创作上就会多少犯了公式主义和机械主义的倾向。对于这种倾向的出现，我们决不能认为是艺术落后的现象，而应该认为是在向艺术更高阶段发展过程中的一些初期的幼稚病。我们就应该去分析这些倾向的原因而努力克服它。

在抗战艺术的各部门中，戏剧上这种倾向似乎特别明显一点。这不是没有原因的。因为第一，戏剧的实际需要比小说图书更切迫，为了应付客观的需要，剧作家在创作上不免易犯粗率的毛病。第二，戏剧是需要在很短的一幕或多幕的场面中，经济地来处置它故事的发展，而同时又需要顾到观众的情绪，舞台的限制使剧作者更容易犯这些倾向。第三，抗战以来话剧观众的成分改变了，观众水准的低落，以及政治宣传性的加强，使剧作者易于被主题所拘束，而倾向于概念化。

一般说来，我们可以指出，目前戏剧上所表现出的种种不正确倾向，是作者对历史必然性与偶然性的相互关系，不能有很正确的认识。戏剧是形象艺术的一种，它是以人类生活中的现实的、具体的、偶然的事情，来反映出人类生活的历史必然法则。历史的发展是有一定的法则的，但是在现实中，它是通过种种错综复杂的社会生活而表现的。人类在日常生活中所表现的一切，虽然离不了历史必然法则的范畴，但是它对历史发展的本身讲来却是偶然的。可是这种偶然并不是绝对的。在人类日常生活的事情中所起的种种变化，是包含着种种的原因与条件之极复杂的相互作用。例如民族革命，这是在帝国主义与殖民地本质的矛盾发展中所决定的必然结果。但是，民族革命中间某一个人的参加和某一件事实，对于民族革命本身说来就是偶然的。然而某一个人或某一事情的出现，在它自身中也一定关系着极复杂的原因。通过这些偶然性，历史的必然性才展开它自己的道路。所以，偶然性的意义应该说是必然性的个个发现形态，而它是依着无数的原因与条件的。

一部现实的人类历史就是在这种必然与偶然的关系中写成。艺术家的任务就是在抉择出社会现象中这种复杂的关系，形象地表现出来，从某一件具体事物来说明历史发展法则的抽象概念，和指示它正确的前途。戏剧既然是生活片断的反映，因此戏剧作品愈能在这种片断的生活中深刻表现出这种关系，它就具有更大的现实性。反之，如果只看到一面，不管剧情布置如何紧张奇妙，它的现实性就将大大减低。

我们为什么要特别来谈到戏剧上的偶然性呢？因为戏剧比小说更不同。小说固然也需要其有故事性，但是它的地位并没像在戏剧中那么重要。戏剧是需要在很短时间内演出于观众前面，它必须能紧张地捉住观众的情绪，因此戏剧性对戏剧效果的作用比较故事性对于小说要强调得多。所谓戏剧性，就是作者巧妙地运用生活中偶然的巧合曲折，来促进剧情紧张的发展，平铺直叙会使戏剧失去吸引力，而像武侠小说中那种故弄狡猾，也会使戏剧失去其现实性，变成投合低级趣味的文明戏。作者如何在剧情中去安置这一切，使它一方面可增强戏剧的效果，一方面不是歪曲现实，这确是一个不容易的事，所以偶然的问题在戏剧上就显出更重要的意义。

现在，就让我们在这一观点上来研究现在戏剧上的倾向吧。

所谓公式主义的病态，就是作者只捉住了一个历史发展的必然性概念，为了把这个概念去教育群众，乃形成一个故事去说明这一抽象概念。例如说，为了使民众知道军民合作才能打退敌人，于是就从这一抽象概念上去形成这么一个故事：某村子里，民众不肯与军队合作，遇见了敌人或汉奸到来，吃了大亏，结果民众觉悟了，联合起军队，于是就把敌人打败。这样，作者是把社会事物的发展过程单纯化了，社会的现象变成了作者脑子中主观概念的反映。其现实社会的事实发展过程并不会那么简单，从军民不合作到军民合作，这里是存在种种色色的原因和条件的互相作用（偶然性），如果忽视了这些条件和原因的相互作用，忽视了必然与偶然间的矛盾与统一性，把必然克服偶然的过程不能很形象地描写出来，则社会的历史事实变成直线的发展，那自然是与现实相违成为形而上〔学〕的公式主义了。

这种公式主义的写法，是把必然与偶然的关系机械地对立了。如在某种场合上，它会突然出现一个人物或变故，把剧情改变。例如游击队忽然自天而降，像旧剧里侠客，把被压迫者轻易地解救了。这种剧本虽然也具有鼓励的作用，但给观众的印象决不会深刻的，因为它和现实往往不能符合呀，而且这种剧本会给观众有不良的影响，就是使观众把事态的发展看成太单纯了，太容易了，把敌人估计太弱了，把动员民众估计太便当了。戏剧的政治效果就因之而减低。

和这种倾向相反的，另外有一种剧作家，写了增加戏剧的效果太重视了戏剧性，就是说只注意到剧情中间错综曲折的布局，而忽视了偶然性种种的条件与原因的相互作用。某个人物的表现出某种生活，一定有它特殊的条件与原因，如果只表现了现象而把些发展的过程抹杀了，那同样会使这个人物失去其现实性。例如《茶花女》中的玛格丽特之渴求另一种真正有爱的生活，正因为巴黎那种淫逸、风流的生活使她感觉厌倦，憎恨。所以，戏剧一开幕就有一个蠢里蠢气的法国有钱的老头，跟她绕缠不清，使观众立刻会感觉这种生活条件是使玛格丽特过不下去。如果玛格丽特这种生活的突变当然是偶然的，但是把这种偶然性的原因与条件交代出来以后，就会使人感到很现实，而且从这里显然表示了巴黎贵族阶级生活的腐化、可憎，与当时法国人民对于自由的渴求。这样作品就显出它伟大艺术的价值。如果再举一个例子，拿最近出演于金华桂林的《夜光杯》来说，这剧作自然有它许多优点，但是对于主角郁丽丽为什么忽然抛弃舞女生活而从事去刺杀殷汝耕这一件事情的原因与条件，交代得很不够。因此使人感到这一剧本太富于浪漫主义的气味，当然日寇的侵华与汉奸的为虎作伥是必然将激起中国人民深切的愤恨与反抗。帝国主义与殖民地矛盾的本质，是决定了中国民族抗战必然性的根据，但是我们不能仅仅拿这一个必然性，就来说明一个舞女要牺牲自己去从事锄奸运动。因为郁丽丽刺殷对于民族抗战本身说来正是一种偶然性，她本身生活中还有许多条件去使她这样做，对于这一点不交代清楚，纵使这是一件真实的事情，但表演在观众前面时，仍然会减少其现实性。

这里说明了，作艺术的戏剧，是表现了人类日常生活偶然性的形态，而这种形态是依存于无数的原因与条件，通过这种偶然性，才表现了历史发展的必然性。那就是为什么我们能够从莎士比亚或者托尔斯泰的戏剧里看到当时英国与沙俄的历史发展趋势，而且它们的作品里所包含积极的政治性到现在仍为人们所重视着。

这里也就说明了艺术作品的政治性与艺术的统一，凡是真正能把握现实的作品，它一定能表现出历史发展的必然性和当时社会生活中错综复杂的偶然性，而把它正确地统一起来。因为现实是不会骗人的，在现实的历史中间，一切事物都是辩证地在进行的。

这样的作品，它给人的印象更深切更真实，因此它的政治效果一定是更大的。

戏剧作者怎样正确地去把握这一关系呢？这仍然不外精细地深刻地去认识和体验社会的生活。由精密的观察和体验，再通过正确的意识，自然就不易犯主观主义或机械主义的倾向，在每一篇作品创作过程中间，作者必须真切去考察剧情的发展过程。我们必须要有进步的意识，我们需要注意到政治上的积极性，但我们不应被一个概念所拘束住；我们要去考察每一个细小节目，要极十分形象地去表现社会生活中一切琐屑的动态，但我们不能仅看到现象而忽视它的本质与条件；我们应该注意到戏剧演出的效果，但不能专被效果所迷惑，使我们陷入投好观众嗜好的恶习。

在抗战中间，我们是有无数伟大的素材，但从这些素材转变为我们题材时，是需要经过我们的选拣、消化和改造，这一切都是必要的。但是我们必需严格地遵守一点，就是经过我们的处理，是否有失去艺术的现实性。我们必须从全面去考察它，然后运用艺术的加工，使其成为活生生、有血肉的形象的作品，我相信这样的艺术作品在政治上一定产生出积极的效果的。

（原载1939年3月《东南戏剧》创刊号）

浙江省战时作者协会
文章通俗化问题座谈会

日期：七月八日下午四时

地点：金华冯宅岭背二十五号

出席者：姚畊余　孟锦华　朱吉民　蔡　极　房宇园
钱万镒　高矜细　陈子韶　胡不归　郑洪范
严北溟　翟　毅　董　燊　邵荃麟　葛　琴
杜麦青　杨舒青　曾今可　周辅仁　梁红尼
吴召宣　孙海澜　陆祖德　匡辛芜

非会员列席者：董　毅　吴小民　章　华　沈　权
骆宁生　王国望

主席：姚畊余

记录：朱吉民　董　燊

主席报告：我们目前感到一个很迫切的问题，正需要我们去解决；有一桩很重要的工作，正需要我们去努力：那就是怎样才能使“文章入伍”和“文章下乡”。谈到这事，便有三个先决问题横在我们的前面：第一是教育的普及问题；第二是文化资料的供应问题；第三是文章本身的通俗化问题。第一点已由教育当局竭力地在推行义务教育与社会教育,第二点也已由各文化机关团体积极地在筹设文化服务处和文化供应所等,所以我们今天所要谈的,也是我们今后应该努力的,便是“文章本身的通俗化问题”。我们事先会请邵荃麟和冯白鲁二位先生拟了一个座谈纲领,现在我们就依照这纲领讨论下去,希望诸位先生各抒高见!

邵荃麟:我认为通俗化的任务,不是消极地降低文化水准,使文化趋于庸俗化,而是积极地求国民文化水准一般的逐渐的提高。

曾今可:在同一时期又要普及,又要不放低水准,事实上恐怕不容易办到。我的意思要看对象的需要,给什么人看就写什么文章,不妨把工作分为二部,一种是对一般的,一种是对水准较低的。因为大众的文化水准不同,我们一方面固然要慢慢地把低的文化水准逐渐提高,但决不能同时把较高的文化水准降低,所以分开来做比较好。

葛　琴:五四新文化运动以来,一部分人主张完全抛弃中国旧文化,盲目接受西洋文化;另一部分人却主张完全保守中国旧文化,排斥外来的一切。其实这二种各趋极端的说法都是不对的。我们今日应该努力的,便是怎样把西洋文化使之中国化,对中国旧文化,怎样用批判的眼光去接受,建立一个适合中国人的现代大众文化。

高矜细:要把文化普及和提高起来,这可分为两方面讲:所谓提高,不是雕琢曼辞,堆砌美句,弄得古色古香,死气沉沉。真正的提高,要注意到内容之充实,并且适合一般人的需要。所谓普及,要把文化美果散给大众。我们写通俗文章的时候，文字方面，尽可利用旧形式，内容方面，应该意识正确，材料丰富，字句只求通顺，无所谓雅俗之分。内容充实了，民众自然喜欢你的文章了。《水浒传》《荡寇志》《三国志》《东周列国志》等文字虽然难懂，民众很爱读，近人写文章，一个蚊子一个苍蝇的事情要写上数百数千字，无病呻吟，废话连篇，谁都不愿读这种文章，民众尤其不喜欢读。这点值得我们注意。

房宇园：近年来，大众文学，大众艺术，以及文章下乡等问题，很引起一般人的注意，但往往是雷声大，雨点小；有理论，无行动；所以问题依然在文化人以及知识分子的圈子里打转，一般民众还是和我们远离着的。希望此次座谈会不仅要能开花，而且要能结果。关于中国文化应走的路向问题，我觉得第一，我们需要保存并发扬固有的文化，而同时必须扬弃封建的文化；第二，我们要吸收外来的文化，但并不是盲目地抄袭与模仿，尤应唾弃与中国社会不相容的外来思想；第三，我们必须建设合于现代需要的中国本位的文化。至于文章通俗化问题，不仅在意义的阐扬，尤重于实际的推行。譬如何以民众喜欢看西洋镜，不喜欢看美术展览会？何以民众喜欢唱哭七七、烟花女子告阴状，而不习惯唱义勇军进行曲？何以民众喜欢看××演义、××宝卷，而无意看报？这都是在实践的方法上值得我们注意的地方。

胡不归：我们谈通俗化问题，第一，要认清对象。写给大众看的文章，就要使大众都能懂，应该尽量减少看不懂的地方。第二，文章力求简短，不宜繁冗。内容要切实，没有题材就不必作无病呻吟。

主　席：我对于胡先生的意见有一点补充，就是我时常有一种感想，文章的对象应该是大众，一篇好的文章须使读过几年书、略识几个字的人，能够看得懂；而知识程度较高的人也喜欢去读，这叫做雅俗共赏。只是有一个条件，便是必须有内容。……

孟锦华：刚才听主席说：文章通俗化的意义，也就是文章通俗化的理论，因此我对于本问题有两点意见：一、中国文章之不通俗，不会使大众所了解，就是它已经落了伍，距离现实生活太远，通俗化的意义就是要使文章合于此时此地的需要，因为文章原本要跟着时代的需要而变迁的。过去的文章重在欣赏，而现在的文章则重在实用，要实用便要通俗。二、纲领第一项第五条指“中国本位文化”为中西对立，为“中学为体，西学为用”，这完全是一种误解。我们知道“建设中国本位文化”，一方面在扬弃中国文化中不合时宜的渣滓的糟粕的部分，一方面在吸收欧美优越的科学的文化从而融化之。换句话，就是舍己之短取人之长以建设民族为本位的文化，不但中西并不对立，而且是冶而为一的，所以最后“中西对立，如所谓中国本位文化”两句，应加删去。

钱万镒：中国文盲占全人口百分之八十五，故文章无论如何通俗，还是没有用。我们还须从根本的教育上着想。文章的通俗化只是局部的办法。所以我们今日通俗化文章的作用，只是如何使一般已识字的人懂得我们的文章。

高矜细：普及教育固属重要，这是教育行政机关和教育工作者的责任，但教育水准之提高，并不专看识字与不识字人数之增减，一个识字者有时是在无意识地教育着大众，举例来说：一家八口，都是文盲，只要其中有一个人读过几句书，他自然会卖弄学问，去教育别人，他更可以辗转地教育邻居和亲戚朋友，通俗文章的对象就在这一种人身上，他们是可以连带地使一般民众的文化水准在无形之中提高起来的。

邵荃麟：自古文字和语言原为一物；以后逐渐分离开来，以致文字只成为士大夫阶级的专有品。自从白话文代替了文言文以后，虽然比较通俗一些，但仍然和大众的言语相隔阂，所以我们今日更提出文章的通俗化问题，其最后目的是在求言文之复归一致。在通俗化问题中有四点值得注意者：第一，大众与小众之对立如何统一问题，对大众，我们不要消极的专门去迎合他们的胃口，利用旧形式，应该作为一种过渡的手段来逐渐提高其程度。对于知识小众，也须尽量运用口头语，避免故作高深以达到通俗化的目的。第二，是文章的形式与内容的问题，形式虽求通俗，内容必须现实，现实的内容加上通俗的形式，才是真正的通俗化作品。第三，是高深的专门学术与通俗化运动是否矛盾的问题。我们提倡通俗化，并不反对专家对于哲学、科学和其他专门学术作高级的研究，这种研究不仅不妨碍通俗化运动，而且由于学术的进步，内容的充实，还足以帮助通俗化运动的发展。第四，是中西文化问题。我们应该吸收西洋文句的优点，而配以中国旧有文学的特长的地方。至于我们反对建立“中国本位文化”的意思，是反对“中学为体、西学为用”的错误思想。我们不应固执一切中国学术为主体而以西洋文化为实体作为参考选取的资料，我们要切实接受西洋进步的文化，吸收融化使之中国化。就是我们接受中国旧文化遗产，亦非盲目接受，一定要用现代批判的眼光，经过扬弃，使其与现代潮流配合起来。

孟锦华:刚才听了邵荃麟先生所说，谓“中国本位文化”是把欧美文化不过作一参考而已，如果照此说来，那末“建设中国本位文化”就是“中学为体西学为用”的东西了。这点我以为又是误会，所谓建设中国本位文化，不仅是把西洋的文化拿来做参考，它是要吸收来从而融化之以建设成功为本位的，否则“仅做参考之用”，则中国文化部分之中，仍保有西洋的成分，自然与“中学为体，西学为用”一样，这是大大的不然的。

钱万镒:“建立中国本位文化”一问题，可以不必再谈，因为中国本位文化始终未曾建立成功，而且早已成为过去之事。今天我们只谈文章通俗化的问题，不必拉扯，而且我们要少谈理论为是。

翟　毅:文章通俗化包括形式与内容二问题。在形式方面要简洁、要中国化、要不用古典成语和教条;在内容方面，要认清对象，多用具体的事实，要能找到他们所最需要的东西。在抗战进入第二期的今天，一方面讨论，一方面还须力求文章通俗之迅速实现。

主　席:关于第一项文章通俗化的意义，我们已经讨论得很多。现在我们讨论第二项写作上的通俗问题。现在特请《老百姓》编者周辅仁先生为我们讲一点写作通俗文章的经验。

周辅仁:《老百姓》还不曾打入真正的老百姓阶层，为推广销路起见，不能不借手于一般小学生读者，故在写作的时候，也就不能不顾到他们的兴趣，所以《老百姓》的内容，在我看来并不十分通俗。个人对通俗文章写作上，也就是对《老百姓》的编写上，觉得有很多困难:

(一)闷：一个人做独角戏，自己写，自己编，虽然一般人都认为文章的通俗化，在理论上是很对的，但是实际做的人却很少，因此写稿的人很少。就是有许多人很注意这个问题，可是因为他们不能顾到大众的需要，所写的稿子仍是古色古香，深奥不堪的。

(二)我自己的生活不通俗，因为要写这种文章，最好要时常深入农村，去同一般老百姓谈谈。可是我现在被羁在办公室，不能到农村去走走，而且即使有时间，言语不通也是很大的隔膜。因此我常常觉得写作材料的缺乏。

(四)坊间最通俗的东西，往往是用方言写的，但用方言来写通俗文章，那就不能普遍到各地去。所以通俗文章的标准，个人还很模糊呢？

邵荃麟：口头语在大众看来认为是最美的。有的人把村言俗语认为是丑陋，故意喜欢用些欧化东洋化的，以为非如此则不足表示其美，这是错误的。

房宇园：通俗化的文章要尽量鼓励老百姓自己来写。

葛　琴：用方言来写文章，在事实上有困难，且其真正效用亦甚微小，所以最好还在使语言与文字复归一致。其次是文章写得有兴趣，亦是比较重要的。

主　席：文章通俗化的意义，及其写作等问题，今天已经谈得很多。时候已经不早，我们就此结束。今天的座谈会可以说有了很丰富的收获，希望我们以后有更多的机会再来续谈。文章通俗化的问题，须要从理论进到实践，深望各杂志编辑人能够试行起来，造成广大的风气。

文章通俗化问题座谈纲领

一、通俗化的意义

（一）通俗化的任务，不仅是要求文化普及，而同时是文化一般水准的提高。所以通俗化不是消极的降格相求，而是积极地创造一种更合理的文章形式，促进国民文化水准的发展。

（二）通俗化不仅应了解为形式的问题，而且也是内容的问题。所谓内容的通俗化，并不是指避免谈高深的东西，而是要求内容的充分现实性。作品的内容能充分反映现实。适合现实的需要，加上通俗化的形式，才是真正通俗化的作品。否则徒然讲究形式的通俗，而忽略了内容，还是不被大众所接受的。

（三）通俗化与庸俗化是有截然的区别，通俗化是设法引导大众到更高的水准，是把握新的内容，通过较落后的形式，来创造新的形式。所以它是创造的，批判的，起扬弃作用的。而庸俗化则只是迎合低级的趣味，开倒车的。因此对旧形式的利用，是有限度的，是应有批判性和改造性的。

（四）通俗化与深刻并不矛盾的。深奥的学术，枯燥的科学，同样可以用活泼、浅易的方法来阐述；所谓“深入浅出”，所谓通俗化并不仅指一般民间艺术之类来说，而对于任何一门科学，均应用通俗化的方法，使其普及于大众。

（五）通俗化问题是吸取新时代最进步的最新颖的学术文化，而以适应中国需要的三民主义为思想的中心，来创造“中国作风，中国气派”，反对机械的欧化。但并不是把中西对立，建立所谓“中国本位文化”。

（六）通俗化，必须在大众中去求实践，在实践中去求进步，离开实践，通俗化工作必然会碰壁的。

（七）提倡通俗化，并不反对专门学术高级的研究，两种都是需要的，不能因噎废食。

（八）文章通俗化是通过了旧的接近大众的民俗文学，而予以整理，选择或扬弃的，培养成文章通俗化的最高准绳，否则不是变成流俗，便会使大众不能了解。

二、写作上的通俗化问题

（一）多学习并引用口头语及谚语，充实我们的语汇，同时创造及提倡能适合大众新的语汇。

（二）深刻一些去研究现实的问题，勿抄老调。文章宁简明有内容，勿空洞而冗长，以免“八股”之讥。

（三）勿囫囵地搬用教条，少引经用典，尤其对西洋的学术理论的阐述，应经过提炼，溶化在新时代的学术及现实问题中，勿生硬地搬用。

（四）文学的写作，站在现实主义的立场上，应以质朴、明了、具体为主，反对概念化和绮丽揉作。

（五）对于旧形式的利用，应用功研究其特点而予以发扬，来创造更适合的形式。勿轻易地、生硬地套用。

（六）文章词句的结构，应简短，多用标点，分段清楚。

（七）用活泼的故事的形式，来叙述各种科学的理论，例如伊林写自然科学的方法。

（八）理论的叙述，多应用实际的、日常的例子，使理论与实践更合一。

三、怎样展开通俗化工作

（一）召集通俗化问题座谈会。

（二）提倡语文运动，研究语文学，如组织语文学会之类。

（三）举行诗歌朗诵会，试办墙头小说，作家壁报之类，作小规模的实验。

（四）联络说书卖唱者，供给其通俗化材料，以作试验。

（五）号召作家协助通俗刊物及读物的推进。

（六）大众口中所述的东西，由写作者代为写好，再读给他听是不是这样的，以鼓励他们写作的兴趣。

（执笔者：荃麟，冯白鲁）

（原载 1939 年《作者通讯》第 5 期）

关于文字的美

在文学的创作上，文字的美，要不要讲究？我们的回答是要的。为什么？因为文字是作品的基本工具，是文学构成的主要因素之一。没有美的文字（言语），就不能充分地、活泼地表现出你所想所说的内容。任何文学作家在他们创作过程中，对于文字的洗练、运用，决不能马虎。高尔基平日用一本簿子把日常听到看到的文字（言语），经常记录下来，以备写作时采用，这种耐心的、麻烦的工作是为什么？是为了达到文字上的美。

然而文字的美是什么呢？不幸得很，这个答案向来就被歪曲了。一提起文字的美，立刻就会联想到“咬文嚼字”，“堆砌词藻”上面去，这多么头痛啊！于是就有些人叫起来了：“我们只要有正确的内容就够了，什么文字的美，滚他妈的吧！这形式主义的魔鬼！”于是又有些人叫起来了：“现在抗战中间，我们要讲通俗化，大众化，你还谈什么文字的美，这简直是落伍！”

啊！历史的传统观念，就使文字蒙上千古不白之冤！

文字被创造出来的时候，并没有和言语分家的意思，而且原想借它来帮助言语的发展，可是以后社会上有贵族与平民的阶级出来，文字被少数人掠夺去了，作为消遣品、装饰品，不雅驯的土头土脑的俗语，为缙绅先生所羞称，他们要求典雅的、文静的，以表示同村夫俗子有别。于是硬生生地划出雅俗之分；愈高深，懂的人愈少，便越雅，越雅便就越美。反之，越是众人能懂就越俗，越俗便就越丑。文字美丑的标准就此规定。《儒林外史》里周学台看范进的考卷说："我看了三遍才看出来，真乃是天地间之至文。"

到了"五四"以后，好容易从文言文的束缚下解放出来，白话文抬了头，可是不久，它立刻就套上新的羁束。所谓新的文辞，变成"文言＋欧化＋东洋化"这么一种东西。文章离开真正大众，还是十万八千里，所谓文字的美，也只有新知识分子能够欣赏。新式美的标准也出来了。谁能多搬用些时髦的名词，谁能多安上一些西洋化的句子，谁能多抄袭一些"亚里士多德怎么说""莎士比亚怎么说"就是多美丽的文章呀。在文艺写作上，你尽管不妨把西洋小说上生硬而冗长的译句，原封不动地搬过来，尽管不妨把西洋人所熟悉的名词形容词套上去。虽然外国人可以运用文法和修辞学，把句子弄得灵活，而中国反正没有这一套，你尽可以不管，谁也不能责备你，因为这是高尔基的作风呀，托尔斯泰的作风呀！中国古代有人写文章，是为了"藏之名山，传诸后人"，而现在也居然有青年作家，学起纪德的口吻说：我是 Write for future，我是为未来的人写呀！

一直到现在，这种观念深深地潜入到一般青年心中。常常看到许多青年人都有那么一本皮面金字的纪念册，里面用蚯蚓般的西洋化字体，满写着修饰而又修饰过的挺摩登的词儿。多美丽呀！彼此惊叹着，欣赏着。所谓文字的美就这样便解释了。

才从裹脚束腰解放出来，又穿上高跟鞋，抹上胸，文字就是这么遭厄，黄巾贼张角说："苍天已死，黄天当立。"缠来缠去，还是一个天字，一种桎梏！

其实道理是很简单的，文学是什么？是现实生活的反映，因此你所需要的是描写现实的真实。你愈能真实地、生动地、活泼地写出你所要写的东西，你的文章就愈美，而真实、生动、活泼的东西，就存在于你眼前的现实中间。你为什么不从日常生活中间去采取人们活的语言，去表现这些活的人物和真实的环境呢？而必须去采用凭空创造出来，或从别的时代，别的环境里借来的语汇呢？难道用借来的或自己创造的语汇去表现眼前活的人物，比采用眼前这些活的人物自己所运用的口语，来得更生动更美丽吗？如果你承认用活的文字（语言）写活的事物是更生动的，那么这样的文字是不是更美呢？这样就很明白了。文字是要求文章生动（美），而由大众的口语所记录下来的文字是最生动的，最朴质的，最熟习的；它是具备着生活的气息，它没有修饰，犹如一个天真自然的女子，比起涂脂抹粉之流，应该是更美的。

但是过去为什么大家不能充分去采用大众的口语呢？这一方面是由于作者生活的不大众化，有时我们的语汇感到贫乏了，只有去借助于其他的书籍或西洋作品，这样使作家的语汇和大众的语汇更隔离开来。

而另一方面呢？是一个美学观念上的问题。从旧时代遗传下来的美学观念，无论在东方或西方，都认为美是和实生活保持着相当距离的，例如某大教授所谈的游离美，认为一切事物和现实生活密切接触的都是粗俗，而所谓“美”的欣赏，只是绅士们在生活之外陶情怡性的玩意儿而已。文字自然也同样，于是词藻的玩弄就成为文人的秘诀，村言俗语被认为不登大雅之堂。到了白话文时代，这种观念并没有完全扫除。明明是“水波”，偏爱写作“漪涟”；明明是睡觉，偏偏爱写“入黑甜乡”，这种心理，我们自问是不是受着这种美的传统观念所支配？到了今天，我们站在真正现实主义的观点上，再不能容忍这种观念，我们需要无情地肃清它，我们必须认识真正的美是在现实生活中间，是有活气的，有血肉的、健康的，而不是病态的、雕琢的、靡曼揉作的，远离生活只供高人逸士品玩的。美的文字是在大众活的口语中间采取来的。用活的言语写活的事物，才能创造出美的作品，现代作家必须确定这一观念。

而这样，文章通俗化问题也就解决了一部分。

但是关于口语的采用，也不是绝无条件的，这需要作家加以选择与洗练。因为人类的言语也是在发展的，在进化的。我们需要选取最生动有力的，不把暧昧含混的作为我们的工具。剧作家对口语的选择和洗练很注意，其他文学作品也应该一样。高尔基在给初学者一封信上说：“初学写作者，往往陷于两极端，不是拿粗陋的，纪录式的，干燥的，死板的，含混的言语去写，便是以雕琢的，伪美的，巧辩的，距谈话用语很远的辞句去填充故事。”

这两种倾向，我们都需要纠正。

（原载1939年《作者通讯》第5期）

文艺创作与文艺理论

希斌先生：

来信说，你天天看文艺书，但是要想写的时候，却总写不好，你以为这或是没有文艺理论基础的缘故，这个见解，殊不尽然。文艺创作的最基本条件，是作者对于现实深切的认识，和对于现实生活的真实的感觉，以及熟练的写作技巧。作者把他对于人生事物的真实情感和对这些事物的看法，通过形象的方法表现出来，这样构成了一篇作品，因此，作为一个文艺写作者，必须具有生活的热情和生活的经验，必须不断与现实相接触，与大众的生活相接触，从那里去感觉，认识，体验。创作的泉源主要是，从现实社会生活中汲取来的，并不是从书本上获得的。文艺理论是指导我们思想方法，以及怎样去认识、观察生活和怎样处理题材，把握主题等等方法，这自然也很重要，但是如果一个作者不到现实生活中去实践，而只是冀图从阴阳家鹰爪书本上去完成创作的任务，那纵使你读烂了所有书籍，对你的创作仍然是无补于事。从写作的技巧上说，也是一样。例如，作为文学的主要工具——言语，是需要从大众生活中去摄取，去学习的，关于一切人物环境的描写，也全凭多多观察，所以技巧的修养是有赖于多看多写以及多阅读文学作品。文艺理论在这面的任务，是告诉我们怎样去运用、处理、创造这些形象。一个文艺写作者需要懂得一些文艺理论，这是必要的。但它的意义，是在理论与实践的统一关系上，脱离了实践去研究理论是没有用的。也决不是先研究了文艺理论再去从事创作，这样的路是走不通的。我们必须知道文艺理论本身，也就是从实践中发展开来的啊。

在文艺的领域内，有人在从事创作，也有人在从事理论与批评的工作。这两种工作都是同样重要的。文艺理论与批评家是负着指导文艺运动与写作方向的任务，创作家则负责描述历史的现实，从这里提供了文艺理论新的内容，二者相辅而行的。理论家不一定能创作，创作家也不一定要懂得湛深的理论才能动笔。

以上把你所提的 ABCD 问题大致解释了，至于如何研究文艺理论，则不外有系统去读这一类书籍，研究文艺思潮的发展，同时应研究哲学的知识，另一方面仍然需要去认识和观察现实，因为文艺和人生的关系太密切了，如果只是机械地去背教条，而不知把理论和现实配合，那么这种理论非但无益，反而有害于创作的。

最后，答复你对本社所提出的几点意见。

一、中志寄到外埠历时很久的原因有两个，一是有时候出版延期，二是邮递困难，倒并不因为寄发太迟。

二、新书广告上只列书目而未列书价，确实使购买者感到许多不便，这原因在于现时书的定价常常有变动，一注明了定价，有时实在使书店发生许多麻烦。

三、我们非常欢迎中学生诸君投稿，报告各地中学生动态以至学习心得的文字尤其欢迎。“读者之页”里的文章，大部分（几乎是全部分）是中学生诸君的习作，写得比较成熟一点的文字，有时我们亦夹杂在其他各栏内。已经有了“读者之页”栏，“中学生园地”可以无需了。

四、最近本志每期杂志出版，完全售出，不再有什么剩留下来，因此发售合订本一点恕难办到。

你告诉我们这许多很好的意见，我们非常感谢。

（原载 1941 年 5 月《中学生战时半月刊》第 44 期）

略论戏剧的情节及其他

近两年来，我发觉中国的戏剧上有一种恶劣的倾向，这就是说，代替了抗战初期戏剧的贫乏、空洞与单调的公式主义作风，剧作者与演员们却倾向于戏剧情节的复杂化与诡谲化；喜欢要弄舞台的技巧和使用“出奇”、“紧张”的手法，成为流行的作风。因此，类似侦探剧一类抗战剧本就应运而生，这类剧本在演出的时候，因为颇能刺激观众的神经，因此也会获得相当的舞台效果，但是当观众离开戏院，他们的狂热逐渐平静下去的时候，便感到索然无味了，而第二次当他再看这出戏的演出时，他就渐渐觉得厌倦。这样的戏剧显然并未获得艺术上的成功。

我绝对不反对戏剧需要情节，相反的，情节是必需的。但是它却不是剧本的最基本要素。情节好比一个人的骨骼，而更主要的是人的血肉与灵魂，没有灵魂与血肉的骨骼，纵然扶了起来，还是要倒下去的。

戏剧的灵魂是它的中心思想，这并不是指那些公式主义者单纯的概念。公式主义者是从概念去找觅题材和构造剧情，我们则是从获及的题材中去决定它的中心思想。每一个特殊的题材都是包含着它特殊的内容，而从这特殊的内容上显示广阔的人生，从这更深的内容上去研究，我们才能确定一切情节与人物、性格是应该环绕着怎样一个中心而发展着。“戏剧必需经历人生的广阔的道路的；一个戏剧家而使他自己局限于有限题材，那么无论怎样富有趣味，将陷入于他们的过去的愚蠢中间去的，围绕着有限的题材而建筑起来的剧本将使大部分的观念感到趣味索然。”（包哥廷）

这说明，一个剧本的成功与取得观众的拥护，主要并不在情节的复杂离奇，而在这剧本是否有明确的中心思想以及它是否获得最大程度的发挥，而尤其重要的它是否符合于现实的发展。例如《夏伯阳》一剧，情节是极其平凡和单纯的，但它的成功岂是那些专以恐怖离奇引人的好莱坞电影所能望其项背。最近苏联所演名剧如高尔基小说改编的《我的大学》，以及包哥廷的《带枪的人》等等，在情节上说都是极其平凡的，但是却显示了伟大的成功，这是因为它们在每一个细节上都把握了艺术的真实性，呈现在我们眼前的，不是幻谲奇离的故事而是活生生的历史与人生。戏剧在这里才真正获得了战斗的意义，才真正统一了政治与艺术的矛盾。

和写小说一样，我们在写剧本的时候，常常把预先假定的许多场面和轮廓予以推翻和修改。这正因为随着故事与人物的发展，我们才发现事先所假定的场面，轮廓有时并不适用，情节的发展是从属于戏剧内容的发展的。拘囿于呆板的情节框子，而使一切去服从它，往往写不出好的剧本。这里有一个有趣的例子，就是包哥廷写他《带枪的人》的时候，是采取“无规划的方法”，他事先并不决定任何轮廓，而是在决定一个普通士兵应该是他中心人物之一以后，就开始写下这个士兵和依里奇初次会面一个场面，这个场面写得非常深刻动人，这显然是从作者一种激动的欲望下创造出来的，他写下这个场面，然后才再倒写上去，从一个单纯的场面再发展成整个剧本的情节。作者告诉我们说，“从这个经验，可以做着这样的劝告，当你的剧本尚在原生的时候，它最适宜于一个戏剧家写下一景的任何场面或其断片，这将可触发及整个剧本，至于倒着写上去，那是可以不必顾虑的。”这种新颖的方法，是值得我们参考和学习的。

戏剧情节的动人，与其说是在情节的本身，而毋宁说是表现出这些情节的人物的性格化的实践，戏剧人物的性格化是戏剧的血肉。没有它，戏剧是死的。这不仅靠剧作者而尤其靠导演与优秀的演员来完成它，我们过去写剧中人物，往往只给予一个概念的性格，如写爱国青年总是热情，坚决，沉着，等等，写汉奸总是阴险，狠毒，残忍，谄媚等等。这种由模型里按捺出来的人物，是表现不出什么思想与动人的情节来的。无论怎样伟大的英雄或怎样奸恶的汉奸，同时总必然是个人——具有人类某种特性的人。创造这种的人物是极其艰苦的，这不仅要求我们熟悉其生活，不仅要知道他是怎样说话，行动，工作，而且要知道他是怎样思想和感觉，在创作的过程中，作者自己就化身为各种人物，说着他们的话，思想着他们所思想的，这是需要很用功去研究的。上述的作者在写他的主人公赛特林的时候是这样的：“我把赛特林似乎压在我的心头一样。半夜里惊醒，问我自己，‘在这样和这样条件下，赛特林将怎样活动着呢？’我能告诉你，他将怎样买一块麦包或他将怎样和妻子说话。他对于我是如是的清楚，我可以在任何境遇中看到他。赛特林在我几如生命它自己一样的无尽止。”于是作者劝告我们说:“假如一个戏剧家在他创作工作上对于他的人物感不到像我那样的有百分之三十的感觉,我便要劝告把他的笔搁在一旁而待之另日,因为这样,他的人物将会说出同样的单调的语言的。这自然不会有明确的个别的性格化了。”这个劝告,是应该被我们剧作家所接受的。

自然,人物的性格化工作的完成,一半还落在演员的身上,当我们接受扮演一个人物,对于人物的通晓,应该达到和作者同样的程度。这不仅靠化装和姿态的逼肖,而尤其在把握其思想、意识与感觉。当你在演某一汉奸时,你应该就是这个汉奸,这样才完成性格化的任务,这样才成功地达到了戏剧的情节。中心的思想,真实的情感,性格化的创造,这是一个成功的戏剧所必具的条件,不管是复杂的或平凡的情节,只有通过这些条件,才能同样地给予观众以真正的深刻的感动。

(原载 1941 年《抗敌戏剧》第 3 卷第 1 期)

两点意见

——答戏剧春秋社

小时候，到庙里去看社戏，看到红脸孔的关公，也看到白脸孔的曹操，颇为高兴，因为这确实比塾师讲解三国有趣得多，然而从此也在我脑子里植下一些印象，直到现在，一提到那些古人，有时还会下意识地联想那些红脸孔或白脸孔的怪模样——这也许就是所谓旧戏的“艺术效果”吧。

在新戏里，我不知道该是怎样，譬如关羽和曹操，我不知道应该是如何写法，我想，是很难吧。要教几百千年前的古人，在舞台上复活过来，谈何容易；眼前活生生的事情，不是还很难得写好吗？

但是，天下的难事，总会有些不怕难的人去做的。能够有些天才艺术家，凭他们的天才和博识，真正把几千年前的现实，再现在我们眼前，使我们能够认识认识古人的真面目，使这一代的孩子们，不必再去看红脸孔的关公和白脸孔的曹操，这该是幸福的。那么，以一个曾经被红脸孔白脸孔所晕眩过的观客的资格，不妨也来陈述一些卑微的意见吧。

我的意见只有两点：第一，我希望，写历史剧就老老实实只写历史，不要去“创造”历史，不要随自己的意欲去支使古人。自然，艺术家的主观必然存在的，但所谓主观，应该是指作者对于历史认识的角度和对历史评价的立场。历史人物还是应该让他们自己在历史真实环境去活动，去发展吧。从前看旧戏，终觉得作者老是拿着红白两套脸谱，往人物上乱套，可惜套得并不高明，弄得乡下人常常把赵匡胤认作关云长，把董卓认作曹孟德。现在话剧当然不是如此了，但那种脸谱的作风，似乎还未能全免。有些人物的性格往往是由作者对这人物的好恶而决定，好的人都处处都好，坏的处处都坏。譬如有两个关于太平天国的剧本，在甲剧本中，东王杨秀清是个坏蛋，在乙剧本中又成了好人，何以彼此各异，这与其说对于历史的观点不同，毋宁说是由于作者主观的意想，在乙剧本中因为要写北王的残恶，于是被北王所残杀的东王便变为好人了。这样写法，我以为是不妥的。从前好像有人批评过《赛金花》，说把赛金花估计过高了，我没有看过这剧本，不能说，但假如那样的话，很可能是由于作者过分憎恶那些满清官吏，却无意把赛金花过分提高了。这仍然是主观妨碍了客观的真实。其次，中国人很喜欢翻案，翻案是不错的，但最好是从历史全面关系的认识上去着手，即是从正确的认识角度上去显示历史的客观真实，而不要凭主观的概念去作诡辩式的翻案，否则翻了过来，恐怕依旧不是历史的真实。

第二，我希望，不要以古拟今。即是不要借古人事情来隐射现在。那样动机本来是很好的，即是想借古贬今，但过去历史终是过去的，和现在扯一起，究竟不是办法，借古人的嘴巴，来说目前的事情，尤其是不伦不类，其实只要作品是现实的，对过去现实的剖解，一样可以增加我们对当前现实的理解。现实主义本身是包含着艺术的功利主义的，很不必要过于性急，拉古人来和我们开座谈会。写历史剧的时候，最好让作者自己回到历史的生活中去，把自己也变成古人，和古人去交游，这样或许能够认识更清楚一些。不比两面操心，既要管古人，又要管今人，这样一来，倒会两面不讨好，反而削弱了历史的客观真实性。听说上海沦陷以后，很有些剧作者想把抗日的主题放在明末抗倭的历史题材中去，这苦衷是值得尊重的，但如果一定要把明末的倭寇来比现在的日本帝国主义，这反而会教观众把我们的敌人看成太单纯，把现在的法西斯蒂更百倍毒辣的本质忽视了。这样做法，固然也可以刺激一些观众，但是究竟失去了真实性，艺术效果还是有限的。

说来说去，我终觉得历史剧难写，因此，我虽然盼望我们的剧作家能够产生出一些真实的历史剧本，但却不希望把写历史剧作为一种时髦的风尚，因为能够有这样条件的人，究竟不多。假如大家随随便便都要写起历史剧来，恐怕一不小心，就会连累古人遭屈，古人虽未必起而叫冤，但我想，这事情究竟是不大妥当。

（原载 1942 年 10 月 31 日《戏剧春秋》第 2 卷第 4 期）

怎样做一个文艺工作者

每一个文艺工作者，他所表现的东西，是决定于他对于生活的看法，由于他看生活的角度不同，表现在他作品中的就有了各式各样不同内容，所以看一个文艺工作者，对文艺的态度，是要与他对于生活的看法连系起来的，比如一件相同的事件在作品中就会有各种不同的表现，可以用人道主义的看法去看，也可以用社会革命的观点去看，还可以用厌世主义的看法以及其他种种不同的看法去看。

同一部作品在不同的时代不同的社会阶层里也可以有不同的评价的。无论是一个作者或是一个读者，因着他们生活条件的不同，他们就会用不同的尺度去衡量文艺。

文艺与生活的关系这问题从“五四”起就被提出，大家都同意一点：文艺是为人生的，它是反映生活创造生活的，可是有些人不能把他理解得透澈，所以在有些作品所表现的还不够让我们满意，这从两种倾向里可以看出来：(1)把生活完全当作材料：比如有些人做农村工作，只是为了去收集材料，有时候，亦抓到农民生活的一些表皮的现象就去作文章，自然，他们所写出的作品不能算是真正的有价值的文学作品，因为他们没有深入到农民的灵魂里去发掘出农民的思想要求，而是没有生命的东西，这种倾向是表现出了他对生活的理解是机械的形式主义的。所以要想写出一篇好的作品，单单知道一些琐碎的事件是不够的，因为文学不是造房子。把各种材料拉来架上就成了，它是有生命的机构。(2)客观地写出一般的生活没有经过作家主观的思想与情感的拥抱，因此缺乏一种感动的力量，要使作品感动人，一定得通过作者自己的思想感情，如岳飞并不是一个文学家，但他的《满江红》是很使人感动的，这就是因为在那里面强烈地表现了作者自己的爱憎。所以在一部有生命的作品里必须是客观的对象与作者主观的密切结合。

客观与主观脱节，这形成了公式主义和客观主义的倾向，例如某些作家写战斗就只有枪杆和大炮，并没有战争的情感，或则除了机械地报导一些事实外，并不能使人感动，文艺工作者并不是新闻记者单只报导报导就算完了。

如果像上边的那种态度去写文章，是写不出好文章来的。我们观察生活，应该是要深入生活，不只是要认识生活的现象而更要深入生活的本质，所谓“深入”并不仅仅是深入到人民群众中去，更重要的，是要深入到人民的灵魂中去，从这里去认识出生活的本质。文艺不是在拍照片，而是要写出人民心灵里的要求，写出作者自己和人民大众紧密结合的种种喜怒哀乐，我们要求一个作家把客观的事物通过主观的思想感情去写作品，只有这样，才能感动人，才能写出人民本质的要求，才能创造更新的生活。

这样文学才具有它战斗的作用，才能从现实中间发掘出真实与真理，而以这去指导人们去创造出更好的现实。

一个人的思想并不是由他自己随意决定的，而是受着他个人特殊的生活条件限制的，某一个阶层的人就具有着某个阶层的思想形态。

但是，思想并不是固定的，而是不断发展的。发展是靠作者自己怎样地和生活搏斗。我们不只是要接受书本上边的知识，而是要由内心的要求通过与实际生活的搏斗，因此深入生活是很重要的，但是我们不能一个个地去经验我们所要写的东西，这也是因事实不可能。但是我们必须把所写的各种人物和自己的精神上有真切的拥抱，在生活上我们要同他们的灵魂相通。

因此，内心的自我斗争对于一个文艺工作者是非常重要的条件，主观与客观结合得愈紧，作品便愈显得出生命的力量，而且不会想到生活无味。最近逝世的罗曼·罗兰他曾经接受过各种不同的思想的影响，最后，他终于走向一条革命的道路，他的伟大，也是由于他的精细的自我斗争而造成的。

文学的形象性

一　形象性的意义

文学——或一切艺术——的基本特殊性，便是形象性。

所谓形象性，是相对于科学和哲学的抽象的概念而说的。世界万物以及人类生活，本来是以复杂的具体形象而存在着，科学家要对这复杂的现象加以证明、分析与研究，不得不运用抽象、归纳、演绎等方法，从这里去探求出自然和社会发展的法则，以认识历史发展的真实状态。但是文学或一切艺术则不同，它是从现实生活的具体和生动的描写去反映现实的真实的。所谓反映，就是说，把社会或自然的真实形象，通过艺术家的概括过程和创造过程，再现在作品中间，从这样的描写中间，使我们可以看到一幅历史和社会的生动缩影，同时也可以看出历史发展的真实状态，因此，艺术家必须把他所观察到具体现象与本质，经过概括与凝聚，重新创造为活的形象——人物，性格，故事，环境，然后方才谈得到反映，文学如果没有形象性，或者形象不真实，那么，也就失去了反映的作用，艺术的意义也就不存在了。

所以，科学是从历史法则上和本质上去说明个别现象，而文学则是从个别现象的具体描写与挖掘上去观察整个历史与宇宙的真实本性，科学是偏重于发现和发明的创造上，去把握客观现实的真实，文学和艺术是着重于形象的创造去把握现实的真实，它们的目的、任务是一致的：就是对客观现实的认识，它们的起源都是一致的：都是由于社会实践（追求真理）的需要而要求对客观世界的认识；它们的对象是一个：就是现实世界。不过认识和创造的实践方法，却是两样罢了。文学就是客观现实的反映，它所需要反映的乃是现实的真实形象本身，因此形象性就成为文学的根本特性了。

举例来说，《十九世纪俄国资本主义发达史》是部著名的历史作品，这部书精密而正确地分析了十九世纪俄国经济的状况与实质——贵族地主的腐烂与没落，农奴的转化，西欧产业资本的输入等等，这无疑是客观现实的正确认识。而同时，在托尔斯泰的《战争与和平》中，在果戈理的《死魂灵》中，以及在许多十九世纪著名的杰作中，却以形象的方法反映着这同一现实，从这些作品中，我们不仅看到了十九世纪俄国的社会现象，而且也看到了这个社会的实质及发展状态，那和《十九世纪俄国资本主义发达史》所指出的是能符合的。不过后者使我们感觉更精确，而前者却使我们感觉更明显和亲切，所以托尔斯泰被誉为“十九世纪俄国的镜子”，而巴尔扎克的《人间喜剧》也被称为十九世纪法国最好的社会史。主要的是因为它们把握了历史现实的真实本质，因而创造出最高的艺术形象，倒并不完全由于他们描写技巧的特别高超。这说明了文学的形象就是社会和历史的真实形象。在形象性这一特性上，文学和科学区别着，然而在对现实的真实的追求上，他们却是具有一致性，理解这一点，才能去把握形象性的意义。

过去，对于形象性的理解，曾经有下列几种解释。第一，认为文学的形象只是作者表现思想和感情的手段，或者更狭义的，把形象解释为对作品的人物和环境作活生生的或立体的表现。譬如写一个人，把他的面貌、动作、性格服装等写出来，便已谓完成形象的创造。这样说法是不真确的，是把作为文学特性的形象性，降落为文学技巧上的一个问题了，是把形象性和文学的描写技巧混为一谈了（自然，描写技巧是形象性的必要手段）。如果照这样说法，则文学形象的创造只不过等同肖像画或照相的工作，而完全忽略了把握现实的真实的意义。一个艺术的形象必然是具有真实性的。“某些仅止于描写了生活的外表和琐事的作品，即使描写得非常生动和出色，也只带来一点生气，却并没有带来了真的艺术形象的生命，即还只是艺术的要素，并非已经是艺术。”（冯雪峰）。《啼笑因缘》和《七侠五义》中间的人物，也未始不写得有声有色，但我们却不能称其格情为艺术的形象，因为他们是非现实的，不是真实形象本身再现或反映。反之，在《浮士德》《离骚》一类作品，虽然它们的人物和性格感表面上似乎是非现实的，然而我们却说它们是形象的艺术，因为它们的所形象的思想内容，确是歌德时代和屈原时代一部分历史真实的反映。浮士德和靡菲斯多都是形象着歌德时代人性中间一种真实的东西。从上述两个例子上，我们就可以明白形象性的真正意义和那些庸俗的见解的区别所在了。

正因为形象创造并不同于肖像画或照相，它的任务并不止于活生生的或立体的表现，而是客观现实真实形象本身的再现，所以吉尔波丁说：艺术文学的形象，是“单一的东西与一般的东西的统一，是个人的东西与社会东西的统一”。这即是说，文学形象的创造是从社会的复杂现象中，摄取其最本质的精髓，凝聚于单一的形象上。这种摄取和凝聚的力量愈强，形象就不能和思维分离了。一个艺术家必然也是个思想家，思想力的广阔与否，可以决定艺术家的认识力广阔与深刻，从而决定他所创造的形象的真实性程度。因此理论性与形象性并非绝对对立。理性的思维可以帮助作家去决定感觉的真确，和对现象本质的理解，不过在科学上着重于抽象的法则，而文学与艺术上则是普遍化或典型化的法则——即是从个别的具体的现象的观察上，加以艺术的概括。而这里更重要的一点，自然是生活的实践。

总结看起来，文学和艺术的形象的创造，是文学家和艺术家，在生活实践中通过其主观的思想与情感，去感觉和认识客观现实的诸形象，从这种感觉与认识中间，概括出现实的真实形象，再通过艺术言语的描写，把这种真实的形象，再现在作品中间，这样完成了文学或艺术反映现实的任务，同时也就表现出文学的根本特性——形象性。

二　形象的创造

形象的创造既然不是一个单纯的描写技术问题，并不止于描写生活的外表和琐事，因此，在形象创造的工作上，我们首先必须追究到一个重要问题——就是形象的思想内容。

我们写一篇作品，描写一个人物或一个故事，决不是无所谓而写的，也不是仅仅为了凑凑故事情节的热闹而写（这样的写法，只有那些庸俗的作品中才有），一定是为了我们要借这个人物来表现什么。这要表现的什么，就是这些形象的思想内容。所谓"要表现的什么"，主要的是指我所选择的形象和社会的矛盾关系，和它的社会意义。一个作家在日常生活的认识和实践中间，觉得某些东西可写，他并不是立刻就写下来，这种客观事物通过作家主观的情感和思想的时候，就产生了他对这事物一定的看法和态度，和这事物所感到的社会意义，他觉得有某种理由非得把这些事物重新创造出来不可，在这过程中间，形象的思想内容就存在了，作家从某一侧面来表现自己选择的形象，也在这里决定了。鲁迅先生在《〈阿Q正传〉的成因》中说，"阿Q的影像在我心目中似乎确已有好几年了"，"归结到传阿Q，仿佛思想里有鬼似的"。这"有鬼似的"东西就是形成阿Q这个形象的基本内容，鲁迅先生从许多人物和生活上，深刻地认识到中国人民的精神病状，觉得非要通过一个典型人物把它形象出来不可，于是阿Q就产生了。阿Q的和小D打架，欺侮小尼姑以及于被枪毙等等，都是为一个目的，就是形象出阿Q主义这样东西以及作者对它的深刻剖解。如果没有这一基本思想内容，而和小D打架这一类事情就完全没有意义，阿Q也只不过一个滑稽可笑的小丑而已。

同样的例子，譬如《死魂灵》里要写出那么众多的各色各样地主，《水浒传》要写出一百〇八个绿林好汉，都并不是为要写这许多人物而才去写它，主要的是要从这许多人物画的背后，显示出一幅历史现实的真实图画。作品中间的主要人物的存在，都一定具有它的社会意义。拿果戈理来说吧，《死魂灵》的故事，在他并不看得重要，据说这个故事还是从别人那里借来的。重要的是他要写出当时俄国地主官僚阶级的状貌和它的实质。《水浒传》也是一样，这题材是根据于民间的故事的，但经过作者创造以后，它已经充实进去新的思想内容，因此这个民间故事便变成了不朽的史诗作品。其他如《哈姆雷特》一类作品也然。

这很明白可以知道，为什么一幅很好的照片不能和一幅名画一样给我们感召力，就是前者只是一幅没有生命的摄像，而后者是艺术家真实的思想情感的形象表现。我们常说，要写出有血有肉有生命的东西来，这所谓血肉和生命就是指形象的思想内容。

因此，对于自己所选择的现实形象，赋予深刻的思想内容，这是形象创造的第一个基本条件。换句话说，就是你为什么要写这个故事或这个人物，必须有一个明白的概念。这概念愈明白愈深刻愈具体，于是你的作品的形象性才可能愈凸出，描写的技巧也从这里获得它必要的意义。古人说，心中有物然后笔底有物。笔底的物是为形象出心中的物，如果心中根本空空如也，则纵然笔底生花，也不过一座七宝楼台，外开不成片段。

在这里，顺便就可以说明一下所谓“象征的形象”。所谓“象征的形象”，就是一个采用现实的人物，而用象征的方法来形象出现实的真实，譬如，俄国萨尔蒂珂夫的小说《理想主义的鲤鱼》(从前曾经有人在《译文》上译出过)，是借鱼来讽刺人，虽然是把鱼来作形象，但这鲤鱼是已经人化了，从鱼的身上概括出人的特性和人类社会的诸关系。从这里可以知道，为什么有许多神话童话一类作品可以称作形象的艺术，就是它是具备了形象的基本条件——思想内容。

但是形象的思想内容，必须是现实的，必须是从作者对真实生活的认识和概括上而获得的。“我们往往在文学里，发现完全空想的形象和空想的人物。但是，作家创造这类形象的时候，也是从现实生活中摄取材料，而不能从其他什么地方摄取材料。因此，真实的生活现象的概括，可以被包藏在空想的遮蔽物中，取不定的形式而表现出来。”(《新文学教程》)

怎样取得形象的思想内容，这是决定于作者对于他所选择的生活材料和人物的看法。作家可以各色各样去理解事物，可以从各个不同的侧面去描写他的故事和人物，但是他必须具有对现实的忠实态度，这样即使从不同的侧面去描写，同样可以挖掘到现实的真实本质，可能达到对现实认识的一致。成功的艺术形象有时可以显出比作者原来所想象的更大的现实程度，就由于他忠实于现实的缘故。

为了要获得形象的思想内容，所以我们必须像高尔基所说的，“要求有想象，推测，和思考。”想象在形象创造上是一个极重要的条件，当作品的原料——我们观察到的生活和人物——变成一个艺术的形象，中间需要经过一孕育的过程。在这过程中，我们决定凸出其某一侧面，舍弃其某一侧面，夸张它，发掘它，综合它，甚至加上幻想的成分，只要是围绕着这个形象的现实思想内容，我们尽可以自由去想象，不必顾忌什么。而推测和思考，则是运用理智去剖解去挖掘这个形象和社会矛盾的关系，使个人的事物变为社会的凸出的事物。这个时候，人们的面目、故事的结构逐渐在我们脑子里明显起来，生动起来。我们对于它们的爱好或憎恶的情感也更加强烈起来，非要把它写出来那种欲望也更加冲动起来。形象创造的最初过程也在这时完成了。

最好的例子是屠格涅夫叙述的他的创作经验："我在社会里遇见某费克拉·安得烈纳夫，某彼得，某伊凡，忽然在这费克拉·安得烈纳夫，在这彼得，在这伊凡的身上，有点特别的东西，以前我未在别人方面见到听到的东西，使我发生惊讶。于是我对他注意，他或她引起我特别的印象；我开始加以深思，然而这个费克拉，这个彼得，这个伊凡，随后渐渐地后退了，不知消失到何处去了。只有他们所起的印象遗留着，渐渐地成熟。我将这些人物与别人对照相比，引他们走进不同的行动的范围内，我心里整个的小世界即是这么造成的……随后，突然地，无从猜到地会发生描写这小世界的需要。"

决定从某一侧面去描写所选择的形象，在形象创造上是很重要的。这一方面是由于作家的观察角度不同，而另一方面也由于现实现象的多面性，使我们可从各个不同的侧面去描写。譬如西门庆和潘金莲的故事（这故事大概也是民间流传的），在《水浒传》里是着重在写出土豪与人民的斗争——土豪的欺凌人民和下层人民复仇的反抗，而在《金瓶梅》中，则着重写出豪绅阶级的腐烂与没落状况，以及作者对西门庆所代表的阶层的猛烈攻击。因此《水浒传》里的西门庆性格便侧重在强横霸道、泼辣凶狠、游手好闲诸特征方面，而在《金瓶梅》中的西门庆性格，便侧重在淫乱和贪婪方面。再举一个例子，譬如鲁迅先生的《孤独者》里的魏连殳，和《在酒楼上》的吕纬甫，都是五四运动失败以后失败主义的小资产阶级的形象，但是作者却从不同侧面去描写，一个是愤激不平玩世不恭，一个是消沉颓废百事皆非，而这样给予形象以不同的思想意义。

在同一作品中间，我们有时也需要从各个侧面去描写，譬如在《水浒传》和《死魂灵》中间，前者写出各色各样的绿林好汉，后者写出几种不同的地主，在各个人物上，作者凸出其某一侧面，赋予不同的个性，构成一幅多样复杂的图画。

描写某一侧面的重要性，是为要使作品的形象获得丰富的个人色调。现实生活是极其复杂的，各种形象是具有各种不同的个人的特殊性的，“作者有权利从它们里面采取任何性质，而加深它，扩大它，使它尖锐和明了，而将各人物的性格弄成主要的明确的东西。”（高尔基）如果不是从某一侧面的凸出去着手，不是从外貌内心的个别色调上去着手，则形象的创造很容易变成图案的形象。假如有人要写一个农民，把农民的一切特征都罗列起来，一一加以描写，则结果这个人物必然将成为一个没有生命的图案。

形象化的另一说明，就是用部分去暗示全体，描写某一侧面是从这一侧面去窥视一般。这里就触及一般与个别的关系，在典型上，就是普遍性与独特性的问题，这且放在典型论中间去详谈吧。不过这里得说明一句的，就是心理或社会某一侧面的提出并不是把它孤立或割裂开来看的。

一篇作品中间往往并不止表现一个形象（自然也有只表现一个形象的，如鲁迅的《白光》《高老夫子》），特别是在长篇小说中间，是集合着众多的形象，这是所谓“形象的集合”，藉此构成复杂的现象，而使主要的形象更显凸出来。在这种场合中间，值得注意的就是形象的对照和补充。譬如高尔基的《二十六个和一个》，便是一个显明的例子，整个题材就是藉二十六个做饼工人和一个女子的强烈对照而构成。其他如屠格涅夫《父与子》中间的巴札洛夫和保罗·彼得罗维奇，莎士比亚的《哈姆雷特》中间的哈姆雷特与其叔王，《毁灭》中间美谛克与木罗式加，都是表示这种形象的对照。这种对照，大概是表现两种不同的意识的矛盾与对立。这在戏剧文学中间尤其常常被强调着。此外，在同一群人物中间，还可以有补充的对立，如《罗亭》中间，罗亭和毕格梭夫两个都是属于同一类的人物，但却显出他们性格上的对立。写出一个毕格梭夫，便格外衬出罗亭的性格。再则，同一类的人物，还可以作平行的形象的补充。譬如法捷耶夫在《我怎样写〈毁灭〉》中间说"我的美迭里札的典型，在描写莱奋生的性格上是很重要的。莱奋生所缺乏的那些性格的特点，我以为必须要在美迭里札的典型上体现出来。假使莱奋生在他所有的品格上，再加以美迭里札的性格特征，那他便是理想的人物了。不过目下理想的人物还没有，所以为把主人公的理想性格描写完全起见，便需要这样一种典型，就是它本身上能体现莱奋生所缺乏的特征。"

这便是一个很好的例证的说明。

但是，我们必须特别注意，就是形象的对立与补充，并不是故意或凭空去捏造几个相反或相类的人物来作衬托，这样会把我们作品变作公式。这种形象的创造，仍然需要从反映现实社会的矛盾关系的观点上作出发，它的出现不是为了凑角色，而是为显示出主要形象的思想内容。

作家创造形象，并不是画肖像画，这话已经无需再说了。

但我们仍然会遇到这样的问题，即：创造形象，是否需要有模特儿？我们可以这样说，在某种意义上，模特儿是可以要的，但这绝不是画家所谓模特儿的意思。一个作家创造他的人物，大概需要观察许多这一类人物。如像高尔基所说，“作家需要从二十至五十个，不，从几百个商人、官吏或工人的个人当中，抽出最特质的特征……”那么，这二十至五十个以至几百个的商人、官吏或工人，对于作家就多少具有模特儿的意义。不过从这些模特儿上只抽取其一点或几点，而且需重新镕铸，如像鲁迅所说“所写的事迹，大抵有一点见过或听到过的缘由，但决不会用这事实，只是采取一端，加以改造，或生发开去，到足以几乎完全发表我的意见为止。人物的模特儿也是一样，没有专用过一个人，往往嘴在浙江，脸在北京，衣服在山西，是一个拼凑起来的角色。”又如茅盾先生写《幻灭》和《动摇》，据他自述，他最想到写这部小说，是由某次会议上一位女性引起他的注意，后来在长江船上，在牯岭又好几次遇到这一类的女性，于是把大纲重新改过，写出这两部小说来，他说：“那三个女主角绝对不是三个人，而是许多人——就是三种典型。”

一个作家平时需要在脑子里储蓄着各色各样的模特儿，使我们脑子成为一个人物的仓库，这样在写作时候，就可以去进行你选择的工作，从这些模特儿身上去抽取你所需要的东西。

在说明这一切以后，现在我们的问题，要接触到描写的技术方面来了。

我们说形象的创造并不是单纯的描写技术问题，这意思绝对不是轻视描写技术;反之,我们应该强调它。高尔基说:“没有巨大的忍耐研究,和对技术的知识,艺术家的思想(纵然他如何地有才能)是不能实现出来的。然而,反之,纵有一技之长,或知道了‘种种的手法’,假如是一种‘衰弱的思想’的东西,也是不能创造出艺术作品来的。”这话是非常正确的。一个题材已经成熟以后,并不是立刻可以振笔写出来,对于每一个场面,每一个动作,每一句言语,每一个细小节目,必须细细去推考,直到觉得最恰当为止。写人物是一种浮雕的工作,对于细工是不可忽略的。

无论人物或事物的描写上,最主要的目的,就是显凸出人物的性格和其生活环境,以达到表现主题的要求,因此,我们必须重视到描写的明确性和生动性两个原则,要达到这目的,我们应该注意下列各点:

第一,把握形象的特征。在著名作品中间,我们常常看到各种不同的描写方法,有非常细腻的,有简洁明朗的。譬如托尔斯泰、左拉、巴尔扎克等,描写非常细腻,而柴霍甫、莫泊桑和鲁迅等,则常常喜欢用简洁的笔法。但是他们所达到的艺术效果都是一样。这是为什么呢?就是说,他们都是从把握特征、表现特征的一点出发,他们都已经捕获了现实形象的精髓,虽然描写的方法不同——或则单刀直入的,用短短几句话,就把人物的灵魂点出,或则详尽地来刻划和烘托出这些特征,——但作品最主要的东西都同样达到明确和生动的最大程度,因而在艺术上也同样发挥了巨大的感召力量。即在同一作品中,也有这样情形,譬如《水浒传》里写李逵,是用粗线条的笔法,两把板斧,一张黑脸,一出场就是在浔阳江上抢鱼吃，看见宋江就问“这黑汉子是谁?”及经戴宗介绍，又拍手叫“我的爷，你何不早说些个，也叫铁牛欢喜!”扑翻身躯便拜。那种豪爽率直的性格，一下子就点了出来，而写林冲就用细腻的笔法，如风雪山神庙和雪夜上梁山几个场面，都用极细的笔调刻划出另一种光明磊落的英雄性格，我们并不觉得前者写得太少，而后者写得太多，而两人的性格特征，却都同样活跃在纸上。所以我们不必去追究究竟哪一种方法好，主要的是看我们是不是能充分表现出形象的特征。

把握特征、表现特征的意思，就是从特征上去显示全部，这和上面所说强调整个题材的某一侧面的意思差不多。这在极小的地方都是如此，譬如写一个人的肖像，决不能去把每根头发都描写出来，也不必把身体每一部分都介绍出来，我们只写出他身上几个足以表示他性格的特点，整个人物的样子就可以看得清楚了。

不能把握特征，只是漫无中心地写去，则细腻会变成冗沓，简洁会变成粗率，这不可以不注意的。

把握人物性格特征，不是静止地去把握，而且要把握这性格特征的发展。即是说，要注意作品故事的发展与人物性格发展的配合，要注意人物性格与其生活环境的变化的关系，火并王伦时候的林冲和在东京当八十万禁军教头时候的林冲，性格显然起了变化，但这变化是一贯发展下来的，否则老是一副样子，岂不是变成一个没有反应的呆鸟了吗?

第二，要善于使用形象的言语，言语是形象艺术的最基本工具，不懂得使用言语，也就根本谈不上描写技术，更谈不到形象创造，关于文学的言语，我们就到后面专门一章去讨论，这里要指出的主要是言语的形象性。我们在一般叙事文论文或演讲中所使用的言语，其目的仅在说明，但是在文学作品中，言语的作用是形象的表现，所以不能不注意到它表现的作用和力量。在言语的使用上，仍然不外明确和生动两个原则。就明确来说，就是你所写的东西，应该使读者明确看清楚，譬如说“一个美貌女子”，这“美貌”算是形容那女子了，但究竟怎样美貌呢？却叫我们想象不出来，如果没有上下文去补充它，那么这“美貌”两字就不够明确。中国旧小说中写一个美女时，常常喜欢用一首诗词或一些四六骈句来形容，譬如《红楼梦》里写林黛玉出场时，是用这样的句子：“两弯似蹙非蹙笼烟眉，一双似喜非喜含情目，态生两靥之愁，娇袭一身之病，泪光点点，娇喘微微，闲静时似娇花照水，行动处如弱柳扶风。心较比干多一窍，病如西子胜三分。”这在作者算是非常卖力了。但是除了给我们一些多愁多病的概念以外，林黛玉这个人的具体状貌，却是非常模糊的，再等而下之的，如一般旧小说所常用的“眉似春山，眼如秋水”，“脸似芙蓉，嘴若樱桃”更成为一个图式，写随便那个美貌女子，都可以套用，这更失去其形象的意义了。

我们现在再来看看托尔斯泰怎样写安娜·卡列尼娜出场的状貌吧：

> 凭着社交界中的眼力，瞥了一瞥这位妇人的风姿，渥伦斯奇辨别出她是属于上流社会的。她道了歉，便走进车厢去，但是感到他非得再看她一眼不可；这并不是因为她非常美丽，也不是因为她全部姿

态上所显露出来的端弱和温雅，而是因为在她走过他身边时她那迷人的脸面的表情上带了几分特别的怜爱和温柔。当他回头来看的时候，她也掉过头来了。她那双在浓密的睫毛下面显得阴暗了的闪耀的灰色眼睛带着亲切的注意盯住在他的脸上，好像她是在认识他一样，于是立刻转向走过的人群，像是在寻找什么人似的。在那短促的一瞥中，渥伦斯奇已经注意到了有一种被压抑的热望流露在她的脸上，在亮晶晶的眼睛和把她的朱唇弄弯曲了的轻微的笑容之间掠过。仿佛，她的天性是这样盈溢着某种东西，他违反她的意志，时而在她的眼睛的闪光里，时而在她的微笑中显现出来。审慎地，她隐蔽她眼睛里的光辉，但它却违反她的意志，隐约可辨地在微笑里闪烁。

那就给我们一个非常明确的印象了。这就是后者是使用现实生活中间的活的言语，而前者所使用的，乃是一种和人民生活脱离了的死的言语——文言和骈句。而且它所用的譬喻，也非常概念，这是旧文人一种文字的游戏，在艺术的表现力上是非常贫乏的。

仅仅做到明确还是不够，形象的言语还要求生动，就是不仅使形象凸出，并且使它表现活力，在使用言语时候，不仅需要想象，而且还要通过感觉，使读者读着你的文章不仅看得见而且感觉得到，这就要看你所使用的言语的生动性程度了。又如《阿Q正传》中间，有一段写阿Q描写杀头的情形：

> “你们可看见过杀头么？”阿Q说，“唉，好看。杀革命党。唉，好看好看……”他摇摇头将唾沫飞在正对面的赵司晨的脸上。这一节听的人都凛然了。但阿Q又四面一看，忽然扬起右手，照着伸长颈子听得出神的王胡的后项窝上直劈下去道：
>
> “嚓！”
>
> 王胡惊得一跳，同时电光石火似的赶快缩了头，而听的人又都悚然而且欣然了。

这“嚓”的一声，就大有就是劈在读者的后项窝上之概。不仅使我们看到阿Q的样子，而且把他的神情活龙活现地表现出来。

作家需要在每一语句上（不管是叙述文或人物对话）注意它明确和生动的程度，避免笼统和抽象，因此对于选用语汇，必须非常用心。第一，必需熟习人民的口语，而且懂得来提炼这些口语，因为口语往往具有更大的生动性。第二，必须注意言语和人物身份以及环境的配合，如某一种人说某一种话，某一种环境使用某一种言语。第三，需要具有对各种事物的博识，熟悉各种事物的名称，如写战争，必须熟悉战争中间所常用的各种言语。

第三，要多用人物的行动来描写。因为人的性格往往是从行动中间表现出来的。一个脾气暴躁的人如果没有事情使他发脾气，则他的暴躁也就看不出来。而且在行动中间，才能发生人与人的关系，在这种关系中间，才能够发展他的性格。譬如写一个人的悲哀，与其用许多叙述去描写他怎样悲哀，勿如从他动作中去表现。果戈理的《旧式的地主》中写那男主角阿非那西·伊万诺维奇悲思他的亡妻，用这样一段文字去描写：

> “你看这是那种食品，”阿非那西·伊万诺维奇说，当一碟加了乳的干酪给我们送上来的时候，“这是那种食品，”他继续说，我观察出，他的声音颤抖了，同时眼泪预备从他铅色的眼睛里流出来了，但他凝聚了全部的精力，想止住它：“这是那种食品，那种按照……按照……死去的……死去的……”他一下子把眼泪涌出了，他的手跌在盘子上，盘子翻了，飞起来，打碎了，酱油洒了他一身。他呆呆地坐着，呆呆地拿着勺子，眼泪犹如一条小河，犹如不绝地喷迸的泉流，急剧地流在围着他的食巾上面。

这是多么生动有力。较之那些满纸都是“忧郁”“悲哀”等字眼的作品，相差奚止霄壤？作品中人物的性格，应该尽量让人物自己来表现，这个原则必须记住，只有不得已的时候，才用叙述方法来介绍（譬如介绍他过去的历史之类）。此外，固然也可以借别人的口中来介绍人物的性格，或甚至这个人物根本不出场，而他的性格完全用旁人或作者来介绍，但这不是主要的方法，而应该是补助的方法。否则老是叫作者或旁人替主人公来介绍，这岂不乏味，而且又要他何用？

不仅在大的行动方面，即在小动作也非常重要。譬如我们说，“他愤怒了，”毋宁去写出他愤怒的动作和表情，或者从旁人的动作或表情去写出他的愤怒。举普希金的《奥涅金》中几句话来做例吧！

他做一个表示：这就全都忙乱起来。
他喝酒：全都喝酒并且全部喊叫起来；
他一笑：全都哈哈大笑；
一皱眉头：全都一声不响了。
他是那里的主人，这是很明显的。
…………

——《奥涅金》第五章第十八节——

如果没有前面四句，则后面一句就没有力量。而前面仅仅四句话，却不仅把客人的情状写出来，而尤其主人（奥涅金）在当时的地位、性格、神气、魄力，都由于几个小动作和其反应而强烈地显示出来了。

最后，要把握人物的意识和心理发展过程。高尔基有句经验之谈，就是说作品中的主人公每一个都有自己的生物学上的意志。在我们描写人物的过程中，人物渐渐活了起来，他的意识矛盾渐渐展开，这时这人物就具有一个活人所有的生物学上的意志。作者就需要去适应他这种意志的要求。如果性格的发展与故事的发展不能配合，则就容易变成一种公式化的作品，不能造成完整的形象。一个人从这样变成那样，他性格的发展是由于他意识和心理在事物进行中所起的变化。如果我们不细细去揣摩这种意识和心理的发展和变化，不能把这种发展和变化的过程形象地描写出来，则性格和故事的发展就显得是作家在那里故意安排，而不是适应着人物的生物意志。这样读起来就会觉得生硬。譬如高尔基写“母亲”，那样一个什么也不懂只知道爱儿子的女人，最后变成了一个革命的母亲。在我们看来是非常自然毫不足怪，而就作品中的母亲说，她的生物学意志上，也觉得非要革命不可。这就是因为高尔基处处把握着母亲的意识和心理的变化过程，而把这过程在她生活、思想、行为及一切细节上处处反映出来。如果我们在描写上不注意到这一切，不能表现出这一切，则她也就无法走到革命之路了。抗战以后，我们看到许多八股式的作品中间，出现着许多奇迹式的英雄，使我们感到非常不自然和生硬，就是由于忽略这一点之故——或则主观上根本就不曾去把握这种过程，或则由于描写上的失败，不能把这种过程恰当地形象出来，这种意识与心理变化的描写确是最难，然而也是最重要的。

关于描写的技术方面，这里只指出几个重要的原则，更详细的说明，如肖像的描写，环境的描写，自然风景的描写，心理、习惯的描写，对话的运用等等，且放到后面去讨论吧。

从上所述，可见形象的创造并不是一个单纯的问题，在认识的过程中，就开始了形象创造的过程，直到一篇作品完全写成为止，在这中间，对于形象的思想内容的决定，某一侧面的显示，形象的对照与补充，材料的搜集与运用，以及具体的描写，每一节目都是非常重要的。艺术形象的创造实在是一种非常艰苦的工作，它不仅要求有技术，而且要求有思想和认识力，要求有生活的经验和热情，而这一切也只有在生活实践与创作实践中不断去培养出来。

（原载 1942 年《青年生活》第 3 卷第 1、3 期）

生活·人·文学

在某些文艺座谈会或者和读者通信中间，我们常常碰到这样一个问题：文艺认识上的基本观点是什么？对于这，我的意见是文学与生活的关系。

我觉得，一切不同的文艺见解和创作态度，都是根据于各个从事于文学研究或创作的人对于生活的认识与实践的态度，和对于文学与生活的看法而来。这不仅在大的原则上，并且在极细小的地方，都决定了各个人的见解和态度，所以我以为对于这个关系的认识，也就是具体地表现我们对于现实主义文学的基础理论的理解。

自然，这是一个很陈旧的问题了。远在五四文学革命中间，就提出了“为人生的文学”的口号，不管当时这个口号的内容是多么空泛，贫乏，但是它却首先奠定了中国现实主义文学的基础和确定了功利主义的文学见解。这是五四文学革命的最中心最辉煌的内容，二十几年来伴随新文学运动的发展，这个问题也不断地在发展着，充实着，不断地取得其新的内容和意义。到了现在，任何一个文学青年都能不假思索地说出“生活是文学的泉源，文学是为了反映生活和创造生活”这样的话了。但是仅仅这样原则的理解是不中用的。过去的缺憾就是我们的理解往往只是一知半解地停留在这样空洞的概念上，因此在实践上便产生了种种观念和机械的倾向，在我们作品中间便呈现着空洞、贫血和缺乏生命力的现象。我们知道任何问题都是随着实践在不断发展的，今后这个问题也还将随着创作的发展而更发展下去，我们决不能自满于这种概念的理解，今天我们是要求把这问题和创作的实践具体地联系起来，并且在和各种倾向的斗争中间去认识它和发展它；因此这就不仅是一个单纯理论上的抽象问题，而且是当前创作上和文艺倾向上一个实际的问题了。

在当前的文学创作上，也即是对于文学与生活的关系的具体表现上，我们显然可以看出下列两种不正确的主要倾向，这种倾向今天已经被人们提出来了。

首先的一种是把生活的认识理解为生活状态的认识，而把这种认识仅仅作为创作准备上的一种手段。这种人大概是接受过一些毛皮的社会科学知识或思想方法论，他们把复杂的生活现象看成一种极单纯的东西，看成一种简单的X与Y的公式，以为这一些他们早已懂了，即使不懂，只消运用他的"法宝"分析一下，也就会迎刃而解。他们所需要的，只是观察生活现象，而以这种现象来证实他头脑中早已有了的概念，或者是一些生活上的知识，如习惯风俗之类，作为他们所谓"形象化"的手段，因此他们就自满地不再从个别的具体生活事件中间去探求事物的社会的本质，而尤其可惊的，他们甚至忽视了活生生的社会的人。他们常常嚷着要到前方到农村去找作品的题材（显然他们是表示十分重视生活的），或者从前方从农村中带回大批的"原料"，到书室里一一加工复制（加以分析，加以“形象化”），这样他们就把所谓“生活是文学的泉源”，解释为“生活是文学材料的泉源”，而所谓“反映生活”也变成“描写生活状况”了。于是他们所加工复制出来的作品，就变成这样一种几镢头的东西：从社会中得来的材料（他们所谓题材）加主观的现成的概念（他们所谓内容）再加生活状态的具体描写（他们所谓形象化）；而这样一件作品，无疑就是最标准的公式主义文学了。

另外一种倾向，就是把生活认识看作一种客观地对人生的研究。这样的作家无疑也是重视生活的，并且很忠实于生活的观察的，和上述第一种作家不同，他们是仔细地具体地在观察着个别的生活现象，并且不带着主观的公式的概念。但是他自己却始终是一个生活的旁观者，仿佛把自己站到生活圈子以外。这是近乎一种自然主义的倾向。他们是把自己主观的思想情感和客观的生活现象截然划分开来（事实上这是没有的事），用一句老话来说，就是“冷眼看世态”。而事实上，却是他们对于生活战斗热情衰退了，但是对于人生却还留恋着，因而生活的现象对于他们就只成为一种研究的对象，缺乏一种主观的爱或憎的强烈情感（或者应该说是这种情感的冷淡）。由于这样，他们的作品中间就缺乏了一种生命力，唤起读者强烈的情感的感召力，创作的目的就不自觉地走向为表现而表现的倾向上去，而且由于作者自己脱离了生活战斗的行列，他自己已经和这个客观现实对立起来（一个作家同时应该就是客观现实的一部分的），因而对他所观察的生活的认识，有时反而失去了客观的现实性；这种客观主义便转化成为另一种形式的主观主义了。

这两种倾向虽然似乎是相反的，然而结果往往会是相成的，因为它共同的一点，就是把客观的生活现象和主观的思想感情以及和艺术的表现这一个有机的过程，完全支裂了。

从这些例证上说，我们知道文学与生活的关系，非但还不曾在实践上被好好地理解，而即使在概念的理解上也还是远离着或者说违背了现实主义文学论的哲学基础的。

现实主义文学论的哲学基础便是所谓反映论。简单地说，就是通过艺术家的思想，反映出历史的真实。在我们千变万化的各种生活中间是存在着历史的真理的，然而这些真理的探求，必须从日常生活的现象中间追究到它本质上的结症（矛盾）所在，把产生种种现象的这种本质的矛盾揭发出来，这就是所谓现实的真实，艺术家用他们纤细而复杂的笔触，把它活生生地凝聚在艺术形象中间，告诉我们以真理，这中间也就必然地寄托着艺术家对社会的最高的热情，而以这种热情感动了我们。这种真理与热情像宗教的启示一般唤起了千千万万读者的热情，激动了他们的灵魂，使他们觉醒，而向着真理之路与现实去抗争。所谓文学的功利性主要的就表现在这里，所谓“反映生活和创造生活”，亦就是这样解释。譬如《阿Q正传》一书很明白地告诉我们，作者是怎样感觉到和认识到我们民族的危机，他怀怎样一种痛苦与悲愤，从我们的国民生活的观察中间探究到这个民族衰弱的根源——奴隶的失败主义，和怎样把几千年来一幅奴隶斗争的血泪史图，通过阿Q这样一个形象反映给我们看。这是一个历史的奥秘，也是历史的真理，而同时使我们深深感到作者对于奴隶那伟大的热爱和对于阿Q主义的痛恨。因此这个作品惊醒了我们，警惕了我们，引示了被压迫的民族解放斗争一个明确方向，在历史斗争愈向前发展的时候，我们愈感到它给予我们的真理的价值。艺术价值之伟大就表现在这里。有位先哲说："我们对客观的，绝对的真理的认识之接近的界限，在历史上是有条件的，但是这个真理的存在是无条件的；至于我们接近它，这个事实也是无条件的。一幅画的轮廓，在历史上是有条件的，但是这幅画所反映的客观的模型却是无条件的。"艺术的任务就是在历史的条件下从社会现实的真实的反映中去追求这个绝对的真理。"假如在我们前面的是位真正伟大的艺术家，那么，他至少应当在他的作品里反映出革命的某些本质来。"这是为什么像托尔斯泰、普希金、巴尔扎克这些伟大作家的作品在一两个世纪之后还能产生那样一种社会影响和力量，这是为什么十九世纪后期俄国的社会主义思想几乎全藉文学来推进，这些事实是非功利主义的唯美主义文学理论家所无可否认也无可解释的。

我们举出这些伟大作家的例子，并不是要求一切文艺作品都要达到那样的水准，那样的深度，只不过要说明，文学乃是一种思想活动的形式，或者说是人的认识的一种形式，而且是最纤细而复杂的一种意识形态。作家主观的思想情感与客观的生活不断地搏斗着，统一着，这样才产生了文学，而在这种过程中间，艺术的形象就已经存在了。因此，人——作家——和他的思想情感，在生活与文学的关系上是应该特别被强调的。从前有种机械的理解，以为客观生活现象通过作家的主观意识而反映出来，就像是通过照相机反映出来似的。因此，只要作家的意识或世界观是正确的话，他所反映出来的一定就是客观的真实。这种机械的认识论实在就是产生公式主义文学的理论基础。这种理解是把人的认识看成一种被动的或直觉的性质,因而把作家的思想活动以及作为一个活生生的人的个性、情感都过低估计了。我们知道作家同样也是一个社会的人,也是同样参加在社会的生活斗争之中的,而这样就赋予他以一定的个性、思想与情感。正如前述的那位先哲所说:“人的本质,并不是一种什么抽象的各个人天生的东西。在它本身的现实中,它是一个各种社会关系的综合。”所以一个作家主观的思想情感,实在也就是客观生活的产物,客观生活的一部分,所谓世界观也是一样,它并不是在生活之外的书本子上的教条,而正是从生活实践中孕育和发展出来的。因此我们不必害怕强烈的主观思想与情感会妨碍客观真实的反映,反之,只有通过由生活中间孕育出来的这种思想与情感,才能反映出更大的真实。“文学的创造中的自然界和人类社会的反映……是通过艺术家创造的个性而产生出来的现实的图画,并且带着这个艺术家的思想的观点与感觉的痕迹。”这就说明作家认识的过程并不是像照相机似的被动的直接的反映;而同时也就解释了文学创造生活的积极效能必须是通过作家主观的思想与情感的活动,才能发挥出来,这种思想愈深刻,情感愈强烈,它影响现实的感召力也愈大。这就是为什么每个伟大的作家同时都是伟大的思想家和伟大的真理战士,这样的例证在文学史上是俯拾即是的。

由于上述,可知在生活与文学的关系上,人是多么重要,不仅在文学的研究上,我们应该去了解作家的思想,特别是他们创造的个性,尤其是在文学的创作实践上,一个作家是应该怎样重视他自己。“一个诗人必须首先是人”，这句名言实是文艺作家的宝贵的座右铭。

我们为什么要写文艺作品？许多青年的回答是因为爱好文艺或对文艺有兴趣，这是很不严肃的一种出发点。这样出发会很容易使我们倾向于为文艺而文艺。我们知道文学的本质是战斗的，文学的本身就是一种战斗的武器。那么岂有无所谓而去战斗的吗？岂有仅仅是由于兴趣或爱好吗？一个真正的作家的写作，必然是由于他内心的要求，他要控诉，要呼号，要哭，要笑，这才是战斗的欲求。是什么东西在迫使他们要控诉，要呼号，要笑，要哭呢？这显然就是生活了。这解释了“生活是文学的泉源”这句话的意义。所谓“一个诗人首先必须是一个人”的意思，就是说必须是一个社会的人，所谓重视自己，也即是说重视自己是一个生活的战斗者。一个人必须具备了一个生活战斗者的条件，才有资格去做一个文艺工作者。

关于一个文艺工作者的生活态度，最近有嘉梨先生提出了所谓“生活的三度”之说，即不仅需要生活的广度（见世面大），深度（阅历深），而更需生活的密度（近人情），就是说必须先要关心人的命运，具有不能逃脱的一种社会责任感。茅盾先生进而指出生活的密度必须是生活的广度与深度的基础，所谓密度，据解释是贴近人民，“密度这一阶段，‘近’之一字，道出了人和人民的关系”（嘉梨语）。这种说法显然就是重视人在生活与文学的关系中的地位。但是我们还不能不有所讨论的。第一，我以为生活的三度实际上是不可分割的统一的认识过程，在所谓“见世面”中间，也就多少包含了“阅历”和

“人情”,把它分一个一个阶段来理解,是不对的,而茅盾先生所指出密度是广度深度的基础,却是比较正确,而尤其是他着重指出思想基础的重要,这是值得重视的。正如他所说,“如果思想上没有基础,那么即使可以追求生活的广深密,也不会得到真正的能见其大,能知其深,真正和人民的脉搏一齐跳动”。事实上所谓“密度”,也就是上面说过的认识过程中作家主观的思想与情感的活动。

第二,用“近”之一字去说明人和人民之关系,我以为是有语病。一个作家和人民的关系,应该他自己就是人民中间的一个,他不仅是去关心他们的命运,而这命运实际上也就是他自己的命运。譬如同舟共济,这舟如果有什么危险时,我和别人都系在同一运命之中,这时我们才自然会发生彼此真正的关切。只有当我的利害和人民的利害一致,我的命运和人民的命运联系在一起的时候,才会达到所谓“生死不解的融合”,才能达到所谓“与人民的脉搏一齐跳动”,才会激起我们高度的战斗的热情。从前一个皇帝处在温暖的深宫里,问起臣子才知道外面下了大雪,于是引起他的关心,下令发出赈米给百姓去。这样的一种关心和我们所谓关心人的命运是多么的不同啊。胡风先生在《人与文字》的题记中有一段话曾使我感动:“想从艺术这条道路上对人生有真实的给予,就既须抱有朝山拜佛似的虔诚,也须忍受炼狱似的悲痛和苦刑似的劳役,艺术应该是人的心灵的倾诉,但如果不能对于受苦者的心灵所经验的今日的残酷和明日的梦想感同身受,信徒似的把自己的命运和他们的命运连结在一起,那还能倾诉什么呢?”我以为以这段话来解释所谓“生活的密度”,倒是更正确的。

但是问题还不曾定，第一，我们要追问，一个艺术家这种思想情感是怎样锻炼出来的呢？第二，这种思想情感又是什么东西来决定的呢？对于第一个问题，我想还不是仅仅以对人对己认真的生活态度所就能答复的，更主要一点，我以为是生活战斗的实践，换句话说，即是参加社会的斗争。因为这是把我们命运和人民的命运连结在一起的主要条件。这样才会把个人的情感和人民的情感交融起来，使提到更热烈的高度。我们在这些战斗的行列中间，常常经历到一种叫人感动的同志爱和兄弟爱，这才是一种真正的关切，真正的热爱。那和以旁观者的态度对受难者的关心和同情是有很大不同的。因此，所谓对人类的热爱，必须是在为人类利益的奋斗的事业中才得培养和发展。思想也是一样，有位英国的批评家说，“杰作并非是单独的与孤零零的产物；它是许多年来共同思想的成果，这是人民的思想，群众的经验是隐在这单一的声音背面的。”所以，真实的思想不能不是从群众的战斗生活和经验中间发展出来的。

所谓生活斗争的实践，倒并不是说，要求每个作家都必须到前线去到工厂中去，主要的倒是他们必须和人民解放的事业连结在一起。那不仅所谓狭窄的生活圈子不能拘束他们，就是沙皇的西伯利亚囚营也是无法拘束他们的。我们看，像别林斯基、高尔基、鲁迅、罗曼·罗兰、巴比塞这些作家，哪一个不是他们民族和社会的战士，就以托尔斯泰、陀思妥耶夫斯基，那些更早一些的作家来说，也算是热烈地参加当时的农民解放运动或民主主义运动的，他们深邃的观察与思想和这些事业是不可分的。如果把自己和社会的斗争隔离开来，安静地躲在高阁里，那不管他生活态度怎样认真严肃，不管他世故阅历如何深，不管他博览哲学的经典，他的心灵却永远和人类相隔绝。对于他们，文学创造又有什么需要呢？他们的思想情感又怎样能够去发展呢？

一个现实主义的文学作家，是时时刻刻不允许和生活的搏斗相脱离的。

然而，我们上面已经说过，一个作家本身也是社会的产物，因此他的思想情感也决不是偶然出现的东西，而应该是一定的历史和社会的条件所决定他的。高尔基可以出现在十九世纪和二十世纪的俄国，却不可能出现在十三世纪和十四世纪的某一国，这是很明白的事。又如前面举例过那个皇帝，不管他怎样关心民瘼，他是不可能和人民拥抱在一起的。"……这个社会环境正是个人的精神生活的资料和对象，它是带着肯定的或否定的一面，以及作为这一个或另一个社会层的利益的代表者而反映在这个个人的'思想与情感'中的。"这段名言是说明了文学的社会性；愈是在更进步的历史时代，愈是站在更接近人民大众的社会，艺术家所反映出来的现实，便具有更大的客观真实性，如果离开历史与社会的条件，空泛地去谈世面阅历人情之类，还是无法理解许多文学史上的伟大作品的意义和讨论到所谓作家的思想基础的。

但是，为了避免再陷入到机械的观点，我们还得再摘录一句名言："人的认识，不是一条直线，而是一条曲线，是带着无尽穷的转弯和旋转的。"由于历史的矛盾性和社会的不平衡性，实际的世界并不是像 X 等于 Y 那么简单，我们必须更具体地从历史与社会的复杂关系上去研究作家个人和他们所反映的思想内容，否则我们将无法了解像托尔斯泰那样的贵族地主，像巴尔扎克那样的保皇党为什么能产生那样伟大的作品了。

了解历史的时代，了解一个作家的社会与思想的立场，尤其了解他的创造个性，这在讨论生活与文学的关系的问题上，该是些极重要的条件吧。

原载 1944 年 4 月《青年生活》(桂林)第 4 卷第 6 期

怎样创造形象

形象的思想内容

形象的创造不是一个单纯的描写技术问题，并不止于描写生活的外表和琐事，因此，在形象创造的工作上，我们首先必须追究到一个重要问题——就是形象的思想内容。

我们写一篇作品，描写一个人物或一个故事，决不是无所为而写的，也不是仅仅为了凑凑故事情节的热闹而写（这样的写法，只有那些庸俗的作品中才有），一定是为了我们要借这个人物来表现什么。这要表现的什么就是这形象的思想内容。所谓“要表现的什么”，主要的是指我们所选择的形象和社会的矛盾关系，和它的社会意义。一个作家在日常生活认识和实践中间，觉得某些东西可写，他并不是立刻就写下来，这种客观事物通过作家主观的情感和思想的时候，就产生了他对这种事物一定的看法和态度，和对于事物所感到的社会的意义，他觉得某种理由非把这种事物重新创造出来不可，在这过程中间，形象的思想内容就存在了。作家从某一侧面来表现自己选择的形象，也在这里决定了。鲁迅先生在《〈阿Q

正传〉的成因》中说:“阿Q的影像在我心目中似乎确已好几年了”,“归结到传阿Q,仿佛思想里有鬼似的”。这“有鬼似的”东西就是形成阿Q这个形象的基本内容。鲁迅先生从许多人物和生活上,深刻地认识到中国人民的精神病状,觉得非要通过一个典型人物把它形象出来不可,于是阿Q就产生了。阿Q的和小D打架,欺侮小尼姑以及被枪毙等等,都是为一个目的,就是形象出阿Q主义这种东西以及作者对它的深刻剖解。如果没有这一基本思想内容,则和小D打架这一类事情就完全没有意义,阿Q也只不过成为一个滑稽可笑的小丑而已。

同样的例子,譬如《死魂灵》里要写出那么众多的各色各样地主,《水浒传》要写出一百〇八个绿林好汉,都并不是为要写这许多人物而才去写它,主要的是要从这许多人物画的背后,显示出一幅历史现实的真实图画。作品中间的主要人物的存在,都一定具有它的社会意义。拿果戈理来说吧,《死魂灵》的故事,在他并不看得重要,据说这个故事还是从别人那里借来的。重要的是他要写出当时俄国地主官僚阶级的状貌和它的实质。《水浒传》也是一样,这题材是根据于民间的故事,但经过作者创造以后,他已经充实进去新的思想内容,因此这个民间故事便变成了不朽的史诗作品。其他如《哈姆雷特》一类作品也然。

这很明白可以知道,为什么一幅很好的照片不能和一幅名画一样给我们感召力。就是前者只是一幅没有生命的摄像,而后者是艺术家真实的思想感情的形象表现。我们常说,要写出有血有肉有生命的东西来,这所谓血肉和生命就是指形象的思想内容。

因此，对于自己所选择的现实形象，赋予深刻的思想内容，这是形象创造的第一个基本条件。换句话说，就是你为什么要写这个故事和这个人物，必须有一个明白的概念。这概念愈明白愈深刻愈具体，于是你的作品的形象性才可能愈凸出，描写的技巧也从这里获得它必要的意义。古人说，心中有物然后笔底有物。笔底的物是为形象出心中的物，如果心中根本空空如也，则纵然笔底生花，也不过七宝楼台，拆开不成片段。

在这里，顺便就可以说明一下所谓"象征的形象"。所谓"象征的形象"，就是一个采用现实的人物，而用象征的手法形象出现实的真实。譬如，俄国萨尔蒂珂夫的小说《理想主义的鲤鱼》（从前有人在《译文》上译出过），是借鱼来讽刺人，虽然是把鱼来作形象，但这"鱼"是已经人化了，从鲤鱼的身上概括出人的特性和人类社会的诸关系。从这里可以知道，为什么有许多神话童话一类的作品，可以称作形象的艺术，就是它具备了形象的基本条件——思想内容。

但是形象的思想内容，必须是现实的，必须是从作者对真实生活的认识和概括上而获得的。"我们往往在文学里，发现完全空想的形象和空想的人物。但是，作家创造这类形象的时候，也是从现实生活中摄取材料。因此，真实的生活现象的概括，可以被包藏在空想的遮蔽物中，取不定的形式而表现出来。"（《新文学教程》）

怎样取得形象的思想内容，这是决定于作者对于他所选择的生活材料和人物的看法。作者可以各色各样去理解事物，可以从不同的侧面去描写他的人物和故事，但是他必须具有对现实的忠实态度，这样即使从不同的侧面去描写，同样可以挖掘到现实的真实本质，可能达到对现实认识的一致。成功的艺术形象有时可以显出比作者原来所想象的更大的现实程度，就是由于他忠实于现实的缘故。

为了要获得形象的思想内容，所以我们必须像高尔基所说的，“要有想象，推测和思考”。想象在形象创造上是一个极重要的条件。当作品的原料——我们观察到的生话和人物，变成艺术上的形象，中间需要经过一个孕育的过程，在这过程中，我们决定凸出其某一侧面，舍弃其某一侧面，夸张它，挖掘它，综合它，甚至加上幻想的成分，只要是围绕着这个形象的思想内容，我们尽可以自由去想象，不必顾忌什么。而推测和思考，则是运用理智去剖解去挖掘这个形象和社会的矛盾关系，使个人的事物变为社会的凸出的东西，这个时候人物的面目，故事的结构，逐渐在我们脑子里明显起来，生动起来。我们对于它们的爱好或憎恶的情感也更加强烈起来。形象创造的最初过程，也在这时完成了。

最好的例子是屠格涅夫叙述的他的创作经验：“我在社会里遇见某费克拉·安得烈纳夫，某彼得，某伊凡，忽然在这费克拉·安得烈纳夫，在这彼得，在这伊凡的身上，有点特别的东西，以前我未在别人方面见到听到的东西，使我发生惊讶。于是我对他注意，他或她引起我特别的印象；我开始加以深思，然而，这个费克拉，这个彼得，这个伊凡，随后渐渐地后退了，不知消失到何处去了。只有他们所引起的印象遗留着，渐渐地成熟。我将这些人物与别人对照相比，引他们走进不同的行动的范围内，我心里整个的小世界即是这么造成的……

随后，突然地，无从猜到地会发生描写这小世界的需要。”

用部分暗示全体

决定从某一侧面去描写所选择的形象，在形象创造上是很重要的。这一方面是由于作家的观察角度不同，而另一方面也由于现实现象的多面性，使我们可从不同的侧面去描写。譬如西门庆和潘金莲的故事（这故事大概也是民间流传的），在《水浒传》里是着重写土豪与人民的斗争——土豪的欺凌人民和下层人民复仇的反抗，而在《金瓶梅》中，则着重写出豪绅阶级的腐烂与没落状况，以及作者对西门庆所代表的阶级的猛烈攻击。因此，《水浒传》里的西门庆性格便侧重在强横霸道、泼辣凶狠、游手好闲诸特征方面；而在《金瓶梅》中的西门庆性格，则侧重在淫乱和贪婪方面。再举一个例子，譬如鲁迅先生的《孤独者》里的魏连殳，和《在酒楼上》的吕纬甫，都是五四运动失败以后失败主义的小资产阶级的形象，但是作者却从不同侧面去描写，一个是愤激不平玩世不恭，一个是消沉颓废百事皆非，而这样给予形象以不同的思想意识。

在同一作品中间，我们有时也需要从各个侧面去描写，譬如在《水浒传》和《死魂灵》中间，前者写出各色各样的绿林好汉，后者写出几种不同的地主，在各个人物上，作者凸出其某一侧面，赋予不同的个性，构成一幅多样复杂的图画。

描写某一侧面重要性，是为要使作品的形象获得丰富的个人色调。现实生活是极其复杂的，各种形象是具有各种不同的个人的特殊性的，“作者有权利从他们里面采取任何性质，而加深它，扩大它，使它尖锐和明了，而将各人物的性格弄成主要的明确的东西。”（高尔基）如果不是从某一侧面的凸出去着手，不是从外貌内心的个别色调上去着手，则形象的创造很容易变成图案的形象。假如有人要写一个农民，把农民的一切特征都罗列起来，一一加以描写，则结果这个人物必将成为一个没有生命的图案。

形象化的另一说明，就是用部分去暗示全体，描写某一侧面是从这一侧面去窥视一般。这里就触及一般与个别的关系，在典型上，就是普遍性与独特性的问题，这且放在典型论中间去详谈吧。不过这里得说明一句的，就是心理或社会某一描面的提出，并不是把它孤立或割裂开来看的。

形象的补充和对立

一篇作品中间往往并不止表现一个形象（自然也有只表现一个形象的，如鲁迅的《白光》、《高老夫子》），特别是在长篇小说中间，是集合着众多的形象。这是所谓“形象的集合”，藉此构成复杂的现象，而使主要的现象更显凸出来。在这种场合中，值得注意的就是形象的对照和补充。譬如高尔基的《二十六个和一个》，便是一个明显的例子，整个题材就是藉二十六个做饼工人和一个女子的强烈对照而构成。其他如屠格涅夫《父与子》中间的巴札洛夫和保罗·彼得罗维奇，莎士比亚《哈姆雷特》中间的哈姆雷特与其叔王，《毁灭》中间的美谛克与木罗式加，都是表示这种形象的对照。这种对照，大概是表现两种不同的意识的矛盾与对立。这在戏剧文学中间尤其常常被强调着。此外，在同一群人物中间，还可以有补充的对立。如《罗亭》中间，罗亭和毕格梭夫两个都是属于同一类的人物，但却显出他们性格上的对立。写出一个毕格梭夫，便格外衬出罗亭的性格。再则，同一类的人物，还可以作平行的形象的补充。譬如法捷耶夫在《我怎样写〈毁灭〉》中间说："我的美迭里札的典型，在描写莱奋生的性格上是很重要的。莱奋生所缺乏的那些性格的特点，我以为必须要在美迭里札的典型上体现出来。假使莱奋生在他所有的品格上，再加以美迭里札的性格特征，那他便是理想的人物；不过目下理想的人物还没有，所以为把主人公的理想性格描写完全起见，便需要这样一种典型，就是它本身上能体现莱奋生所缺乏的特征。"——这便是一个很好的例证的说明。

但是我们必须特别注意，就是形象的对立与补充，并不是故意或凭空去捏造几个相反或相类的人物来作衬托，这样会把我们作品变做公式，这种形象的创造，仍然需要从反映现实社会的矛盾关系的观点上作出发，它的出现不是为了凑角色，而是为显示出主要形象的思想内容。

模　特　儿

作家创造形象，并不是肖像画，这话已经无需再说了。但是我们仍会遇到这样的问题，即：创造形象，是否需要有模特儿？我们可以这样说，在某种意义上，模特儿是可以要的，但这绝不是画家所谓模特儿的意思。一个作家创造他的人物，大概总需要观察许多这一类人物，如像高尔基所说："作家需要从二十至五十个，不，从几百个商人，官吏或工人的个人当中，抽出最特质的特征……”那么，这二十至五十个以至几百个的商人，官吏或工人，对于作家就多少具有模特儿的意义。不过从这些模特儿上只抽取其一点或几点，而且需要重新镕铸，如像鲁迅所说：“所写的事迹，大抵有一点见过或听到过的缘由，但决不全用这事实，只是采取一端，加以改造，或生发开去，到足以几乎完全发表我的意见为止。人物的模特儿也是一样，没有专用过一个人，往往嘴在浙江，脸在北平，衣服在山西，是一个拼凑起来的角色。”又如茅盾先生写《幻灭》和《动摇》，据他自述，他最初想到写这部小说，是由某次会议上一位女性引起他的注意，后来在长江船上，在牯岭又好几次遇到这一类的女性，于是把大纲重新改过，写出这两部小说来。他说：“那三个女主角绝对不是三个人，而是许多人——就是三种典型。”

一个作家平时最需要在脑子里储蓄着各色各样的模特儿，使我们脑子成为一个人物的仓库。这样在写作的时候，就可以去进行你选择的工作，从这些模特儿身上去抽取你所需要的东西。

形象的创造技术

在说明这一切以后，现在我们的问题，要接触到描写的技术方面来了：我们说形象的创造并不是单纯的描写技术问题，这意思绝对不是轻视描写技术；反之，我们应该强调它。高尔基说：“没有巨大的忍耐研究，和对技术的知识，艺术家的思想

（纵然他如何地有才能）是不能实现出来的。然而，反之，纵有一技之长，或知道了‘种种的手法’，假如是一种‘衰弱的思想’的东西，也是不能创造出艺术作品来的。”这话是非常正确的。一个题材已经成熟以后，并不是立刻可以振笔写出来，对于每一个场面，每一个动作，每一句语言——一个细小节目，必须细细去推考，直到觉得最恰当为止。写人物是一种浮雕的工作，对于细工是不可忽略的。

无论人物或事物的描写上，最主要的目的，就是显凸出人物的性格和其生活环境，以达到表现主题的要求，因此，我们必须重视到描写的明确性和生动性两个原则，要达到这目的，我们应该注意下列各点：

第一，把握形象的特征。在著名作品中间我们常常看到各种不同的描写方法，有非常细腻的，有简洁明朗的。譬如托尔斯泰、左拉、巴尔扎克等，描写的非常细腻，而柴霍甫、莫泊桑和鲁迅等，则常常喜欢用简洁的笔法。但是他们所达到的艺术效果都是一样。这是为什么呢？就是说，他们都是从把握特征，表现特征的一点出发，他们都已经捕获了现实形象的精髓，虽然描写的方法不同——或则单刀直入，用短短几句话，就把人物的灵魂点出，或则详尽地来刻画和烘托出这些特征，——但作品最主要的东西都同样达到明确和生动的最大程度，因而在艺术上也同样发挥了巨大的感召力量。如在同一作品中，也有这种情形，如《水浒传》里写李逵，是用粗线条的笔法，两把板斧，一张黑脸，一出场就是在浔阳江上抢鱼吃，看见宋江就问：“这黑汉子是谁？”及经戴宗介绍，又拍手叫：“我的爷，你何不早说些个，也叫铁牛喜欢”，扑翻身体便拜。

那种豪爽憨直的性格，一下子就点了出来；而写林冲就用细腻的笔法，如风雪山神庙，和雪夜上梁山几个场面，都用极细腻的笔调刻画出另一种光明磊落的英雄性格。我们并不觉得前者写得太少而后者写得太多，而是两人的性格特征，却都同样活跃在纸上。所以我们不必去追究哪一种方法好，主要的是看我们是不是能充分表现出形象的特征。

把握特征，表现特征的意思，就是从特征上去显示全部，这和上面所说强调整个题材的某一侧面的意思差不多。这在极小的地方都是如此，譬如写一个人的肖像，决不能去把每根头发都描写出来，也不必把身体每一部分都介绍出来，我们只写他身上几个足以表示他性格的特点，整个人物的样子就可以看清楚了。

不能把握特征，只是漫无中心的写去，则细腻会变成冗沓，简洁会变成粗率，这不可以不注意的。

把握人物性格特征，不是静止地去把握，而且要把握特征的发展。即是说，要注意作品故事的发展与人物性格发展的配合，要注意人物性格与其生活环境的变化的关系，火并王伦时候的林冲和在东京当八十万禁军教头时候的林冲，性格显然起了变化，但这变化是一贯发展下来的，否则老是一个样子，岂不是变成一个没有反应的呆鸟了吗？

（原载 1946 年 11 月 20 日《大众文艺》第 3、4 期）

论群众路线的思想斗争

今年春季,上海文艺界发生了几次剧烈的论争。这些论争虽然不曾得到更好的发展,而且最后终于牵涉到人事的纠纷,使论争渐渐离开了作品本身,而成为批评与被批评者之间的问题了,但无论如何这些论争所产生的积极意义与作用,还是应被肯定的。由于这些论争,终究廓清了一部分思想的混乱和阻止了某一些不好的倾向,而另一方面也打破了过去互相缄默的太平气象,发扬了文艺思想斗争上的民主精神。基本上我以为还是一种可喜的现象。

由于论争而引起若干过火的现象,以及人事纠纷,自然是应该纠正的,因为这不仅是妨碍了团结,并且也妨碍了论争。但是也不应把它过分夸大,更不能以息事宁人的态度去纠正。过分夸大和矫枉过正的结果,说不定又要回到"一团和气"的局面里去,那不是解决矛盾,而是隐藏矛盾,隐藏矛盾的结果,无疑只是酝酿着更大的矛盾罢了。

团结与批评的一致,思想斗争与统一战线的一致,在理论上大家都是承认了的,而在实践上却又往往感到矛盾。实际上这种矛盾是存在的,因为所谓一致乃是指矛盾的统一,即是从思想的不一致到达思想的一致。在这过程中,必然要首先提出矛盾,然后才能克服矛盾。在批评或论争中间,思想上对立状态终是首先存在着,然后从思想的说服上去克服这对立的状态。离开了思想斗争的原则,这种对立状态固然可能引导到人事纠纷上去,而达不到一致的效果,而同样,一看到对立状态就神经过敏起来,生怕妨害团结,这也是离开了思想斗争的原则,将达不到一致的效果。二十余年来新文艺运动,事实上,正如杨晦先生所说,是在论战的传统上发展过来的。我们战友中间就曾经有过无数次的对立、斗争,(甚至也不免有过人事纠纷)然而今天看来,这些斗争、对立,并没有妨害我们的团结,反而是扩大和巩固了我们的团结。这就是一个有力的证明。

但是从对立到一致的过程,却是复杂,曲折而不平衡的,这一点认识我以为很重要。我们常常有种性急的毛病,忽视了思想行列间一种自然的参差的状态,要求什么人都在一条线上看齐,这是一种非辩证的观点,因而就不会得到一致的效果;而相反的,另一种毛病就是以为只要大方向相同,其余就不必过问。这也是对于"大同小异"原则的错误理解。所谓"大同不妨小异"是指统一战线中不应排除小异的存在,但并不是放弃了对小异的善意的思想斗争(这种斗争应该是一种帮助),否则便是只讲团结不讲批评,所谓大方向也变成了空洞没有力量的东西了。《论文艺问题》一书中说得很好:"在这一问题上有团结,在另一问题上有斗争有批评。各个问题是分开而又联系的,因而就在产生团结的问题上,如抗日问题上,也就同时有斗争,有批评。在一个统一战线里面,只有团结而无斗争,或只有斗争而无团结,而实行如过去某些同志所实行的右倾投降主义，尾巴主义，或‘左倾’的排外主义宗派主义，都是列宁所谓跛了脚的政策。政治上如此，艺术上也如此。”

目前被指摘的所谓“一团火气”与“一团和气”的现象，正是这种跛了脚的文艺政策的残余。

这种现象的产生，有人以为是由于缺乏较好的批评态度，但蒋天佐先生却指出并不是什么态度问题，而是思想认识的问题。我完全同意蒋先生的说法。因为态度激烈并不一定就是坏，态度温和也不定就是好。这里还有一个敌友之分和倾向错误的程度之分。对于某些敌对的卑劣分子，鲁迅先生甚至主张费厄泼赖（Fair play）都应该缓行。诚如蒋天佐先生所说，批评不是权术而是一种思想斗争。斗争的态度要决定于斗争的性质，而在批评者的本身，则是决定于对文艺工作与文艺运动的正确认识。

批评的目的是在明是非，这是无需说的，但正如唐弢先生所说，“此亦一是非，彼亦一是非”，究竟将以什么为标准呢？即如唐弢先生所说“取其大而略其小”，但所谓“大”也仍然需要一个标准。这不是仅仅以大方向相同一句话所能解决，而必须在具体的社会实践上去测验。在批评者与被批评者的论争中间，他们同时必然是面对着一个共同的对象，这就是他们的读者，观众，和其他的社会群众。是非的标准我以为是存在于这些群众中间的。在思想发展的历史上，群众往往是最高的公正裁判者。好的作品能够经过历史考验而保留下来，而坏的作品则迟早遭受了无情的淘汰。这难道仅仅是批评家的功劳，而不是群众自己的取舍吗？群众的意志在这里也就成为思想斗争与统一战线的矛盾的一致的契机。当批评工作作为思想斗争的社会实践来看的时候，我们就不容忽视它社会的效果。论文艺问题的作者指出批评工作必须从社会的效果上去检查作者的主观动机，正是这个道理。

我们都有发表我们思想的自由，创作的自由和批评的自由，但是这些工作我们却不能不向我们的共同对象——读者、观众和其他社会群众负起责任。我们的创作并不仅仅为抒发个人的思想感情，当书籍印行出来，戏剧表演出来，它已经成为一种社会行为，这中间就必然包含了教育的意义，也必然产生一定思想与道德上的社会效果。对于这些效果的利害责任，作者是应断然承负的。同样，一个批评家在报纸或刊物上发表了他的批评，它已经不仅是单纯对于被批评者的一种个人关系，而成为一种社会行为和产生一定的社会效果了。批评的目的固然是为纠正创作者的某一种不正确的倾向，但更主要的，却是为了纠正这种倾向在群众中可能发生的错误影响。这里自然也就包含着教育群众的意义和对于群众的责任。但是无论创作家和批评家，一方面固然是为了教育群众，而同时也是被群众所教育着，创作家是从群众生活的认识中间，汲取其思想与感情，去从事创作，而批评家则从群众意见的反映中间去检查一个作品的社会效果，因而提出了他的批评。无论创作家和批评家决不能自以为高高在群众之上的什么“优越之众”，而必须同时是人民大众恭敬的小学生。因此群众不仅是作家与批评家所应共同负责的对象，而且也是他学习与获得其认识的共同对象。在这个共同的老师之前，共同负责的对象之前，他们的是非之争，为什么不能获得一个统一的标准呢？创作家发表他的作品，如果能多考虑到他的作品对于群众所负的责任，自然不敢粗制滥造或以作品骗取稿费，而对于别人的批评也就不能不当作是社会意见的反映而首先对自己的责任，有所检查。批评家如果具有这种群众的责任感，则自然不得不注意他说话的对象，因而也就不敢乱捧乱骂，不敢把思想的论争化为个人的意气。群众所要求的，乃是真实的思想，而不是争吵的喧声；人事纠纷在文坛上也许有人作为津津有味的话柄，但在社会群众中却是索然乏味的最可厌的喧嚣。批评变成了人事纠纷，早已经脱开了读者对象，而成为个人之间的争吵了。

文艺创作和文艺批评要从个人感觉的小圈子中挣脱出来，成为一种严肃的社会事业。这就不能不要求作家和批评家具有为群众的观点，和具有对群众的责任感。这其实并不是过高的要求，只是作为一个真诚的艺术家所应有的艺术道德。在托尔斯泰的艺术论中间就有了这样的要求。但是必须区别的就是我们所论的群众观点，首先是出发于肯定群众的伟大力量与正确意识，而不是出发于托尔斯泰那样的人道主义。这种肯定也不是由于教条式的承认，而是通过实践的感觉与认识。遭受了封建势力与帝国主义长期迫害折磨的中国劳苦大众，他们的灵魂里潜燃着比其他阶层更强烈的爱与憎，具有比其他阶层更分明的是非判别力，这些形成了他们日常生活中一种坚强的意识力量，特别在每次生存斗争中间，这种意识力量显示得最为分明。文艺家感受了这种力量，体验了这种力量，通过艺术的概括把它表现出来，这就是我们所说的艺术力或思想力。而从这里，我们也就明白所谓艺术力或思想力的来源既然是社会群众的力量，那末群众的力量自然也就是统一思想斗争和大与巩固统一战线的主要力量了。

忽视了这种力量，或是对群众的不信任，这就是构成缺乏对群众责任感的根源。例如近来被指摘的戏剧上与小说上迎合的倾向，我以为即由于这种原因，知识分子最易犯的毛病，即喜欢以自己的生活观念与艺术兴味去衡量群众，因此往往只看到他们落后的一面，便产生轻视他们的心理。某些人有时确实也讴歌群众，但是那只是脑子里一种抽象的群众，或是在周围现实生活以外一种幻想的英雄群众，而对于眼前所接触的实际人民，却觉得是庸俗、愚昧、丑陋而可笑的。于是在理论上赞美人民，而实践上却轻视群众，一面在歌颂人民的伟大，一面又在感叹世界的寂寞或责备观众与读者的低能与落后。这种矛盾的现象，在我们中间怕不算稀罕罢？而在这种矛盾虚伪的观念之下，对群众的强烈责任感当然就不易产生了。

为使我们的文艺创作和批评工作获得更健全的发展，我以为强调文艺思想斗争上的群众路线是有必要的。事实上，历史上的文化思想都是客观地受着群众路线所支配的。康有为、梁启超，胡适、周作人都倒下去了，而鲁迅、李守常、蔡元培、瞿秋白则永远屹立着。这清楚地说明凡是违反群众利益，不能对群众负责，不信任群众力量的，就一定被历史所淘汰，这是一种历史客观的法则，而我们现在就应该把这个客观的法则作为我们主观的创作与批评的路线。自然这并不是说，拿一个抽象的群众意识，作为死板的教条来衡量一切。我们所说的群众，是一定时空条件下实际存在于我们周围的群众，有他们具体的要求和认识。在一定历史阶段上，他们有一定的基本共同要求，而同时由于他们地区，生活性质的不同，他们的觉悟和认识上又有程度上的差别。其次，我们也还须承认，作家与批评家本身同时也就是群众的一分子，因此在他们的觉悟与认识程度上也一定有某些差别。拿一条固定的标尺去衡量一切人是要不得的，只有从社会实践中间从现实的复杂状态中间，去认识群众的具体需要，理解他们接受的程度，把握他们进步向上的意识，这样才能使所谓文艺上的群众路线不成为空洞的概念而是有它具体的内容。而在这群众路线之上，所谓“明是非”、“分敌友”、“识爱憎”、“慎褒贬”以至“衡轻重”、“争缓急”、“别错综”、“权利害”，才有它明确的标准，而不至于以这些原则去作为掩护某些不应有的宽容或攻击的饰词。

从群众路线的观点上出发，我们首先应该批判的，自然就是那种“一团和气”的倾向，或者“为了运动，对于某些作家要‘姑且’不加批评”的庸俗论调，以及那种乱捧乱骂的不负责任态度。因为这一切对于群众是毫无好处，而对于作家，更是有害无益的。对于群众来说，这是一种责任的逃避。一件作品的恶劣影响已经在群众中产生了，批评家有什么理由能够袖手旁观呢？如果说，这是为了运动的缘故，那么所谓运动又是什么意义呢？我们中间似乎流行着这样一种观念，以为文艺运动是一回事，思想工作又是一回事，某些人是从事思想工作，某些人是专门搞运动的，“为了运动而姑且不批评”的论调，我想大概就是由于这样观念产生出来的罢。其实文艺运动就是一种思想运动，而且是群众的思想运动。我们并不否认个人与文艺运动的关系，但这种关系仍然是建筑在思想与群众利益之上的。另一种错误观念，就是把批评和骂人混淆起来。批评家说："这非骂不可。"创作家说："某人在骂我了。"于是害得搞运动的人战战兢兢，生怕惹出祸来。这些都是失却了对群众负责的态度。对于作家来说，这种批评的姑息态度，往往足以造成他的自夸自满，或甚至碰不得的态度：如作家犯了一种不好的倾向，则这种倾向将因此而更发展下去。以私人的情谊代替了群众的思想斗争，这是最危险的文艺运动做法。从这种关系上，也就产生了所谓"全面肯定的要求"，蒋天佐先生说，"或多或少类乎这样的要求，助长了那种世故的庸俗论调，而那种论调又助长了这种要求。这互相因果纠缠在一起的一套思想意识，是批评工作的一大障碍。"这是非常痛切的论评，也就是鲁迅先生所谓"捧杀"。近年以来文艺思想上的混乱，散漫状态，我以为这种观念和倾向多少是应该负点责任的。

和这一种倾向相反，或者也可以说由于不满于这种倾向而产生的另一种倾向，即是所谓清高主义的洁癖倾向，也同样是脱离了群众路线的。有人说"洁癖是人类最高贵的德性之一"，我想这大概是对于洁癖这名词的误会。洁自然是好的，坚持真理的立场，不同流合污，这些都应该是战斗者和艺术工作者的德性，但洁而成癖，这就变为个人的清高主义了。个人清高对于个人或未可厚非，但对于群众，却是没有益处。群众不是划一的，有进步的，有中间的，也有落后的，而且由于封建文化传统历史的悠久，中间与落后的往往居多，因此照顾多数中间落后的群众，在思想启蒙工作上是必要的。照顾落后和向落后看齐是截然有别的，这和迎合与争取截然有别是一样的。但如果孤芳自赏，或根本蔑视群众或战友中间的落后状态，把它们看成不值一顾，这就脱离了群众路线。这一种洁癖倾向，表面上看来似乎是种个人的坚强，实际上却是一种脆弱，因为脆弱，便生怕自己会被沾污，于是便远远躲开，或首先对那群众中落后状态取着敌对的态度。出发点或许是知识分子对艺术的忠实，结果却变成对于群众责任的逃避。医生是要求人人健康的，但为了达到这一目的，他就不得不先去接近脓臭，和以至大的耐心去干排脓除污的工作。医生有责任劝告群众避开传染病者，但他自己却不能逃避接触病人的责任，如果看见病人的病状，首先颦眉蹙额，掩鼻而走，这就不成其为医生了。文艺批评工作者也应该有同样的精神与态度，自然这只是对于群众和战友来说，至于对付群众的敌人，则只有像鲁迅先生那样反戈一击，制其死命，绝没有宽容的余地的。

统一战线自然绝不能是"同流合污"，但是在共同方向下，容纳某一些思想上的参差却是应该的。这就是上面说过，首先肯定矛盾存在从而去克服矛盾。有坚强自信力与意志的人是不害怕矛盾的。一个好的将领是要求他的战士个个都是精兵，但要个个都是精兵然后才能作战的，却决不是好的将领。洁癖倾向者就是此种将领或者前一种掩鼻而走的医生。

不过这里所说"洁癖"，还是指自己保持正确的艺术认识，而不愿去克服群众某些落后状态的清高态度，至于另一种所谓"洁癖"，根本以小有产者的意识感情，作为圣洁的东西，而把人民大众的东西看作污秽肮脏，远远站开，那就根本是离开人民也离开艺术的一种倾向，岂但洁癖成了问题，连他的"洁"

也是所谓“欲洁必未洁”了。

而在这里也就接触到所谓共同方向的问题。所谓共同方向,是根据于一定历史阶段中革命实践的要求,或者说,是根据于这阶段中大多数人民的基本要求而产生的一种战争方向。一种思想运动有它的终极目标,而为要达到这终极目标,它非得根据现实形势的要求去确定当前的战斗纲领。例如目前中国的新民主主义思想运动就是作为一种更高的思想运动在现阶段历史中的具体内容,而它也就同时作现阶段社会思想斗争的共同方向。它既然是根据于人民群众的基本要求而确立,所以这种方向的运动,也必然是一种群众路线的运动。为追求某一种思想的终极目标,需要团结与争取这一种思想的信仰者,而为击败当前共同的敌人扩大思想运动的影响,又需要团结与争取友军。这是统一战线很简单的道理。但我们也常常会陷于两种偏向。或是只看到当前的共同方向,而忽略了自己所追求的终极目标,结果丧失了自己的独立性,渐渐变成了群众的尾巴,或则是执著于其追求的终极目标而忽略其当前的共同战斗要求,结果脱离了群众也脱离了战斗。近一二十年来我们思想运动上这种教训是值得我们深深反省的。

中国社会所表现的那种两端小中间大、两端硬中间软的特点,使思想运动上的统一战线更具有重要的意义,而也因为这个特点,统一战线的内容也就显得更为复杂。稍稍把握不住就可能陷于上述两种倾向。在共同方向之下,不仅应该勇敢承认一种思想与其友军之间某些矛盾是存在着,而且还应该承认自己之间,某些矛盾存在着,甚至在个人自身中间这些矛盾也存在着。这是由于小有产者的意识曾经在我们思想界中间占过一时的优势，这种意识与劳动人民大众的意识的矛盾，成为在发展中的进步思想运动的一个重要的特点。我们应该正视这些矛盾，但不应该过分夸张这些矛盾。躲避矛盾是责任的逃避，夸张矛盾却是混淆了敌友的阵线，把思想发展过程中的不平衡状态夸大为敌对关系，这同样是逃避了群众的责任。掩盖一切与抹煞一切，我以为都不是真实的战斗态度。真实的战斗态度应该是向群众毅然负起责任，把群众的爱憎代替了个人的爱憎，把群众的取舍作为自己的取舍，照顾落后的群众，同时帮助他们克服其矛盾。在群众斗争利益的前提之下，我们绝不会因思想行列间的某些参差状态，而怀疑到共同方向，反而从共同方向的确定而使敌友之分有明确的标准。

思想运动是通过群众运动的实践而发展着，统一战线中间的思想斗争应该是群众运动实践中间的批判与自我批判。这种批判与自我批判以及思想与实践的结合，即是思想的真实运动，从这样的运动中间，才能取得思想统一战线的巩固与强大，和保证革命思想的坚强性。

1947 年 8 月，《理论与现实丛刊之一·资本主义世界新形势》
张铁生等著译，沉志远编，香港·新中出版社刊行

给学友们的一封信

——文学科三个月总结

各位学友：

我们开始通讯学习以来，已经三个月了。照我们原定的学习计划，是三个月作为一个阶段：第一阶段里，以中国的作品选读为主；第二阶段，则着重介绍西洋的、古典的以及中国前期的作品。现在第一阶段的选读已经完毕，我们想在这里，总结一下这三个月中学习的情形，并且交换一些学习上的意见。

从这三个月中，收到各位的来信和习作看来，各位那种热烈的求知精神和细心研读的学习态度，实在使我们深深感动。特别有几位同学，在经济情形十分困难和工作时间特别冗长的条件下，仍然利用深夜或清晨时间，不断地努力学习，这种精神确是难能可贵。这也使我们深深感到今天中国青年的处境是那样艰苦，而学习和奋斗的精神却是那样坚韧。凭着这种坚韧奋斗的精神，我们坚信终于将战胜一切客观的困难。鲁迅先生把创造第三样时代的使命，付之于我们青年，而我们能够去实践这使命的，亦只是凭借于我们的努力学习、积极奋斗、加强团结这种精神而已。

在这短短三个月中间，再加上邮递的滞缓，我们通讯的机会实在是很少，因此我们还谈不上充分的了解各位。但是，就这些通讯与习作中间，我们不妨提出一些比较具体的意见，供各位参考，并希望引起各位的商讨。

一、关于选读方面

在第一阶段中间，我们所选的，多半是较近的中国的作品，这是根据由今而古、由中而外、由浅而深这几个原则。这里特别着重于反映当前社会生活与社会斗争的、现实性较强的、思想上较进步的作品，而同时注意到这些作品对于写作学习上可能有较多帮助的。这些作家的风格虽并不相同，但是在文艺思想上，大部分都是属于新现实主义的范畴的。

研读文艺作品，对于文艺思潮的认识，是很重要的。文艺不只是一种抒情的形式，主要是一种思想的形式。每一时代的文艺作品，大抵都反映了那一时代的思想与精神，同时每一时代的作品，又有它的阶级性。从不同阶级与生活的作家身上，反映出不同的阶级意识。所以了解一个作家的生活与其思想，对于阅读作品是必要的。在今天来说，最进步的文艺思想，即是新现实主义。所谓新现实主义，用最简单的一句话说来，即是站在人民大众的立场，用进步的世界观，把握住历史发展的动向，来反映和批判历史与社会现实的文艺。因此，在这个意义上，文艺并不是像盆景瓶花一样，仅供我们的欣赏，而是作为一种思想批判和斗争的武器。文艺在文化的领域中能起那么大的作用，主要就因为文艺是服务于人民的。

从各位的自述中间，我们发现有许多同学，过去阅读文艺作品往往只是根据自己的兴趣，特别爱好适合于小资产阶级知识分子脾胃的作品，这中间大半是伤感主义很强的作品。例如在西洋作品中间，屠格涅夫的小说是受许多同学欢迎的，其实在十九世纪俄国作家中间，屠格涅夫的小说的感情和思想是比较脆弱的。普希金、莱蒙托夫、契诃夫、果戈理、高尔基都比他强健。但是为什么我们特别爱好屠格涅夫呢？正因为我们自己的思想情感上存在着和屠格涅夫小说中人物有相近的弱点。然而作为文艺学习来说，我们却不能以自己的兴味来作为标准。我们阅读文艺作品的目的，是要从作品中去看现实，去窥察人生和世界，去追求真理，这中间特别是去认识广大人民的生活，和历史的动向。不仅是认识现实，而且从现实的认识中间，进行着自己思想与感情的锻炼。这里需要有批判，有分析，这样才有积极的意义，否则徒然把文艺作为陶性冶情的东西，那就把文艺的价值大大地贬低了。

所以，在学习第一阶段中间，我们首先向各位介绍了些反映人民生活的、进步的现代中国作品，使各位在文艺思想的方向上，有一个初步的认识，对新现实主义有个约略的了解。也许有少数同学由于一向读惯较旧的东西，一时会感觉不合脾胃，但是为了从文艺方向走向一条真理的道路，我们不能不有一个比较明确的方针。

自然，这三个月中间所选读的作品，只不过十二种，实在是太少了，未必就能使各位得到较大的帮助。但是我们的学习期限既然有了限制，不可能像普通大学里那样可以有三四年学习的时间，所以不得不把学习过程尽量缩短，这中间自然还要依靠各位在讲义以外自己去选读其他作品，所以在学习计划中间，有一项比较研究，这样也许可以多一点帮助。而为了使各位对于过去的和西洋文艺作品有所认识，——这种认识在文艺学习过程中是必要的，——对于文艺思潮的历史发展有所理解，在第二个学习阶段中，我们就拟多选一些西洋古典的作品。

几位同学的来信，常常提到作品应该具有感动力量，这自然是很对的。但是我们还应该追问，那使我们感动的是什么？有毒素的作品，有时也可以具有感动的力量，然而这种感动力量所起的作用，却是否定的。因此首先的问题，不能不研究作品的主题思想，它所给予我们的艺术感动力量和教育意义是肯定的还是否定的，是有利于人民大众的还是有害的，这是对于作品评价的基本标准。所以在研读作品时候，首先应该去认识作品的主题，作家所要表达的思想是什么？这个思想是否正确？其次是他所反映的生活与人物是否现实？再次看他表现的方法——结构、剪裁、描写、言语等，是否成功？在这中间，人物性格的创造是个重要的条件，人物性格的创造和他的环境与时代又有密切的关系，从这一些条件上综合起来，才能作出对于一篇作品全面的评价，不要专门在技巧一点上下工夫。在课文后面所附的“学习指导”，大体上指出了这些，但是仍然要靠各位更仔细更深入去研究，这样对于一篇作品才能得到真正的认识，对于我们学习上才能得到进步。

批判的精神，在阅读作品上是必要的。现在我们所选的作品，未必都是完美无缺的，而且任何作品都不能夸说是完美无缺的，所以在阅读时候，应该去欣赏和学习它的优点，也应该批评它的缺点。但这些都应该从它的要点上去观察，吹毛求疵的作风，却是要不得的。有些学友来信中间，都很诚挚地提出对作品的意见，这是很好的，但也有近乎吹毛求疵的。学习的态度，应该虚心而又有批判的精神，而在批判的时候，尤应站稳自己批判的立场。

最后一月中，选了一篇报告和一篇速写，这对于各位的习作上是特别值得学习的。关于报告和速写的意义和写法，在学习指导上已经谈过了，这里不再谈了。但是这里要特别指出一点，即是文艺的学习，无论在阅读和写作上，首先不能不要求对于生活的接触和认识，写作的对象固然是社会生活，同样的，作品的欣赏，也无非是从作品中间去认识现实生活。文艺的泉源是生活，所以高尔基说：生活是本最好的大书，离开生活，躲在屋子里去阅读和写作，都不会得到很快进步的。这点意见，记得在第一次通讯中已经谈到过，这里再向各位提一提。

最后，希望各位能把这三个月来，阅读作品的经验、意见，以及自己的所得，作一个总结寄来，以便作为我们的参考。

二、关于习作方面

关于习作方面，这三个月来，同学们的努力是令人感动的。由于地域广阔，交通困难，虽然还不能普遍的按期缴卷，但每次习作，可说都是尽了各人最大的努力的。有一位同学来信说："我写作时间很少，白天要教书改卷，只有摸夜拼命，我很惭愧，半个多月才写出这篇东西，自己看看也要不得，我很伤心，恨不得撕掉它……”这是多么诚恳热烈坦白虚心的自白呀！那是一篇两万多字的小说，写一个教员的思想转变。尽管有若干缺点，但这位同学到底在寒冷的夜间把它完成了，这种勇敢坚韧的学习精神，和虚心的自我批判精神，是多么宝贵呀！记得还有一位同学，一次寄来两篇习作，附来的信里痛苦地说：“我这样写不知有没有前途？想到这问题，心里非常难过！”这是多么渴望自己进步的一种表现呀！在不断进步中，事实上必然会遇到这种痛苦与矛盾的，这本身就是一种进步。那两篇作品平心说已经写得不错，我们便分别介绍给两个杂志，杂志编辑不约而同地来信称赞，这也说明我们只要努力，决不愁没有成就。

这三个月来，我们所收到的习作，有小说、剧本、速写、报告、诗歌、散文、杂文以及读书札记等，这中间，小说、诗歌、散文占多数，诗歌、散文又是多数中的多数。一般地说，题材都相当现实，在这个人民翻身的大时代，大部分作品是写出了或者想写出黑暗统治下悲惨的人民生活，如抽兵、征粮、饥饿、失业、敲榨、盘剥、被捕、失踪以及被逼流亡等等血淋淋的现实；但也有一部分作品，几乎和时代不相干，停留在一潭平静的死水里，吟唱着沙漠碧海、星星月光、花开花落等等不着泥尘的美丽景色，不是兴奋惊赞，便是忧郁悲叹。对于后一种倾向，我们每次批阅课卷的时候，都个别指出这是不健康的，对于习作可说是有害无益。在这里，我们再特别提一下：文艺不是盆景瓶花，以供少数人陶情冶性的东西，主要应该有它的阶级性和时代感，在今天人民翻身的大时代前面，只有服务于大众人民的文艺，间接或直接为大众人民解放战斗而发挥力量的文艺，才有意义，才有存在的价值。

对于前一类作品，题材选取和写作方向，都是很好的，但还不免有些缺点，我们想特别提出来谈一谈。

在题材处理方面，普遍地犯了没有成熟就动笔，不善于剪裁，缺乏形象性，不能把握主题等等毛病。大凡得到一个题材应该经过详细的调查研究，和通过自己感觉写出来，才不至于没有一点真实性。例如有些同学，根据他们的来信，题材的获得，往往是间接听来，没有经过确实的研究；或是看了别人的作品因而模仿出来；再有一种完全凭自己的想象出发，就题作文，这样就往往失去真实的意义。譬如有首写农村的诗，写出麦子和稻一起收割的场面，这自然是不可能的。这是说明在动手写以前，没有经过成熟的考虑，便贸然动起笔来的毛病。

其次，得到一个题材以后，应该经过一番剪裁，把握住它的要点，去掉不必要的，区别轻重，分出场面，这样写来才会清楚明了。有好几位同学，确常常犯了缺乏剪裁的毛病。例如描写农村，把村中一切情形，无所不包的如地主压迫、高利贷、征兵、征粮、迷信、天灾人祸、乡保长都在同一篇作品里表现出来，叫读的人看到后面，忘了前面，看到这个忘了那个，没有中心，没有主角配角，结果弄得作者也无法收场。

第三，题材确定之后，应该找出它的中心主题，一切都环绕着这个主题来写。但是有些同学，只是客观地写出一些现象，找不出中心思想在哪里，以致作品失去了重心，成为一些材料的堆积。

在表现方面，一般是犯了概念化、避重就轻、芜杂繁琐、词藻堆砌等等毛病。

第一，描写人物应该通过人物的心理、动作、语言等，去表现他的性格，而且通过作者自己的体验，这样才能生动。在有些同学的作品里，都往往犯了概念化表现的毛病。例如写悲痛总是眼泪鼻涕；写愤怒总是咬牙切齿；写恶人总是加上一些残酷、横暴等等形容词，那个人物的具体性格却看不到，这样的人物是死的不是活的。

第二，作品写作当然要求明朗，但是要明朗，就应该把主要的一面突出。譬如画画，一定有轻重浓淡之分；但是在有些同学的作品里，常常犯了避重就轻的毛病。一位同学来信解释，说他喜欢明快美丽的场景，不喜欢沉闷苦恼的人物，所以他的小说里，大段大段的描写自然风景，而写人物心理沉闷苦恼或是矛盾痛苦的地方，他就轻轻掠过，仍然以大段的自然风景代替，这实际上不是个人喜爱的问题，而是避重就轻的毛病。风景总是陪衬的，而人物才是主要，把陪客当作主人，便是喧宾夺主。

第三，写作既然要求明朗，必须避免芜杂繁琐，契诃夫说："可以用两句话表现的，就不要用三句话，可以用两个字表现的，就不要用三个字。"在今天的文艺要求上，尤其应该朴素明了。例如有位同学，他写一个人去拜访另一个人，仅仅两条马路，就几乎写了将近两千字，从天气写到街市，写到许多不相干的过路人，拉拉杂杂一大堆，其实并不必要，去掉反而清楚。例如又有一位同学，写一个人的寝室，几乎把屋子里每样东西都描写一番，反而叫人看不清楚。这都是芜杂繁琐的毛病。总之，凡是要写的，一定是必要的，否则就变得冗赘、拖沓，妨碍你真正要表现的东西了。

最后，有些同学喜欢空空洞洞堆砌一些美丽的词藻，好比涂脂抹粉，反而把朴素的美损害了。这主要因为内容的空虚，所以才找些词藻来弥补，这些词藻往往是没有生命的死的言语，尤其在诗方面，这种毛病更多。这个毛病，在写作上是应该特别戒忌的。

以上这些缺点，在初学写作的过程中间自然难免，即使那些成名作家的作品中间，也常常会犯这种毛病。主要在写作以前，多作充分的准备，写成以后，多经几番修改，多少能够减少这些缺点。鲁迅先生曾经说过：一篇作品写好，最好多看几遍，慢慢拿出去。这确实很重要的。我们也不要以为有这些缺点存在，就感到沮丧，写作原是艰苦的事情，多写多改，总会慢慢有所进步的。

三、关于学习方法方面

各位来信中，常常提到关于学习的方法。除了前两节中已经提到的以外，这里想对各位再提供一些具体的意见：

首先，在学习精神上，除了发扬各位中间前述各种优点外，还要具有持恒的精神，学校名字叫做“持恒”，也是表示这个意思。青年中间，常常会犯一种性急病，要求很快就能获得成功。其实学问是无止境的，尤其是文艺这一门，不是像科学一样，有一定的规律可循，这主要靠自己的思想、生活、感觉和技巧的修养。这都不是一年半载就能有所成就的。世界上有许多大作家都是胡子白了才写出大作品来。像果戈理一部

《死魂灵》，写了十五年才完成，曹雪芹的《红楼梦》，写了一辈子还没有写完，这种精神是何等可贵。我们在学习过程中，应该多看、多读、多写，从艰苦的磨炼中才会有所成就；千万不可先存一个要做作家，要成名的念头，这念头往往是害人的。

其次，要有实事求是的精神，以知之为知之，以不知为不知，不要强不知为知。在写作中间，尤其要言之有物。不要作无病呻吟，不要矫揉造作，不要堆砌词藻，不要八股公式；要求朴素、切实、简洁、清楚，有什么说什么。这样才会摸出一条正确的道路来。

在学习的具体方法上，我们可提供各位的，有下列几点：

(一)作读书札记：接到一篇作品，或自己选读一篇作品时，最好根据第一节所述的要点，把它作一番分析，把自己的心得，在笔记簿上或即在作品的后面，记述下来，这种方法虽然麻烦，然而却极有用处。经过这一番工作，印象就较深，不至于像走马看花，读过就算了。不过这一定要有持恒精神，日积月累，自然意见会慢慢深刻起来。许多成名作家，都有这种习惯。鲁迅先生平时作的笔记，就厚至数尺。对于初学者，尤有益处。在做札记时发现有问题不能解决时，则可提出来讨论。

(二)作生活日记或札记：这也是许多作家所用的方法。能做日记更好，如不能做日记时，做札记也好，就是把所见所闻所感的事物，随时在笔记本上记述下来，这些材料有的直接可以写成报告速写，有的抄下来就可以发表，有的可以作为写小说或散文时的素材。养成一个习惯以后，我们就不会感到题材缺乏和生活枯燥了。

（三）集体学习：找几个志同道合的朋友，用读书会之类方式，互相讨论，互相批评，规定研究大纲，进行研究，或办壁报，这可以收到集思广益之效。这是一般青年所常常运用的方式。

（荃麟　葛琴）

珍贵的经验

——略谈十月革命时期的苏联文学运动

苏维埃文学到今天已经有三十一年辉煌的历史了。这三十一年的过程，照苏联文学史家一般的意见，可以划分为三个时期，其中从十月革命到社会主义五年计划建设开始以前，即一九一八到一九三〇年期间，是被称做苏维埃文学诞生和成立的时期。这个时期中间，极大部分作品都是以反映十月革命和国内战争作为其基本主题。最著名的，也是被中国记者所最熟悉的，如马雅可夫斯基的许多革命鼓动诗篇，勃洛克的《十二个》，绥拉菲摩维支的《铁流》，法捷耶夫的《毁灭》，富尔曼诺夫的《夏伯阳》，以及稍后萧洛霍夫的《静静的顿河》等等，几乎都是环绕着一个共同的主题，来反映出十月革命时代伟大的历史内容。这情形，和今天中国大部分优秀作家，都集中其笔锋在描写革命战争和人民翻身斗争，颇有相似之处；同时，当这个年青的苏维埃文学出世的时候，它一方面要和一切残余的资产阶级反动文艺思想作斗争，一方面又要在这实际斗争中间探求其自己的创作道路，这和今天中国文艺斗争的要求，也正复相近。因此，在今天，当新的中国正在展开其文化和艺术建设的时候，让我们来回顾一下十月革命时代苏联文艺所走过的道路以及学习它的经验和教训，这对于我们应该是件很有益的事情。

十月革命的初期，苏联国内外的情形，要比我们今天艰困得多，在文艺上，资产阶级文艺思想也要比在今天中国强大得多。但是年青的苏维埃文学终于迅速地战胜了一切，而在最初的几年中间，就贡献出上述一大批富有强大艺术力量的不朽作品。这固然由于苏维埃文学是继承着十九世纪以来人民文学的优秀传统，但是更重要的，却不能不归功于党和苏维埃政权的领导，归功于列宁、斯大林对于文艺的那种令人感动的关心与帮助。远在一九〇五年，列宁就指出："社会主义的无产阶级应当提出党的文学的原则，发展这个原则，并且尽可能在更完全和完整的方式里实行它。"十月革命以后，他和蔡特金的谈话中，更明确地发挥了这个思想。十月革命时期苏维埃作家即是以最大的努力，来实践列宁的这个原则。文学上第一个任务，即是肯定苏维埃文学是革命的阶级与党的文学。十月革命以后几个月中，革命的作家首先和反动的资产阶级作家，如蒲宁、安特列夫等分裂开来。在新经济政策时期又和资产阶级的民族主义者进行了坚决的斗争，和为艺术而艺术的倾向（如"塞拉比翁兄弟"）以及艺术个人主义（如象征派等）进行斗争，更后来，又和托洛茨基派、布哈林派那种文艺二元论进行了斗争。在这些斗争中间，联共党曾经给予文艺运动以非常重要的指示和帮助。一九二〇年，列宁起草了一篇"无产阶级文化"大会的著名决议草案，坚决指出："无论一般的政治——启蒙教育的范围，以及专门的艺术范围，都应该贯注着无产阶级为胜利地实行它的专政，即是推翻资产阶级，消灭阶级，取消一切人对人的剥削——阶级斗争的精神。”他反对那种企图把文艺和苏维埃政权对立或独立起来的倾向，驳斥“那种在理论上不正确及在实际上有害的一切杜撰出来自己的特别的文化”。一九二五年，在斯大林指导下，联共党又颁布一个关于文艺政策的决议。这个决议更明确地指出“文学领域上的指导的位置，以及所有一切物质的、意识形态的资源整个都要属于工人阶级。……党应该援助这些作家，自己造出进向这领导权的历史权利来”。它要求作家“一方面，和无条件的投降作斗争，别一方面，和自负作斗争——这应该是我们的标语。党对于纯温室的‘无产文化’文学的尝试，也有斗争的必要。把握广大现象和一切复杂情形，不局促于一个工厂范围之内，不是基尔特文学，却在自己之后，带着几百万的农民去斗争的伟大的阶级文学——才是无产阶级文学内容的境界。”

文学不仅应该服从于政治，并且应该服从于党的政策。这个原则，也是列宁在十月革命初期提出来的，很明显的，党的政策就是布尔什维克思想在实际行动中的具体表现，也就是历史法则的指示。现实主义的作家如果“企图不根据历史的严格指示，不根据历史的基本的、组织的思想而去找寻创作的自由”，那是不可能的。这个思想经过了长期的教育，一直到后来一九三四年作家协会成立时，正式在协会的规约上确立下来。

文学——它的艺术技巧，它的思想和政治的充实性，以及它的实际动力——之成长的决定条件，就在于：文学运动与党的政策、苏维埃政权的实际问题有密切而直接的联系，作家参加了社会主义建设的积极活动，并且用心地深刻地研究了具体的现实。

总之，十月革命时期，即是苏维埃文学的诞生与成立时期中，苏联文艺运动上一个中心问题，就是确立无产阶级和党对于文艺的领导。在这个时期中间，苏联存在着无数的文学团体，宗派的斗争和创作问题上的分歧是相当尖锐的，但是这些矛盾都由于坚持列宁的党的文学的原则而一一克服了。后一时期苏联文学界那种巩固的团结和创作力量的高度发扬，是从这种思想上明确和一致的基础上产生出来的。这里正是给了我们一个重要的教训：革命的文学事业必须是在无产阶级和党的领导之下，成为无产阶级革命事业的一部分，才有它胜利的前途；离开了党，离开了阶级和群众，它的成就是不可能的。

十月革命时期，苏维埃文学上另一个重要的经验，就是关于创作方法上的探索。在革命的初期，许多诗人由于生活与认识的不足，常常喜欢对革命作空泛的、抽象的歌颂，公式主义的倾向也曾经泛滥一时；另一方面，如未来主义、象征主义、构成主义等等西欧资产阶级的堕落思想，也侵入到苏联文学艺术领域中来。但是大多数优秀的作家，却都有一个坚定的方向，在探索着一种适应于革命任务与群众需要的正确方法。在这个工作上，我们应该特别感激伟大的导师高尔基。他是社会主义现实主义文学一个起主导作用的人。他本身的创作就是现实主义创作方法最好的典型。他要求作家尊重劳动，研究事实，掌握材料，要求用朴素而鲜明的形式去写。当他回国以后，他在青年作家中间提倡采用艺术素描与报告文学的形式，这些形式不仅使它能够适应革命任务的迫切需要，而且引导作家走向生活。这种形式和革命初期马雅可夫斯基那种鼓动性的诗歌形式，在第一个时期中，成为苏维埃文学上一个重要的特色。高尔基不仅要求形式上的朴素和鲜明，并且要求作家能够实现苏联劳动人民那种充满创造性的劳动热情，以及对于自己是生活的主人的肯定精神。他告诉作家要把注意力“放置在已经开始生长和活动的东西上”。他并且说：“工人阶级对于艺术的要求是非常严峻的，他们不把它看作别的东西，而只看作是拥护他们或反对他们的一种武器。”

在十月革命时期中关于创作方法的经验和认识，经过在实践中不断的发展，直到一九三二年斯大林和高尔基一次会谈中，才明确地由斯大林确定以社会主义现实主义创作方法作为苏维埃的文学方法。这个方法，由于后来日丹诺夫以及许多作家继续发展，今天已经有更明确和丰富的内容了。

此外，在十月革命时期中，文艺大众化问题是被党所特别重视的。一九二五年党关于文艺政策的决议中，明白地指出：“必须提倡，必须创造真正供给大众的读者——工人和农民的读者的文艺。我们应该大胆地、决定地打破文学上贵族主义的偏见，利用旧的艺术的一切技巧的到达，创造出为几百万人们所能理解那样的合适的形式来。”

由于这样的努力，才使文艺深入工农群众，经过三十年时间，使苏联人民的文化水平提高到那样惊人程度，据说今天苏联绝大多数的工人群众已经能够欣赏最高级的文艺作品了。文艺的教育作用在今天苏联文学创作上，被提高到最重要的地位。

这一些历史的经验和教训，对于今天中国文艺界正是最宝贵的东西，值得我们好好去学习和研究。三十年来苏维埃文学运动，不仅对其自己国家人民贡献出灿烂的功绩，而且对于全世界革命文艺运动发挥了领导和推动的巨大作用；特别是中国文艺运动，三十年来可以说是在苏维埃文学的影响和帮助下发展开来的。这并不是没有原因的。这正是证明了高尔基所说的一句话的真理：布尔什维克主义是创作上、文艺上唯一的、战斗的领导思想。也证明了日丹诺夫的另一句话：无产阶级的文艺是世界上最好的文艺。

（原载 1949 年 11 月 6 日《人民日报》第 5 版）

对于新民主主义文化的基本认识

共同纲领中关于文化教育政策部分中，首先指出“中华人民共和国的文化教育为新民主主义的，即民族的，科学的，大众的文化教育”。这自然是根据毛主席在《新民主主义论》中的指示。毛主席的《新民主主义论》不仅是分析近百年中国文化思想史的一部最杰出的科学著作，而且是列宁、斯大林关于文化的理论在中国革命实践中光辉的发展，毛主席在这书中给我们解释了所谓民族的，科学的，大众的文化，即是在无产阶级领导下的，反帝反封建的人民大众的文化。这些形容词中所包含的意义，是不能分割的一个整体的概念。对于这概念，必须从历史唯物主义与阶级的观点上去认识，而且必须把它和反动阶级所谓“民族文化”，“科学文化”等等，严格地区别开来。

列宁曾经指出，反动资产阶级常常“倾向用‘民族文化’的口号作掩护。拿了民族文化……的名义，做出许多反动和肮脏的事情来。”[①]直到现在，欧美反动资产阶级还是在作着这类的宣传，例如美帝国主义目前在宣传的所谓“美国世纪”，就是

---

① 均见列宁《关于民族问题的批评的注释》。

和以前希特勒所宣传的“纳粹文化”、日本帝国主义所宣传的“大和魂”是同样属于这一类最无耻的典型。而作为帝国主义走狗的半殖民地封建阶级，也往往用“固有文化”，“东方文明”这一类老套，阿Q地掩饰它自身的没落和欺骗人民；从曾国藩、张之洞到蒋介石、陈立夫，都是在反复地唱和着这同一的滥调，而事实却证明他们才是最善于卖国的民族匪徒。对于这一类人，列宁明白地斥责了，这些反动阶级是在“民族文化的口号之下，事实上进行分散工人，削弱民主，跟其奴主一起作那出卖人民权利与人民自由的买卖”。[1]

反动阶级不仅在“民族文化”的口号之下，干着这类肮脏的勾当，并且还用一切无耻的谰言来诬蔑无产阶级是否定文化的民族性的。不错，反动资产阶级的那种所谓“民族文化”，无产阶级是不要的。“民族文化”口号是资产阶级的，我们的口号是“民主主义及全世界工人运动之国际文化”。列宁这样告诉我们，他又说：“……一切在有关无产阶级的问题里，把一种整个的民族文化和别一种仿佛是整个的民族文化的对立，以及其他等等说法，是资产阶级的民族主义，必需和它作无情的斗争。”[2]但这是不是说，无产阶级不承认文化的民族性呢？不仅不是，而且恰恰相反，只有在无产阶级的国际主义的光辉下，文化的民族性，才能得到正确的阐明和高度的发展。无产阶级所坚决否认的，乃是反动资产阶级那种所谓“纯粹民族性”的文化和所谓“整个的民族文化”。在阶级对立的社会里，“整个的民族文化”事实上是不可能存在的。这只是反动阶级

①② 均见列宁《关于民族问题的批评的注释》。

想把一切文化归为己有的荒唐企图而已。列宁在论及民族问题时，说：

> 在每个民族里，都有两个不同的文化。有普利斯克维夫们的，直铁可夫们和司徒卢威们的大俄罗斯文化，但也有以车尔芮尔夫斯基和普列哈诺夫的名字为特征的大俄罗斯文化。在乌克兰，在德国，法国，英国，在犹太等等那里，都有这样的两种文化。①

这后一种民族文化是什么样的文化呢？即是属于人民大众的，民主主义和社会主义的文化。他说：

> 每个民族里都有——哪怕是未发展的——民主主义和社会主义的成分，因为在每一个民族里都有劳动的和被剥削的群众，他们的生活条件，必不能免地要产生着民主主义的和社会主义的意识形态。……②

这是站在马克思的阶级学说上，对民族文化的意义，给予了科学的阐明，从而揭穿了反动统治阶级一向把文化据为独有的谬说。正因为劳动人民生活中间，是存在着他们自己的民主主义和社会主义的意识形态，因此，也只有他们才能真正是有民族自豪的感觉，才能真正地“爱自己的语文和自己的祖

---

①② 均见列宁《关于民族问题的批评的注释》。

国”，并且“为着使它的劳动群众（即人民的十分之九）提高到民主主义者和社会主义者最觉悟的生活而特多地工作”。[①]

在和沙皇走狗与民粹派的斗争中间，列宁对于民族问题作了许多经典性的阐明。他预言了“大俄罗斯的工人充满着民族自豪的感觉。无论如何要有一个独立的，自主的，民主的，共和的，骄傲的大俄罗斯。……”[②]他的预言不久就被证实了。到了今天，这骄傲的大俄罗斯不仅屹立了三十年之久，而且在列宁主义的光辉之下，无数这一类独立的，自主的，民主的，共和的，骄傲的民族国家，在东方，在西方和世界上许多地方，已经或即将站立起来了！

列宁关于民族文化的理论，被斯大林所继续发展。这特别是显示在他《东方民族大学的政治任务》演讲中的精辟见解：

> ……内容是无产阶级的，而形式是民族的——这就是社会主义大步踏向全人类共同的文化。无产阶级的文化并不废弃民族文化，反而给它以内容。另一方面，民族文化并不废弃无产阶级的文化，反而给它以形式。只要是资产阶级掌握政权，以及民族的巩固处在资产阶级政权保护之下的时候，民族文化口号就变成资产阶级的口号。当无产阶级获得政权，以及民族的巩固处在苏维埃政权保护之下的时候，民族文化的口号就变成无产阶级的口号。谁要

①② 见列宁《论大俄罗斯人民族的自豪心》。

> 是不了解这两种不同的环境的主要的区别，就永远不会了解列宁主义和列宁主义观点下的民族问题的本质。

在学习毛主席的《新民主主义论》的时候，参读列宁、斯大林这些伟大的著作，我以为是很重要的。从这里我们可以看出，毛主席是怎样在中国革命斗争和文化战线上，不仅运用了而且发展了列宁、斯大林关于文化的理论。百年来的中国是处在帝国主义与封建主义奴役下的一个国家。在文化上，不仅有帝国主义的买办文化，还有地主阶级的封建文化。这两种文化结合在一起，阻碍着中国人民的觉醒和历史的前进。毛主席指出"中国社会的新旧斗争，就是人民大众（各革命阶级）的新势力与帝国主义及封建阶级的旧势力之间的斗争"，因此，反映在文化战线上，也正是列宁所说的两种民族文化的斗争，而作为人民大众的新文化，它的基本内容就不能不是反帝反封建的。特别在"五四"以后，当苏联无产阶级革命已经得其胜利的时候，这个反帝反封建的文化，其性质上已经是属于世界无产阶级革命的一部分，因此这种文化的民族性质与国际性质的关系，也显示得最清楚不过了。《新民主主义论》的伟大价值，就是在列宁主义的基础上，把民族文化的阶级关系以及它和全世界工人运动之国际文化的关系，在中国的具体史实上予以证明了，而且由此得出了中国新文化运动的方向和其指导方针。毛主席指出"五四"以前与以后中国文化运动性质的一个基本的区别，这是以马列主义观点对于近百年中国文化史一个最深刻的分析。这不仅廓清了反动资产阶级那种整个民族文化的谬论，也廓清了那种把民族文化与国际文化对立起来的纯粹民族性的谬论。

在民族形式问题上，毛主席也给我们解决了一个多年的难题。在人民政权下所发展起来的大众艺术，已经证明只有在无产阶级领导之下，只有当文化为人民大众自己所有的条件之下，几千年来被封建阶级所扼杀所扭曲的民间艺术形式，才逐渐获得生命的复苏，并且在新的基础上得到了改造和健康的发展。斯大林所说的“无产阶级文化给予民族文化以内容，民族文化给予无产阶级文化以形式”的理论，在中国革命文化运动中得到证实并且发展了。

现在人民民主革命已经取得全国的胜利，民族的巩固已经处在人民民主专政的保护之下，民族文化就变成无产阶级与人民大众的口号。毛主席号召我们，要发扬人民是新中国主人公的精神，共同纲领第四十二条中，也指出：“提倡爱祖国，爱人民，爱劳动，爱科学，爱护公共财物，为中华人民共和国全体国民的公德。”这正是列宁所说的劳动人民大众的民族自豪心的发扬。我们必须培养这种民族自豪心，这不但和无产阶级的国际主义不相悖，反而是相成的。

一个以古老文化著名的国家（人们向来把她和巴比伦、埃及并列），在短短几十年中变成了一个那样年轻，那样富有生命的文化的国家。这只有一个理由可以解释，就是马列主义科学理论与革命实践相结合的结果，换句话说，也即是毛泽东思想指导下所获得的伟大胜利。毛泽东思想是科学的唯物主义的思想，没有这个思想，中国革命和中国新民主主义文化的胜利是不可能的。在这里，我们必须体会到所谓“科学的”的含义，应该把它和欧美资产阶级所谓“科学”的那种庸俗的含义清楚地区别开来。所谓科学的文化，一般说，是指反对封建阶级的迷信、盲从和专断的文化，为了要打倒迷信、盲从和专断，今天我们应该团结一切科学界的力量来向它奋斗，但是在这个斗争中间，我们必须确立科学的最高原则，所谓科学的最高原则简明地说，就是以唯物辩证主义与历史唯物主义的世界观与方法论去认识自然与社会。马列主义并没有什么奥秘，就是它能够从客观实践中掌握了历史发展的法则，从而推动了历史前进，但是能负担起这个思想运动的领导任务的，则只有是站在历史最前列的无产阶级。正如恩格斯在《社会主义从空想到科学的发展》一书的结语中所说的：“研究这一变革的历史条件及其实质，因此，也就是使负担着完成这一事业使命的，现在的被压迫阶级理解自己事业的条件和性质——这就是作为无产阶级的运动的理论表现的科学的社会主义的任务。”

在文化创造上——无论是自然科学、社会科学或艺术——情形是一样的。只有能懂得那变革的历史条件，能掌握历史发展的法则，能够使理论和实践一致的，才能谈得到科学的文化。今天欧美资产阶级的所谓“科学家”，事实上已经离开了科学，一天一天陷入到繁琐主义的牛角尖里去。除了为帝国主义服务以外，他们已经看不到真正的宇宙和世界，首先就是因为他们违背了历史发展的法则，因而也就无法看到这变革的历史条件。回顾一下过去三十年的历史，像胡适的实验主义哲学，像丁文江之流所谓“科学人生观”等等，在“五四”时代何尝不是大吹大擂，自以为得科学的奥秘，而今又安在哉？现在看来，这种所谓“科学”，不过是“玄学”的变相而已。真正的科学思想，今天恰倒是从战斗的劳动阶级中滋长出来，而毛泽东思想即是它的结晶。

我们必须这样去理解所谓科学的含义，这样才会懂得，为什么现在要那样强调宇宙观与世界观的重要，要那样强调思想的改造。因为新中国的人民必须具备能认识新中国的科学头脑。这也是为什么共同纲领中要特别指出“提倡用科学的历史观点，研究和解释历史，经济，政治，文化及国际事务”，要提倡理论与实际的一致，要提倡为人民服务。因为离开人民大众，离开了自己的民族及其人民生活，也就离开了实际，因而也就无所谓科学了。

所谓“民族的，科学的，大众的文化”我以为是应该这样作一个整体的概念去认识。这是一种崭新的民族文化。不仅将使我们民族得到高度的生活水平，并且将引导我们大步地踏向人类共同的文化。

（原载 1949 年 12 月 15 日《学习》第 1 卷第 4 期）

文艺上两条路线的大斗争

这次批判丁玲、陈企霞反党集团的斗争是文艺界一场原则性的大斗争。这个斗争的实质是社会主义革命时期党外阶级斗争在党内的反映。

斗争的中心问题，是保卫文学事业的社会主义方向和巩固党的领导的问题，是解决文艺界党内长期存在的一个反党活动的问题。这个斗争也必然是文艺思想的两条路线的斗争。陈企霞说，他们这个小集团如果说有共同思想纲领的话，就是两条：一是怀疑工农兵方向，二是轻视解放区的作品；特别是丁玲的"一本书主义"思想，是典型的腐朽的资产阶级文艺思想，也就是列宁所说的"资产阶级的文学上的地位主义和个人主义"。这些都是和党的文艺思想不相容的东西，也正是他们反党活动的思想基础。正因为他们文艺思想上和世界观上和党不相容，所以在工作中就会觉得党处处在妨碍他们，束缚他们，讨厌得很。这种矛盾发展到一定程度，就会结合起来形成反党的活动。到了这个时候，已经不仅仅是思想原则上的分歧与对抗，而且发展到组织上的分歧与对抗了，已经不仅仅是党内宗派主义问题，而是反党集团的问题了。

文艺思想上两条路线的斗争，是长期性的斗争，而现在还不过是开始。事实上从去年匈牙利事件以后，修正主义思想在中国文艺界有很大的发展，这是造成丁陈集团进攻的一个历史背景。思想问题和政治问题是相联系的，思想的分歧是会发展成政治上的分歧的。对文艺思想问题，我建议在会后继续来个全国大辩论。这个辩论可以继续到十年八年之久，从辩论中来发展马克思主义的文艺思想。而在这次斗争中，则首先彻底粉碎党内这种反党集团，从斗争中提高文学的党性，反对资产阶级的文学方向，把党与文艺的关系放到正确的地位上，没有这个条件，社会主义文学的建设是不可能的。

一个企图反对党的领导和分裂文艺界的大阴谋

丁玲、陈企霞、冯雪峰反党集团的揭发，对于不明文艺界真相的社会人士，也许会感到惊奇和突然的，但这绝不是偶然的事情。这些人物的反党思想都有他们的历史渊源和共同基础的。丁玲在1933年就曾经在南京向敌人变节自首，在延安时候，又发表过反党文章《三八节有感》，而陈企霞就在这时期，已经是她忠实的合作者了；冯雪峰远在“左联”时代，就进行分裂党的活动，后来又一度自动脱党。在这个集团中间，还包括一些历来对党不满和政治上动摇以至变节分子。这说明，在这些人身上，反党思想都像发酵物似的，经过长期的酝酿，而在他们的个人野心和党的利益无法调和的时候，便必然结合起来，对党进攻。

这个集团在解放以后，曾经几次向党进攻，而特别是去年匈牙利事件后，一种政治的幻觉促使他们开始再一次猛烈地进攻。这里值得指出的，是匈牙利事件对于中国人民群众虽然并没有引起政治上的波动，但是对于一些具有反党思想的知识分子，则确是产生了强烈的影响的。这倒并不是说，丁玲、陈企霞、冯雪峰等明确地赞成匈牙利的叛乱者，而是说，在一种阶级本能上，他们自觉或不自觉地同情了那些叛党的作家，所以陈企霞在匈牙利事件以后说："现在的空气对我们有利了"，而冯雪峰也表示对法斯特叛党的同情。事实上，正在这事件以后，这个一度被批判的集团又重新结合起来，各种流言蜚语又活跃起来。而到了大鸣大放期间，盲目的错误的政治形势估计，冲昏了他们的头脑，他们以为时机到了，于是就转入公开的进攻。但是结果却是和许多右派分子一样，在这种盲目的乐观估计中，暴露了他们的全部阴谋。

我不在这里来重复报上和会议上揭发的材料，但是从这些材料中间，可以看出这是一个不小的阴谋，这个阴谋是有计划有步骤的，它的主要内容是：一、反对党的领导；二、分裂文艺界的团结；三、建立反党的文艺思想阵地。

他们进攻的战略正如陈企霞在会议上所交代的八个大字："进攻，进攻不了，分裂！"他们的进攻又是两方面配合的：一方面在党内结合力量，扩大集团的势力，从党内会议上来发动进攻；一方面勾结《文汇报》和《文艺报》的右派分子，从外部来压迫，企图在报刊上把所谓"丁陈问题"作为一件"宗派打击"的冤案公开出来。党为了保护他们，在前年批判他们以后，没有向社会公布他们的反党罪行，而他们就恰恰利用党对他们一定的保护，向党进行了里应外合的进攻，企图利用社会群众的不明真相，给予党以打击。

可是他们知道，要反对党的领导是并不容易的，因此他们反党阴谋中更主要，也是更毒辣的一着，是他们的分裂活动。他们准备在10月文代大会上来制造一个大分裂。丁玲准备在这个会议中登报声明退出作家协会，陈企霞则已经写好了他的“告别文艺界书”，反党集团的其他分子也准备响应，退出文艺界。而据最近揭发的材料，美术界的江丰也准备在文代大会上宣告退出美术家协会。这确实是声势浩大的。他们以为他们都是文艺界的领导人物，是“大作家”，他们是有群众的。因此这个行动将给文艺界一个沉重的打击。可是事实会是那样吗？美国一个法斯特，这个作家不是世界有名吗，他退出了美国共产党，又怎么样呢？美共分裂了没有呢？国际社会主义文学阵营影响了没有呢？个人主义者总是把个人作用估计得太大了，而把群众和党的作用估计得太小了。事实是，不管是什么大作家，当他一旦离开人民，离开党，就什么都没有了。这就叫自绝于党，自绝于人民。

自然，他们还可以有理由说，一个会员退出作家协会是有合法权利的。毫无疑问，你们是有这种合法权利的。但是事情果然是那样单纯吗？在他们这个分裂活动的同时，他们还在准备建立一个自己的反党的文艺阵地——这就是以冯雪峰为主的秘密筹备的同人刊物。

同人刊物并不是不能办的。去年作家协会的刊物编辑会议上就说明过这一点。为了贯彻百花齐放的政策，作家协会赞成在社会主义的共同思想基础上，发展文学上各种不同的风格和流派。所谓流派和宗派的区别，前者是指在共同思想基础上某些作家文学风格的相近而结合的文学派别，在我们文学史上如鲁迅的《语丝》，郭沫若的《创造》，茅盾的《小说月报》等，都是发展这种流派的范例，它们都是为人民服务的。而宗派则是为了达到某种政治目的或私人利益的一种无原则的结合，胡风的《七月》和《希望》是属于这类性质的。丁、陈、冯反党集团所秘密筹备的同人刊物，是属于哪一类呢？冯雪峰和他共同筹办的陈涌，都承认了他们的文艺思想是反马克思主义的，是和毛主席文艺方针相抵触的。在他们“同人”名单中，还包括丁玲、刘宾雁、王若望等人。试问这些作家，除了在反党思想上共同一致外，有什么地方表现他们文学风格上的相同呢？

正因为这样，所以他们是不得不背着党和作家协会主席团来秘密策划。尤其明白的，是这个刊物的秘密筹备，正是他们向文艺报大举进攻的时候。筹备这个同人刊物的四位“同人”中间，一位是前文艺报的主编，一位是现任文艺报的编委，两位是总编室的正副主任。那么这个刊物的目的，不很清楚吗？就是要搞垮党所领导的《文艺报》，另外建立一个反马克思主义的文艺阵地。

在文艺思想上，我们坚持“百家争鸣”的方针，欢迎理论上的公开辩论，但是作家协会绝无理由允许创办这样一个反马克思主义的同人刊物。在社会主义社会里，文学运动必须保持它的统一和团结。这是一个根本原则。而现在丁、陈集团，则正是要分裂这种文艺战线的统一和团结，要破坏文学的社会主义方向。这是一个大阴谋，文艺界的每一个同志是绝对不能容忍这种阴谋的！

必须澄清丁陈反党集团的荒谬宣传

丁玲、陈企霞等曾经利用过去党没有在报刊上公开批判他们的反党言行，在群众中散布了不少攻击党的流言蜚语、挑拨宣传；这些宣传，确实曾经迷惑了一部分不明真相的人，有一些缺乏原则的人，甚至加以附和与支持。在他们这些挑拨宣传中间，牵涉到一个对党的关系的认识问题，也正是这次斗争所要解决的根本问题之一。因此，必须彻底澄清，以明辨大是大非。

首先，这个反党集团，和其他反党的人一样，不敢公然承认自己在反对党。为了掩遮他们的面目，他们总是先把党的领导机构或某些领导同人，说成是一个“宗派”，从而把党对他们的批判说成一种“宗派打击”。他们说“党内有一批人是专门整人的，有一批是专门挨整的”。丁玲说，“周扬统治了文艺界二十多年”，意思说，这是一种“宗派统治”。可是这种说法，却是和胡风一致的。胡风的三十万言上书中，攻击党最主要一条，就是这个“宗派统治”。胡风还在给方然一封密信中说“要步步抓住这是一个宗派主义的迫害”。为什么丁玲同志和胡风采取这样的共同语言呢？这一点也不奇怪。因为资产阶级在攻击党的领导的时候，总是采取一个共同公式。这公式就是“宗派主义”或“宗派统治”。就在上述胡风那封密信之后，人民日报编者加一条按语说：“宗派，我们的祖宗叫做‘朋党’，现在的人也叫做‘圈子’又叫‘摊子’，我们听得很熟的。干这种事情的人们，为了达到他们的政治目的，往往说别人有宗派。”丁、陈集团自然也并不例外。

这种所谓“宗派”的说法，并不只丁、陈集团有，有些糊涂的人，缺乏党性的人也有，不是有人在刊物上写文章说什么“制造赏玩痛苦的昏迷与强暴”吗？所以必须讲清楚究竟什么叫做“党内宗派主义”。

毛泽东同志在《整顿党的作风》中说得很清楚。宗派主义“首先就是闹独立性”。他又说“闹这类独立性的人，常常跟他们个人的第一主义分不开，他们在个人和党的关系问题上，往往是不正确的。他们在口头上虽然也说尊重党，但他们在实际上都是把个人放在第一位，把党放在第二位。刘少奇同志曾经说过，有一种人的手特别长，很会替自己个人打算，至于别人的利益和全党的利益，那是不大关心的。‘我的就是我的，你的还是我的。’这种人闹什么东西呢？闹名誉、闹地位、闹出风头。在他们掌管一部分事业的时候，就要闹独立性。为了这些，就要拉拢一些人，排挤一些人，在同志中间吹吹拍拍，拉拉扯扯，把资产阶级的庸俗作风搬进共产党里来了。”

我们读一读这一段话，不是太清楚了吗？究竟是谁在向党闹独立呢？谁把个人放在第一位，把党放在第二位呢？谁在闹名誉，闹地位，闹出风头呢？谁在同志中间吹吹拍拍，拉拉扯扯呢？这不正是替这个反党集团写照吗？而且他们向党闹独立性已经超越了宗派主义的范围而发展到了反党的地步了。我们对任何同志，包括领导同志，都是可以批评的，有缺点错误就应当批评，不批评反而是没有原则。但批评应当站在党的立场，指明党的原则，同志之间决不应当有个人攻击，背后诽谤。我们在工作中有各种各样缺点错误；我们欢迎同志们批评，要在整风中不断克服我们的缺点。可是在对党的关系上，我们总是努力执行党的路线，服从党的决定的。缺点是我们执行得还不够好。这些反党分子常常总是用“走领导路线”这类的话来攻击我们，丁玲同志自己也说过，某些同志眼睛只看到中央。眼里有中央有什么不好呢？按照中央路线办事，有什么不好呢？怎么又会变成“宗派”和进行“宗派打击”呢？这岂不是自己驳倒了自己吗？

三十多年来，我国文艺运动中，有过许多原则性的斗争，也有过一些无原则的纠纷。区别这些斗争性质的，就在看它是否维护党的原则和反对危害党的原则的斗争，还是为着私人派系或集团利益的斗争。让我们回顾一下这几年来我们对丁玲、陈企霞等所进行的斗争吧，如关于第二次文代大会对文艺批评的问题，1954 年检查《文艺报》错误的问题，以及前年批判丁玲、陈企霞反党活动的问题，难道不都是为维护党的原则的斗争吗？那么，所谓“宗派打击”的谰言，岂不是不辩自明了。

丁玲、陈企霞等不仅捏造这种谰言，攻击了文艺界党的领导同志，并且还和右派分子一样诬蔑了中央“偏听偏信”。谁都知道，党中央对文艺界的情况，不仅不是隔膜，而且比文艺界的同志还看得更清楚，更深远。《武训传》批判，《红楼梦》问题的批判，反胡风集团的斗争，不都是中央提出来的吗？正是在中央这种正确领导之下，使我们的文艺运动在各种资产阶级思想的袭击下，能够坚持马克思主义的方向。党是严肃的，党不能容许反马克思主义的唯心主义思想侵蚀文艺的队伍，当然更不能容许反党思想在党内滋长。在这样原则性问题上，党中央的政治感觉比我们任何人更敏锐，更强烈；在对待这样问题，比我们任何人更严肃，而我们倒是常常会犯温情主义自由主义的毛病。丁玲、陈企霞等完全无视党的领导，他们这种恶意的宣传，同时也确实反映了他们自己对党的阴暗心理。他们不仅对某些领导同志不信任，而且对于整个党，对于党中央也是不信任的。在这种阴暗心理之下，他们怎能不反党呢？

其次，他们把党对于他们的严肃的思想斗争，故意贬低为人与人的问题。他们说，我们只是反对某些同志，并不是反对党。他们甚至装作很有理由的样子说，难道某些同志就是党吗？应该指出，这是一种很无原则也极阴险的说法。这就是所谓“请诛晁错以清君侧”的策略。胡风就用过这个策略。现在丁陈集团也还是师承这个衣钵。而有些人也照样附和，正是因为这些人不从党的原则上看问题，所以才被这种挑拨宣传所迷惑了。

个人主义知识分子往往从个人角度上看问题。他们把个人的意志看作绝对的东西，把党看作是抽象的东西，因此，他们看党也只看到个人，看不见党的集体组织。他们把个人与集体的关系完全颠倒了。丁玲和雪峰都说过这样的话：“党是在他们一边的。”或者“党是在他们手里的”。仿佛党是一种权力的工具，可以操纵在这个或那个党员的手里。这实际上是一种资产阶级争权夺利的龌龊想法，而正是这种龌龊想法，使他们把党的严肃的思想斗争，看作是对个人的打击，并且假借反对个人的名义，来进行反党的阴谋。

在他们的这种恶意的宣传中间，又总是把党内的思想斗争描写得阴森可怖，把党描写得残酷得很，而把他们自己则描写得十分可怜委曲的样子。丁玲说:“我是从坟墓里出来的人”,是“一棍子打死的人”,是“贫雇农”,是“一无所有的无产阶级”。他们善于用大堆的文学语言把自己渲染为“被迫害的”人,因为他们从文学习惯上知道“被迫害者”是容易获得人们的同情,而从这种无原则的同情中间,可以使他们显示为“受难的英雄”。然而这种自私的行为,恰恰就是高尔基所深恶痛绝的所谓“‘被屈服被侮辱的’市侩的英雄化”。

在他们中间,还有些人叫嚷着,党内没有自由没有温暖。自然,对于一些极端个人主义者,即使是党给予他们以最大的自由,也无法使他们满足的。因为他们所要求的是那种绝对的自由。关于这种“自由”,我不妨仍然引用高尔基一段话,他说:“是的,我是反对自由,从这么一个界线起,超过这个界线,自由就变成了放纵,而大家知道的,这种变化的开始,是在于一个人丧失了对于自己的真正社会文化的价值的认识,而让他里面所暗藏着的,陈旧的市侩个人主义广泛地开展出来。叫喊着:‘我是这样美妙,别致,不可重复,然而不让我照着自己的意志生活。’还算是好的,如果他只在叫喊,因为当他真正照着自己的意志行动起来的时候,他就要一方面变成反革命者,别方面变成流氓,这差不多是同等价值的——下流和有害。”(高尔基:《市侩》)

这还不够值得警惕吗?长期以来,在文艺界中相当广泛地流行着一种有害的自由主义的气氛。这是使反党思想得以滋长的温床,也是使丁陈反党集团的荒谬宣传能够取得一定市场的原因。在这种气氛里,党员和党的关系以及文艺和党的关系,常常被放在一种不正确的关系上。这是文艺工作上一个很大的问题。在这次斗争中，必须彻底批判这种对党的不正确观点，按照列宁的原则正确地解决党与文艺的关系。

丁玲、冯雪峰等的反党思想根源

丁玲、冯雪峰等都是二三十年的老党员，在文学上有一定成就，为什么思想会堕落到这样呢？人们会提出这样的问题，而这是应该从他们的思想根源上去说明的。

最基本的一点，是资产阶级个人主义的思想在知识分子身上一种突出的表现，即所谓“自我中心”的意识。列宁曾经引用考茨基一段话来说明知识分子这种特点：知识分子，“他所用的武器就是他个人的知识，他个人的能力，他个人的信念。……因此，在他看来，表现本人个性的完全自由乃是顺利工作的首要条件。他作为某个整体的附属部分资格服从这个整体是很勉强的，是迫于必要而不是出于本人意愿来服从的。他认为纪律只有群众才需要去遵守，而上等人物则是不必遵守纪律的。至于他自己，那他当然是把自己列入上等人物的。”（列宁：《进一步，退两步》）

革命队伍里这种所谓“上等人物”的知识分子常常把自己的创作或文学上的成就，看作是完全属于个人的东西。他们忘记革命和党对他们的培养，忘记文学不能是“与无产阶级总的事业无关的个人事业”，而却把自己的一些成就看作是对党对革命的一种个人的资本。丁玲的“一本书主义”正是这种思想的最突出的表现。她对人说：“写作是自己的，做工作是为别人的。”这就是所谓“头脑里的私有制”的反映。她并不是为人民去写作，而是为个人积累资本去写作。当他们觉得这种资本愈大的时候，党在他们的眼里便愈小，他们在文学上的地位荣誉愈高的时候，便离党愈远。这种个人主义思想，不仅表现在创作事业上，也表现在权力和地位的欲望上。因此，当他们掌握一部分工作的时候，总是把它看作个人的地盘，把个人利益放在党的利益之上。冯雪峰说："他在得意时，把自己放在党之上，在失意时把自己放在党之外。"这句话是很典型地反映了他和丁玲等人的共同思想。这种自我意识愈加扩张，便和党的集体主义、党的纪律愈来愈不能调和，其结果便必然走向反党的道路。这是很自然的道理。

这里，我想特别谈一谈冯雪峰同志的思想，因为我比较了解他，而且他是一个参加革命更久，而在思想领域内也比较更有影响的人。

我接触雪峰同志是在 1939 年，正是他自动脱党以后的两年。这是全国抗日运动高涨，一切革命力量都向党靠拢的时候，而雪峰却在这个时候，拒绝了中央的调遣，抛弃了党的组织，悄悄地跑回家乡去了。这是很难叫人理解的。这里是反映了雪峰的两种极端个人主义的思想。第一，他对党存着一种阴暗的甚至是戒惧的心理，这种心理一方面是由于权力欲望的不满足，一方面是由于在第一次国内革命时期中，他没有能够承受起革命的残酷斗争的锻炼，对于党内思想斗争，产生一种阴暗的疑惧心理。第二，他感到党的集体生活和组织纪律对于他创作所要求的"完全的个性自由"发生强烈的抵触。他要求摆脱这种羁束，幻想凭个人的意志与能力在文学事业上开辟个人的前途。雪峰是很想把自己作为鲁迅的继承者的。但是，他的道路恰恰和鲁迅相反。鲁迅是在革命文艺队伍还没有建立起来以前，从孤军奋斗而终于走向集体战斗的道路，而雪峰则是从集体战斗中，退回到孤军奋斗的路上去。这不是反其道而行之吗？鲁迅虽然没有参加党，但是鲁迅的精神是共产主义的；雪峰参加了党，但雪峰的精神却是背离了共产主义的。因此，虽然在当时党恢复他的组织关系，但是他的思想并未解决。1940 年，他的组织关系又失掉了。我要他来桂林，他又拒绝，结果却遭受敌人逮捕，无代价地在上饶集中营被囚禁了两三年。

监狱生活并没有把雪峰对党对革命的意志锻炼得坚强。出狱以后，在重庆和上海的日子里，他那种思想却继续发展着。在这悠长的年月里，雪峰除了写作以外，没有担任任何党的工作。而他那种企图在文学上"独打天下"的雄心，结果也成为空想。因为个人脱离了集体的战斗，也就脱离了集体所创造的现实，而他所要求的那种个性的自由发展，只是像高尔基所说的"个性向着自己的世界'自我深入'，向着微生物似的'我'"而已。在这种思想情况下，他的社会思想必然会趋向于虚无主义；他的文艺思想也必然会趋向于唯心主义。雪峰在重庆和上海时期所写的一些杂文中，有如何其芳同志所指出的，是流露出浓重的虚无主义的思想。他对于当时汹涌澎湃的中国人民革命的力量，也是怀着虚无主义的看法的。例如 1946 年他所写的一篇杂文《善良》（见《雪峰论文集》第一卷）中，他分析中国人民的两个特征——"善良"和"顺从"。这和胡风所谓"承受劳动重负的坚强与善良"与"安命精神"有什么分别呢？因此，雪峰说："我不以为他们（指人民）已经麻木。我当然也不以为他们已经在新生中。”试问，在 1946 年，中国人民还没有在新生的过程中，怎么可能在三年以后就彻底解放了全国呢？这不是一种彻头彻尾对于人民的虚无主义观点吗？

在唯心主义的世界观和虚无主义的社会思想基础上，雪峰的文艺思想和胡风趋于一致是很自然的事情。我不想在这里来分析雪峰的文艺思想。但是应该指出一点，就是雪峰是强调现实主义的。然而雪峰的文艺思想恰恰是脱离现实的。最大的现实就是政治，就是六亿人口的问题。毛泽东同志的延安文艺座谈会讲话中提出的“政治标准第一”和“普及第一”正是根据政治斗争中现实的要求，而雪峰恰是反对这两条。这说明雪峰在文艺问题上，只是从艺术的本身出发，而不是从政治出发，从当前中国的客观实际出发，因而不能不陷入于唯心主义。

在雪峰的三十年参加革命生活中，有一点是很突出的，就是在每一次革命高潮到来的时候，他个人往往是消沉的。抗日战争开始时如此，全国快近解放时如此，而在社会主义革命高潮中也如此。这对于一个革命者来说是几乎不可理解的事。自然，我并不是说，雪峰对于革命完全没有感情，或甚至不赞成。这样说法也是不实事求是的。这种心境，我以为是，由于革命力量特别强大的时候，个人主义那种自我世界就更显得渺小无力了。个人主义者在这样的时候就特别会敏感到自己的空虚；其次，在这种时候，一种个人欲望的不满足，往往会更刺激自己。雪峰在全国解放前给我的信中说到他“好像一块小石子被踢到一旁似的”。我以为正是这种心境的反映。这是个人主义知识分子一种微妙的然而却是很庸俗的思想表现。

这种思想矛盾，被压抑得愈久，他对于现实的情感的反拨也愈大。这就更促进雪峰用阴暗的心理去对待新的现实，因而片面地夸大了社会生活的阴暗面，发展成一种愤世嫉俗的人生态度。在匈牙利事件以后，雪峰对陈企霞说"人类没有希望。进化论行不行?"这是最深刻地反映了他内心里那种阴暗和反动的思想。人类都没有希望，还要革什么命呢？还要什么社会主义呢？雪峰是研究鲁迅的，而鲁迅的最伟大精神，使他能够从进化论走向阶级论的，正是因为他对人民、对历史、对人类有绝对的信心，而追随鲁迅很久的雪峰，却说出"人类没有希望"的话，这怎能和共产党员的名称连在一起呢！这不但否定了共产主义的精神，也否定了鲁迅的精神！

这是个人主义发展到极端的一种无政府主义的思想，把现实看得没有希望，要否定一切，脱离一切。其他一些反党的人都有这种思想，但雪峰作为一个理论家，这种思想的危险性是更加深刻的。

问题不是在他们的几个人，而是他们这种思想，也侵蚀了许多新一代的青年的灵魂。许多青年不是在丁玲、冯雪峰和陈企霞等人的影响下走向岔道上去了吗？问题的严重性是在这里。这是关系整个思想界的问题，是一场思想上的大斗争，不解决这些问题，不会有什么文艺的繁荣，不会有什么社会主义的文艺的胜利。因此这个斗争，必须坚决彻底，必须长期地继续深入下去。在这种斗争中，任何温情主义是要不得的。每个文艺工作者，都应该从这次斗争取得深刻的教育，彻底地改造自己。丁玲、冯雪峰、陈企霞等同志更应当痛改前非，洗心革面，重新做人。

（原载 1957 年 9 月 7 日《人民日报》）

修正主义文艺思想一例

——论《苔花集》及其作者的思想

这两年来，修正主义文艺思想在我国文艺界产生了相当普遍的影响，黄秋耘同志的《苔花集》及以后所写的《刺在哪里？》《犬儒的刺》等文章，可以说是这种思想的一例。在反右派斗争以后，为了肃清资产阶级思想在文艺界的影响，对于这些思想进行一次批判是十分必要的。

秋耘的修正主义文艺思想是和他长期以来那种资产阶级人道主义思想分不开的。要批判他的文艺观点，首先要分析一下他的人道主义思想。

一

10 年以前，我和秋耘在香港一起工作，我们曾经对他进行过一次思想批判。那时秋耘的言论中即流露出浓重的资产阶级人道主义思想。他很欣赏爱伦堡在《巴黎的陷落》的一句话："十磅怜悯与一磅信心。"这本来是一句带批判性质的话，指某些知识分子的参加革命，与其说是由于对革命的信心，无宁说是由于一种人道主义的怜悯心。秋耘欣赏这句话，正是因为他自己就是这样一种知识分子。

本来，我们中间许多人就是从这条道路上走过来的。资产阶级的人道主义、个性主义等思想，在民主主义革命初期，确实曾经对我们产生过刺激革命的作用。但是当我们已经参加到集体主义的革命队伍的时候，这种思想就成为一种前进的障碍，成为个人的包袱。而当革命更向前发展，它和工人阶级的集体主义思想也就愈来愈无法调和。不是摔掉这包袱，就是被这包袱所压倒。我们这时代中，知识分子身上两种阶级意识的矛盾，最突出的就表现在这一点上。周扬同志在作家协会批判丁陈反党集团的总结大会上的讲话中，曾经详细地论述了这个问题，对于理解一个知识分子，是很重要的。

秋耘曾经受罗曼·罗兰前期的思想影响很深，特别是《约翰·克利斯朵夫》一书的影响。罗兰在这部小说中所宣传的人道主义思想和大勇主义精神，在秋耘看来是一种最崇高的人生态度。这种思想，直到现在仍然成为秋耘世界观中最主要的东西。据他自己说，他还受了庄子、孟子、屈原、鲁迅等人的影响，但显然他是从上述观点上去接受这些人的思想的。例如屈原，在他看来就是那种大勇主义的化身，而鲁迅也是一个那样的人道主义和大勇主义者。

罗曼·罗兰的《约翰·克利斯朵夫》在我国读者中间确实产生过相当大的影响。克利斯朵夫那种凭借个人的信仰和精神力量，用个人奋斗的方式去追求人生真理和反抗现实的精神，引起了许多个人主义知识分子的共鸣。他们把克利斯朵夫当作一种理想的人物。胡风反革命集团分子曾经竭力推崇这部作品，作为宣传他们“主观战斗精神”理论的根据。显然，这样来认识罗曼·罗兰这个人或《约翰·克利斯朵夫》这本书都是片面的,不正确的。罗曼·罗兰确实曾经是一个资产阶级杰出的个人主义者和人道主义者,但是到了晚年,他终于彻底地批判了自己那种个人主义的思想,成为一个坚强的社会主义的战士。他在1931年给高尔基的信中说:“15年来,他们(按:指知识分子)中间最优秀的分子,终于不能离开个人主义的盲巷。他们做到了‘与世隔绝’,只听从自己的良心,和对这同一个良心说话。而事实上,我们的优点也正是我们的弱点。我们这些知识分子不能够在一起,各自闹独立性,大家都无能为力。写下这几行文字的本人,即是最好的例子。”罗曼·罗兰号召知识分子应当从自己这只船上跨至“那只赤色的船上去”。而在他《与过去告别》一文中,更坚决地指出,知识分子要走向新生的道路,必须“斩断身后的桥梁”,即是说,必须和资产阶级意识千丝万缕的关系,永远一刀两断。这是多么彻底、率直的自我批判。在20世纪初,世界上最杰出的几个作家,如罗曼·罗兰、鲁迅、A·托尔斯泰等,都经历过这种从个人主义走向集体主义的艰苦路程。他们的伟大正在这里。我们要学习他们的也是这种精神。但是有些人却总是从相反的方向去接受他们的思想,把他们曾经自己批判过的东西,当作最圣洁的东西,而对他们后来所肯定的东西则不感兴趣。在接受鲁迅的遗产上也有类似的情形。这难道是对待这些伟大作家的正确态度么?就以罗曼·罗兰的前期思想,如反映在《约翰·克利斯朵夫》的来说,固然是种资产阶级的人道主义和个人主义思想,但是如果不是抽掉这些思想的具体内容和时代背景,那末,我们可以明白,罗兰的人道主义思想,主要是为了反对帝国主义战争，反对帝国主义者残暴的掠夺和屠杀，他的大勇主义主要是反对当时欧洲知识分子对于帝国主义战争的盲从与附和。在十月革命以前，这种思想无疑是具有进步意义的一面，虽然他那种个人奋斗的途径证明是毫无结果。而正因为这样，当他在十月革命以后，看到了世界工人阶级的力量和马克思列宁主义的真理，就坚决抛弃了旧的观点，接受了共产主义的世界观。这恰好为旧知识分子指出一条光辉的道路。而我们有些读者，包括秋耘在内，却排除这些时代的条件，抽象地接受了克利斯朵夫的人生观念和人生态度。作为我们这新社会中的人生观念和人生态度。这显然不是对于这部作品的忠实态度。

为了帮助秋耘克服他这种思想，我曾经劝秋耘翻译罗曼·罗兰的后期作品《搏斗》——长篇小说《迷人的灵魂》中的一卷。在这部小说中，罗兰以唯物主义观点猛烈地批判了克利斯朵夫式的个人主义思想。秋耘认真地译了这本书。在1951年他所写的一本介绍罗曼·罗兰的小册子中，也叙述了罗兰的这种思想变化过程。但即从这本小册子中，也看到一种痕迹。秋耘虽然肯定罗兰思想发展的道路，可是对于罗兰那种自我批判精神却说得很不够。他似乎把罗兰从个人主义到集体主义的过程，看作一种单纯的思想发展过程，而不是一种阶级思想与感情的变化。这反映在他自己的思想上，就是对于旧包袱的依恋不舍。他不是像罗曼·罗兰那样坚决地“与过去告别”，坚决地“斩断身后的桥梁”，而终于背着这个包袱，进入到社会主义革命的时期。

1955年批判胡风思想的时候，秋耘曾经写了一本《论胡风的五把刀子》的小册子。他指出胡风的所谓“主观战斗精神”是一种抽掉阶级内容的虚伪的概念。这无疑是正确的。可是不到两年，他的第二本小册子《苔花集》恰恰掉过头来，用唯心主义的观点否定了前一本书中的观点。他同样是抽掉了阶级内容，来强调所谓“艺术良心”、“童心”、“人道主义”、“大勇主义”等等，认为这些是艺术创造的基本条件。他引用庄子的话说：“哀莫大于心死”。在他看来，目前创作上的危机主要就在这里。这实际是回到他自己所批判过的胡风的理论上去了。

为什么是这样的呢？

秋耘分析他自己思想状况说，苏共二十次大会对于斯大林错误的批判，给予他以极猛烈的震动，几乎达到精神崩溃的状态，这是使他思想右倾的原因。但根本原因我以为并不在这里，而是在他内在意识方面。这就是他那种“十磅怜悯与一磅信心”的人生态度在作怪。这种猛烈的震动，实际上是反映了他内在意识中对于社会主义信心的动摇。近两年来，许多知识分子思想上的右倾状况，我以为基本原因都是由于他们对于社会主义缺乏信心。

1955年，我国社会主义改造任务的完成，资本主义所有制的基本被消灭，这是我国社会生活一个巨大的胜利，也是一个巨大的变动。这种变动必然反映在知识分子的思想意识上，产生了他们内在意识中资产阶级思想与工人阶级思想强烈的冲突。在这个生活剧烈变化的日子里，知识分子身上个人主义的弱点，便无可掩饰地暴露出来了。秋耘自己说，他在实际生活中所看到的社会主义和他想象中的社会主义，还有相当距离。他看到今天“好些人有眼泪，并非因为笑得太过分，而是因为困难和不愉快的遭遇在折磨人”。他看到“今天在我们的土地上，还有灾荒，还有饥馑，还有失业，还有传染病在流行，还有官僚主义在肆虐，还有各种各样不愉快的事情和不合理的现象”。因此，他要求“作为一个有着正直良心和清明理智的艺术家，是不应该在现实生活面前，在人民痛苦面前心安理得地闭上眼睛，保持缄默的”。[①] 为什么在这样巨大胜利和巨大变动的日子里，秋耘不是以社会主义的坚强信心去对待我们的新生活，和以现实主义的态度去克服社会主义过渡时期中的某些困难和缺点，而却用一种悲天悯人的态度来大声呼吁“正直良心和清明理智”呢？这不正是反映出他对于社会主义的信心不足；而另一方面，他原来的那种资产阶级人道主义思想就在这种矛盾中抬起头来么？在《苔花集》以及后来一些文章中，很明显表现出他这种思想情况。《苔花集》的第一篇《启示》，是纪念鲁迅的一篇短文。作者说明他的人生态度和艺术态度。他说：

> 20多年来，这样的信念在我底心中与日俱增。我越来越强烈地感到：缺少对人民命运的深切关心，缺少对生活的高度热情，缺少“己饥己溺、民胞物与”的人道主义精神，缺少“死守真理、以拒庸愚”的大勇主义精神，就没有崇高的人格，也没有真正的艺术，剩下来的不过是美丽的谎言和空虚的偶像。……

---

① 见秋耘：《不要在人民疾苦前面闭上眼睛》，《人民文学》1956年9月号。

应该说，我之所以认识到这一些真理，主要得力于鲁迅先生的启示。

可以看出，秋耘所谓“真理”、所谓“真正的艺术”的本质，不是别的，即是“己饥己溺、民胞物与”的人道主义思想和“死守真理、以拒庸愚”的大勇主义精神，也即是约翰·克利斯朵夫所追求的，而后来又为罗曼·罗兰自己所批判的个人主义和唯心主义的思想。

对于人民命运的密切关心和对于生活的高度热情，都是从群众斗争实践中所产生的一种阶级感情；是行动的结果，并不是决定于什么艺术良心之类。目前某些知识分子中间，存在着那种冷淡、麻木、政治热情衰退的现象，正是由于他们脱离生活，脱离群众的结果，而主要的并不是由于他们本身主观上缺少了一些什么。这里，我们不妨仍来引用罗曼·罗兰的一段话。他说：“信仰，文化等等东西，只有重新在有组织的劳动的坚强基础上建立起来。这种组织要求很大的力量，像希腊神话中的海格涅斯的力量那样，而个人是不可能成为海格涅斯，只有同人民结合起来，才有真正的力量。”[①]这才是唯物主义地说明人的主观精神作用的问题，也说明了艺术力量的问题。像秋耘那种唯心主义和个人主义的解释，不仅不能说明任何问题，而只有引导人们更加脱离群众，从个人内心世界中去追求一种空虚的精神力量。

而用这样一种观点来理解鲁迅，尤其不正确。鲁迅的伟

---

① 见罗曼·罗兰的小说《搏斗》。

大主要在于他脚踏实地，站在唯物主义的坚固基础上，为人民大众和无产阶级事业进行了毕生的战斗。鲁迅的真理也就是共产主义的真理，所以毛泽东同志称他为共产主义的圣人。鲁迅也是伟大的人道主义者，但他是一个无产阶级的人道主义者，并不是那种悲天悯人的人道主义者。虽然鲁迅早期，也确实受过欧洲资产阶级个人主义的影响。例如“死守真理、以拒庸愚”，即是鲁迅在 1907 年所写的《摩罗诗力说》中介绍易卜生思想的一句话。鲁迅当时甚至还受尼采的影响，主张“重个人，轻物质”[①]。但是在辛亥革命以前，还是新学与旧学相争的时代，即使这种个人主义思想，显然是具有其进步的作用，何况那个时候鲁迅在革命主义与改良主义两条道路斗争中的立场，是十分坚决和明确的。鲁迅也是一贯反对中庸主义的。鲁迅的反中庸思想，在初期固然没有脱离个人主义的窠臼，但愈到后来，便愈带着鲜明的阶级色彩。关于这一点，瞿秋白同志说得很好。他认为鲁迅的反中庸思想就是反对资产阶级的市侩主义。“市侩……表面上往往会对所谓弱者‘表同情’。事实上他们有意无意的总是维持着剥削制度。市侩，这是一种狭隘的，浅薄的东西，它们的头脑（如果可以说这是头脑的话），被千百年来的现成习惯和思想圈住了，而在这圈子里自动机似的‘思想’着。家庭、私塾、学校、中西‘人道主义’的影响，把市侩的脑筋造成一种简单的机器，碰见什么新奇的，‘过激’的事情，就会像留声机似的‘啊呀呀’的叫起来。”[②]可见鲁

① 见鲁迅：《文化偏至论》。

② 见瞿秋白：《〈鲁迅杂感选集〉序言》。

迅所拒的“庸愚”，正是指资产阶级用传统观念反对新事物的那种反动思想，指资产阶级的自由主义和所谓“中西人道主义”的思想，这和秋耘所说的个人主义的大勇主义是并无共同之处的。

鲁迅的著名诗句：“横眉冷对千夫指，俯首甘为孺子牛”是充分地反映出后期鲁迅的阶级精神和敌我观念：对敌对阶级的坚决反抗，对劳动人民新生代的全心全意服务。而秋耘却同样引用这些诗句来作为他那种人道主义和大勇主义的注脚。在他看来，“横眉冷对千夫指”正是指“死守真理、以拒庸愚”的精神，而“俯首甘为孺子牛”则是指“己饥己溺、民胞物与”的人道主义精神。这显然是种曲解。例如秋耘在另一篇文章中[①]把现在的所谓读者的“舆论的压力”——即读者对于某些批评的不恰当的责难——也说成是“千夫所指”的情况，这更是错误的看法了。所以这与其说是秋耘从鲁迅的启示中所认识的“真理”，无宁说是从他自己的世界观基础上去误解了鲁迅的精神。

人们也许会问：这种“己饥己溺、民胞物与”和“死守真理、以拒庸愚”的精神，即使是旧时代的观念，但对于我们，尤其对那些在关心人民命运的人们，又有什么不好呢？难道社会主义社会就不需要人道主义和大勇主义精神吗？而且我们不是常说要从古典作品中去接受它们的人道主义精神吗，那末为什么又要反对呢？

问题不在于抽象的名词，而在于它的实质。人道主义或

---

① 见《苔花集》：《创作和批评的障碍》。

大勇主义都有它一定阶级的内容。例如“己饥己溺”，原是孟子的话。孔子、孟子都以仁为其学说的中心，也可以说是封建时代的人道主义思想。可是孔子、孟子都曾周游列国，栖栖皇皇，终于不能实行他们的理想，而孔子的学说却反而成为两千多年来封建阶级统治人民的思想工具。耶稣是被称为救世主的。他的博爱主义，也何尝不是人道主义精神，而他自己甚至为了这种理想，在十字架上牺牲了生命。这难道不是出于真诚的追求？但是耶稣也同样不能解救人民的痛苦，而基督教的人道主义，却成为资产阶级麻醉人民的工具。资产阶级初期的人道主义思想，包含着解放个性，争取人权的意义，不是没有它的积极性。但是资本主义制度不但不可能真正解决这些任务，而相反地由于它的剥削更加残酷，使人类生活更陷于非人道的境地。无论封建阶级或资产阶级的人道主义的虚伪性，就表现在这种概念的真正意义和其社会制度的不相容，而他们那些人道主义者总是竭力企图调和这种矛盾。高尔基说:“我们这时代，资产阶级的所谓‘人道主义’——也就是仁爱主义文化的虚伪性，完完全全，无可争论的，极无耻地暴露出来了。社会世界的一切现象，都是人的生活行动所造成的。这种生活行动的力量，也就在暴露一些现象的反人道的意义，那是人道主义派和所谓‘法律’，花言巧语所隐蔽着的。在我们这时代，只有白痴和拿笔杆的骗子才会说，仁爱和自私自利——资产阶级社会的基础和‘灵魂’——可以并存。”[①]从这里，也可以理解，我们所谓要从古典作品中去接受的人道主义

---

① 见高尔基:《关于真实的教育》。

精神，无宁说是由于这些作品揭露了过去社会生活中种种反人道的现象，从而刺激了人民争取自由解放的自觉。这和那种“己饥己溺”悲天悯人的人道主义是毫不相合的。

当我们生活在社会主义的时代，如果还是用资产阶级那种人道主义思想来作为我们对待生活的态度，那就会带来更大的危害性。我们记得十月革命以后，欧洲一些所谓“人道主义者”就用这样那样借口来攻击和诽谤过苏联，直到不久以前，这些先生们还打着“人道主义”的旗帜在抗议所谓“匈牙利事件”。甚至最近居然还有人要为苏联人造卫星上的小狗莱伊卡的命运而提抗议，这自然已经堕落到无聊与无耻的极端。但是值得注意的，是有些曾经是革命的知识分子，像法斯特之流，也在苏共20次大会以后，自以为站在保卫“人道主义”和“法制观念”的立场而退出了革命的行列。这难道不足以说明这种资产阶级虚伪的人道主义观念对于革命的危害性吗?

前几年，报刊上批判过梁漱溟的思想。梁漱溟是研究东方哲学的。他把儒家的“仁”和释家的“悲”结合起来，作为东方哲学的精华。这正是那种“悲天悯人”的虚伪的仁爱主义的代表。而梁漱溟就是根据他这种观点，反对过人民解放战争，在解放后又用什么“工农生活相差九天九地”的谬论来挑拨工农联盟的关系。这类例子在我们生活中是并不少见的。

我们再举秋耘自己的一个例子。秋耘在作家协会党组扩大会议上的检讨发言中说，他曾经看到在寒风凛冽中衣服不够的人，就不禁想起了前代诗人的“满街参天英雄树，万井啼寒未有衣”的诗句。这是他那种人道主义意识很自然的暴露，然而不正好说明这种意识的反现实的性质吗? 这句诗是暴露封建社会贫富悬殊的反人道现象，和“朱门酒肉臭，路有冻死骨”是同样的意思。本来是句好诗。可是秋耘把它和我们现在生活中的某些匮乏的现象联想起来，这却变成极端的荒谬了。把旧时代的人道主义观念，应用在我们日常生活中，就可能在实际行动中产生极其谬误的反现实的倾向。

真正的人道主义，只有在社会主义社会中才能实现。我国全体劳动人民在工人阶级和党的领导之下，凭借其自己的斗争和劳动，推翻了几千年来的剥削社会制度，创造了我国历史上所未有的劳动伟迹，征服了沙漠与洪水，战胜了灾害与瘟疫，使我们国家在短短 8 年之内，从极端贫困落后状态走向社会主义的繁荣与富强，而在 15 年之内，我们要赶上英国的工业水平，30 年之内要赶上美国的水平。这难道不是旧时代中所梦想不到的最大的人道主义吗？为了社会主义建设累积资金，我们今天还需要缩衣节食，过艰苦朴素的生活，这也难道不是为了使我国人民生活水平能够更快的提高吗？在社会主义建设过程中，我们也还有各种各样困难和落后现象，如秋耘所说，还有饥馑灾荒，官僚主义等等，这是现实发展中难免的情况。马克思主义者以正视现实的严肃态度去和这些现象作斗争。党所提出的农业发展纲要和各种建设的长期规划，党所领导的全民整风运动，正是依靠群众力量和这些困难和落后现象作斗争。这才是最伟大的人道主义精神。这种人道主义是建立在劳动创造的现实基础上，建立在对于社会主义的确信上。它不需要那种“己饥己溺、民胞物与”和“死守真理、以拒庸愚”的虚伪的人道主义和大勇主义。

“革命是痛苦，其中也必然混有污秽和血，决不是如诗人所想象的那般有趣，那般完美；革命尤其是现实的事，需要各种卑贱的麻烦的工作，决不如诗人所想象那样浪漫；革命当然有破坏，然而更需要建设，但建设却是麻烦的事。所以对革命抱着浪漫蒂克幻想的人，一和革命接近，一到革命推行，便容易失望。”(鲁迅)[①]秋耘的那种悲天悯人思想，实际上是反映了这种对革命实际的不了解，对于社会主义革命的缺乏信心所产生的失望和怀疑。他不是从客观实际出发，而只是从个人的主观感受出发，去认识生活。因而使他陷入唯心主义的泥沼，使他看不到大是大非，而却为历史前进中的某些落后和困难现象感到栖栖皇皇，忧心如焚。这种离开大是大非而斤斤计较于小是小非的微温态度，不正是秋耘自己所深恶痛绝的犬儒主义的一种形态吗？这种唯心主义和个人主义的世界观，决定了秋耘在文艺实践上的修正主义的倾向。

二

在《启示》中，秋耘提出了他对于人生态度和艺术态度的看法，在《肯定生活与批判生活》和《刺在哪里？》等文章中，他更进一步说明这种态度在艺术创作上的实践。

这些文章的主要意思，概括说来，就是说：作家应当去积极干预生活，应当去描写生活中的阴暗面，揭露隐蔽的社会病症和抨击一切畸形的病态的东西，应当为人民“仗义执言”。这样才能达到艺术的真实和美。

---

① 见鲁迅：《对于左翼作家联盟的意见》。

秋耘的文章中虽然说得比较简单，但这正是目前修正主义文艺思想的一个共同观点。提出这种观点，也可以说是为了反对文学上粉饰现实和无冲突论的倾向，但是他们和无冲突论者一样，自己也陷入到另一个错误或者更危险的极端中去了。

文学上粉饰现实和无冲突论的倾向毫无疑问是错误的，是应当批判的。这种倾向的错误，是在于脱离实际，否认人民内部中间存在着各种各样的矛盾，而认为在社会主义社会中只有好与更好的区别。这是二种形而上学的看法。马克思主义肯定人民内部矛盾的存在，同时指出这种矛盾的性质是非对抗性的，是是非的矛盾。因此，党提出了正确处理人民内部矛盾，作为当前重要政治任务之一。对于作家和艺术家来说，就是应当如何通过艺术的认识和实践，正确地去理解和反映这些矛盾，借以教育人民不断地去克服这些矛盾。如果对于这些矛盾，采取了错误的理解或不正确的态度，那就会产生“左”或右的偏向，也就反映不出真实。所谓艺术的真实应当是以艺术的方法去反映出现实生活中社会矛盾发展的真实情况。这种矛盾表现在具体生活中是十分错综复杂的，如果作家没有正确的立场和态度，就很难正确地去理解和反映它。例如我国目前的社会生活中，包含着外部的矛盾和人民内部的矛盾，在人民内部矛盾中，又包括着资产阶级与工人阶级的矛盾和工人阶级自身中间进步与落后的矛盾；而在这些矛盾中间，阶级矛盾又是主要的。但是修正主义者所看到的矛盾，往往只是工人阶级自身中间的某些缺点和落后现象。他们所谓“阴暗面”，实际上就是指这个。而对于资产阶级与工人阶级的矛盾,以至于资产阶级右派对社会主义的进攻,——这些更大的阴暗面,他们却反而熟视无睹,或予以同情,其结果是使自己做了右派最好的助手。为什么他们那样强调描写阴暗面,反而对生活中最大的阴暗面熟视无睹或寄与同情呢?这就是因为他们自己就是站在资产阶级的立场。秋耘在《刺在哪里?》一文中,对于文艺现状的不正确理解和那种夸大其辞不合实际的猛烈抨击,就是这种错误的立场的具体表现。

文学艺术既然要求真实地反映现实,因此并不存在所谓应不应该描写生活中落后现象的问题,正如过去讨论新英雄人物问题上,并不存在应不应该写人物缺点的问题。问题是在于作家的立场与态度。任何作家对于现实生活总有其所肯定的,也有其所批判的。但这不是一句笼统的话,而要看作家所反对的是什么样的社会现实。在这点上,我们和旧时代的作家是相反的。旧时代作家所反对的现象是黑暗势力占统治地位的现实。他们对于那种剥削的社会制度,首先应该采取根本批判和否定的态度。批判得愈彻底愈猛烈愈好,而只有在这样一种立场上,才能对人民的力量有真正的肯定。而我们这个时代的作家则恰恰相反,首先要对社会主义社会现实取积极的肯定的态度,充满着信心肯定它,拥护它,对于它的某些落后现象的批判,也正是为了巩固它。不区别不同时代不同社会制度中作家对于现实的根本态度,那是危险的,正如秋耘用"万井啼寒未有衣"的诗句来感慨当前生活是十分谬误的。高尔基把旧现实主义称之为批判现实主义,以示与社会主义现实主义的区别,我以为正是为了表明作家对于现实的这种根本态度,决不应引起好像批判现实主义没有肯定的一面，而社会主义现实主义没有批判的一面这种幼稚的误解。

有人认为“文学总是反抗现实的”，甚而引为“干预生活”口号的根据。这就是抹煞了这种时代区别的显而易见的错误。这句话在批判现实主义时代，无疑是正确的，然而运用在我们时代，要求作家用文学来反抗社会主义的现实，岂不变成了反动？以前胡风分子常常剽窃鲁迅的半句话：“敢说，敢笑，敢哭，敢怒，敢骂，敢打，”来作为对待新社会的态度，就是同样例子。鲁迅是说要以这种精神“在这可诅咒的地方，去击退这可诅咒的时代”，莫非现在的作家也要以这种精神在我们这个地方来击退我们这个时代么？

秋耘的《肯定生活与批判生活》一文，原题为《不要在人民疾苦前面闭上眼睛》，后来收在《苔花集》中作了删改。大概连他自己也感到原来文章中对文学的批判生活的任务强调得太绝对了。因此把题目改了，并且补充了一段话：

> 所谓干预生活，就是既要肯定生活，也要批判生活。肯定于人民有利的东西，批判不利于人民的东西。肯定时要有饱满的热情，批判时要有坚定的信心和冷静的头脑。这两者本来是相辅而行的。

但即使作了这样修改，却并没有改变原来文章的基本意思。而就以他所补充的一段话来看，也还是《在延安文艺座谈会上的讲话》中所批判过的“一半对一半论”的思想。在实际生活中，这种光明与黑暗一半对一半的情况是不存在的。不是东风压倒西风，就是西风压倒东风。而在我们这社会生活中，积极的，美好的东西，即人民创造的力量，是占主要地位的东西，是使社会主义制度具有无比优越性的东西。因此，它在我们文学中也是占主要地位的东西。如果看不到这个，也就不可能有什么“饱满的热情”去肯定和有什么“坚定的信心”和“冷静的头脑”去批判。我们强调文学上创造新人物的任务，强调描写生活中主流的东西，正是这个理由。自然，这不是说，要把新人物和新生活从现实矛盾中孤立起来描写，而恰是要求从其矛盾斗争过程中去描写。而修正主义者却常常反对我们强调这些任务。他们装作公允的样子说：现实生活怎样，就怎样描写吧，不要主观地去强调应该写什么吧。仿佛一强调这些任务，就破坏了艺术的真实性似的。可惜现实并不如他们所想象。在现实生活中，这种积极的因素正在日益强大地消灭着那些消极的东西。

秋耘在文章中间说：“难道说，我们描写了阴暗面，就会伤害了我们所衷心拥护的社会主义制度吗？”“难道说，我们描写了阴暗面，就会破坏我们艺术作品的美感或高尚情操吗？”

事实上，并没有谁不允许作家描写生活的阴暗面。马克思主义者从来不害怕暴露其自己的缺点的。问题是你所谓阴暗面是什么？如果连右派分子对于我们社会主义生活的诽谤也算作是阴暗面，那怎么不会伤害社会主义的制度呢，就拿秋耘在《锈损了灵魂的悲剧》[①]一文中推崇备至的刘宾雁的《本报内部消息》来说，就是一个例子。这篇特写除了像秋耘所说的。引起他“深沉的叹息，甚至还有点怅惘，有点哀愁”以外，

① 见《苔花集》。

有什么地方足以鼓舞人们的信心呢？而引起秋耘这种“怅惘”和“哀愁”的，又是怎样一种“情操”和“美感”呢？难道说，我们的文学，就是为了给人民以这种“怅惘”和“哀愁”吗？秋耘又说：“对于一个还未完全丧失热情的人，怅惘和哀愁未尝不是一种鞭策，也可能是自拔与新生的起点。”这是很离奇的说法，和我们沸腾的生活是多么不相称呵。确实，这种“怅惘”和“哀愁”的情调——实际上是对于生活感到空虚的一种情绪，在近两年来的文学中忽然流行起来。它表现在《本报内部消息》中的马文元身上，也表现在《组织部新来的年青人》中的林震和赵慧文的身上。这些东西被修正主义批评家称赞为“生活的真实”，引导一些青年去追求这种“情操”和“美感”，这难道不是一种思想上的伤害或所谓“灵魂上的锈损”吗？

秋耘还引用车尔尼雪夫斯基的话：“艺术作品里的美，必然从现实地反映生活中得来。美就是生活。”来答复他自己的问题，可是他把车尔尼雪夫斯基下面紧接着的两句话忘了。那两句话是：“我们在那里看到依照我们概念应当如此的，就是美。任何东西凡是独立表现生活或是使人忆起生活的，就是美。”[①]可见车尔尼雪夫斯基所谓美，正是那种鼓舞人向上的，健康的积极的东西，而不是引导人消沉、怀疑、怅惘，哀愁的东西。

从这里，我们也可以明白修正主义者所谓“干预生活”口号的实质。尽管秋耘说干预生活也要肯定生活，但从他们的全部理论和实践看，实际上只是片面地强调文学暴露黑暗的

---

① 见车尔尼雪夫斯基：《生活与美学》。

任务。所谓“干预生活”，也就是秋耘所谓为人民“仗义执言”，为人民“鸣不平”而已。“干预生活”这口号如果在旧社会中，本来有它积极的意义。因为旧社会中作家不仅是在统治阶级压迫之下，并且也被隔绝在劳动群众之外，他们要干预生活，要以艺术去反抗现实。这是完全应该的。而在这新社会中，作家本来就应该和人民结合在一起，和群众共同从事于建设社会主义的劳动。决不是站在群众之外或之上来横加干预，或所谓“仗义执言”，更不是像胡风所说文艺的任务是“为民请命”。如果是站在那样立场，试问，他仗的是什么义，而他又是向谁去请命呢？这是把作家和群众的关系，放在一种错误的位置上，仿佛作者是第三种人似的。从一些所谓干预生活的作品中，我们可以看到作者的这种立场。这就是为什么这些作品给予读者的不是信心的鼓舞，而常常是对生活的怀疑、消沉或者所谓怅惘与哀愁等空虚的感觉。

人们也许会问：难道我们生活中没有各种各样的困难和痛苦，人民中间没有这样那样的抱怨和不满意吗？那末，作为人民代言人的作家和艺术家，为什么不应该替他们说话呢？为了答复这个问题，我不妨摘引高尔基在《答复知识分子》中的一段话：

> 你们问：“在工农之中有没有不满意的人，引起他们的不满意的是什么？”不满意的人自然是有的。如果13年的工作的结果，就已经使16 000万人在一切需要和期望方面都完完全全的满足了，那是非常奇特的事情。不满意的原因，正在于13年的工作，

政权机关还不能满足劳动群众的迅速生长的文化需要。不够的多得很，也就有不少的人咕噜着，抱怨着。这些抱怨可以说是可笑的，因为这是太早了，太不加考虑了。然而我不说这些抱怨是可笑的，因为这些抱怨里面很肯定的包含着对于政府力量的确信，以为政府能够满足国内的一切需要。自然不满意的，甚至于积极反对着苏维埃政权工作的，还有一部分富裕的农民。他们以为革命应当使他们变成大地主，而把贫民交给他们支配，放在他们掌握里面。自然这一部分农民反对集体化，赞成个人经济，雇佣劳动等等，而这些都不可避免地要引导到资本主义生活方式的复活。然而这部分农民的把戏已经失败了，他们的拒抗集体经济是无希望的，不过由于惰性罢了。

工农群众中的最积极的队伍是不抱怨的。他们工作着。他们很知道政权是他们自己的；他们所缺少的，所需要的一切，只能靠他们自己的精力去取得满足。正是这种对自己的能力和权力的认识，引起了那些社会主义竞赛，突击队运动之类的现象，以及其他劳动兴奋，劳动的英勇主义的无可争论的征象。这种认识力量，使得许多企业的五年计划，在两年半之内就完成了。[①]

我们的作家为什么不以高尔基的这种现实主义精神去认

① 见《高尔基散文选集》。

识我们的生活呢，为什么不从这种对工人阶级的能力和权力的认识中间，从生活的全部进程的了解中间，去对待生活中的积极和消极的现象呢，为什么要以堂·吉诃德式的“侠义精神”和悲天悯人的态度为某种现象而感到精神的极度不安呢，这绝不是说我们要回避生活中的某些困难和疾苦，如秋耘所说“闭上眼睛”，“保持缄默”等等，而恰是说明作家只有对劳动人民的能力和权力有正确的认识，对现实生活的全部进程有真正的了解，才能正确地用批评与自我批评精神，去正确地描写出生活中的落后现象，为克服我们前进道路上的障碍而斗争。在这方面，苏联作品中像《毁灭》、《被开垦的处女地》、《前线》、《钢铁是怎样炼成的》等都曾经给我们提供很好的范例。

现实生活是复杂的，尤其是在我们社会主义过渡时期，一切都在迅速地变化着。作家要认识现实的真实，不是仅仅凭借其直觉的感受，或是凭借小资产阶级多愁善感的空洞热情，而需要投身于火热斗争中，去观察、体验、分析、研究一切人，一切阶级，一切生活和一切斗争方式。在我们生活中，也常常有些虚假的现象，例如农村中常常出现的一些人为的粮食紧张状态，和实际情况恰是相反的。作家如果没有正确立场和对于生活的深入理解，则很容易被这些假象所欺骗，在右派进攻的日子里，有些知识分子就被右派分子那些夸大其辞，颠倒黑白的污蔑和诽谤弄得头晕眼花，不正是说明这种情况吗？

修正主义者似乎很强调真实，以为只有描写阴暗面，才能表现真实。但是同一现实，在不同作家的眼里往往可以看成是两种不同的真实。例如秋耘说：“常常深入生活中去的人，谁都可以看到这样或那样的民间疾苦，好些人有眼泪，并非由于笑得太过分，而是因为困难和不愉快的遭遇在折磨人。”而另外一些更长期在生活中锻炼着的作家，却常常以一种信心充沛的高昂情绪向我们告诉他们在生活中间看到的和所感受到的令人鼓舞的故事，虽然他们绝不掩饰他们所看到的困难和疾苦的一面。这是由于什么呢？客观的真实，不仅决定于作家的直接感受，还要依靠作家对于事物的本质的认识，它是通过作家的意识的三棱镜而反映出来的。如果作家自身存在着一种对现实的阴暗心里，那末即使是正常的现象，反映在他的意识三棱镜上，也会呈现为阴暗的状态。秋耘对于现实生活的那种阴暗的看法和悲天悯人的情绪，我以为首先即是由于他自己对于现实生活存在着阴暗的心理。这种心理，是他个人主义世界观与集体主义的社会生活的矛盾所产生的结果。由于这种矛盾使他感到“一个作家最大的痛苦是在于不能清清楚楚，毫不含糊写下自己心里的话，而在自己想要说的和别人认为应该说的话之间作一种折衷和妥协”[①]。他所谓“心里的话”又是什么呢？显然就是对于现实的反拨情绪，对于社会主义社会的一些见不得人的阴暗心理。这和吴祖光所谓在文艺中看不到“真心话”，恰恰是如出一辙。

修正主义者之所以一再强调我们文学中描写阴暗面是文学反映现实的重要任务，就是这样的原因。他们抹煞了批判现实主义和社会主义现实主义文学不同的时代和不同的任务的区别，片面地强调两者的一致性，从而企图取消或修正社会主义现实主义的基本原则。他们和我们的主要分歧，就在

---

① 见秋耘：《刺在哪里？》，《文艺学习》1957年6月号。

这里。

社会主义现实主义的文学。要求作家站在正确的立场，从革命发展中，艺术地去描写生活的真实。它反对粉饰现实，也反对歪曲现实。作家应该具有对人民生活最真切的关心，对于社会主义事业坚定不移的信心。这不仅需要有正确的世界观，也需要对于生活的高度热情。我们并不赞成斯宾诺莎那种“不要笑，不要哭，只要理解”的理论，我们要求作家把人民的思想感情化为自己的血肉，使它成为最生动地教育鼓舞人民的艺术。而要这样做，只有切切实实的，在生活和斗争中和劳动群众真正结合。最近党号召全国作家长期地深入基层生活，参加实际斗争和体力劳动，这才是社会主义现实主义文学的真正的道路。

（本文是根据作者在中国作家协会的扩大党组会上的讲话改写的）

（原载 1958 年 1 月 11 日，《文艺报》第 1 期，12～18 页）

扫清道路，奋勇前进

——《文艺战线上的一场大辩论》读后

我国革命文艺运动，从“五四”算起，将近四十年了。1942年毛泽东同志发表了《在延安文艺座谈会上的讲话》进一步奠定了我国社会主义文学艺术的理论基础，从此以后，这个文艺运动更明确地自觉地走上为社会主义服务的道路。回顾一下三十多年来我们所走过的道路，这中间是有极其丰富的斗争经验。如何根据毛泽东同志这个讲话的精神，具体地去分析和总结过去各个时期的历史经验，应该是文艺理论建设上一项重要工作。这个工作，过去我们做得很少。原因之一，就是文艺界两条道路斗争中的某些重要具体问题，在以前还没有深入地展开辩论，因而也不可能获得彻底解决。经过1955年肃清胡风反革命集团的斗争，再经过去年文艺界的反右派斗争，这个条件就成熟了。去年文艺界的反右派斗争，是文艺战线上一次社会主义的革命。长期隐藏在革命队伍中的资产阶级分子，再也不能混过关了。这场斗争的巨大胜利，不但狠狠地打垮了右派分子的向党进攻，并且也澄清了多年以来文艺战线上一些重大问题。在这点上，我们倒应该谢谢右派，谢谢丁玲、冯雪峰、陈企霞等人。由于他们的进攻，却帮助我们解决了不少问题。他们的毒草,变成了肥料。

周扬同志最近在《人民日报》上发表的《文艺战线上的一场大辩论》就是这场斗争的一个总结。它不但总结了去年反右派斗争的经验,并且也为三十多年来我国文艺界两条道路的斗争的历史经验,作出了总结的基础。这对于目前文学艺术工作的大跃进是具有重要意义的。因为任何工作新的跃进,总必须根据于它过去的经验来总结。

我这里,只想就这篇文章,谈两个问题。

第一,是关于我国文艺战线上,资产阶级与无产阶级两条道路斗争的历史经验问题。中国的革命文艺运动,从“五四”开始,就是在无产阶级领导之下发展的。1921 年以后,资产阶级中间的大部分人,从这个运动中分裂出去了。两条道路的斗争也就从这个时候开始。这个斗争有它一个特点。就是说:中国资产阶级的社会基础很薄弱,所以,他们的文学家也很可怜。他们缺少欧美资产阶级文学家的本领,能够摆开阵势,来和我们作战。他们也干过一下。最早有胡适的一派,后来有“现代评论”陈西滢的一派,再后有新月派,有第三种人。他们曾经公开打起反共、反人民的旗帜,可是终究布不成阵,几个回合便溃不成军了。所以鲁迅说:无产阶级文学运动是中国唯一的文学运动,这是完全正确的。但这是不是说,中国文学战线上的两条道路斗争,只表现在上述几个回合呢?那又不然。中国资产阶级分子知道公开打起反共反人民旗帜,是吃不开的,于是就改变战略,混到左翼文艺队伍中来,挂起马克思主义的招牌,来贩卖资产阶级的货色。这叫做“从堡垒内部来夺取”的战略。最早一个,是托派分子王独清,就是王实味、李又然等人的老祖宗，“四一二”以后即被揭发出来了。第三种人最初也是混在左翼阵线里的，后来尾巴露了出来，混不下去了，就只好另摆摊子。再后来就有胡风这一派，以后证明是个反革命集团，冯雪峰、刘雪苇则是支持这一派的。在延安有王实味、萧军、丁玲等这一派，和国统区的胡风、冯雪峰等又是互相呼应的。这些人因为一直挂着马克思主义的招牌，所以就迷惑了不少群众，有一定的势力。到了解放后，又加上陈涌、钟惦棐、秦兆阳等人，这些人文艺思想是一派相承的，主要的表现就是修正主义。其中如秦兆阳的《现实主义——广阔的道路》可以说是这两年来最有体系的反映这种思想的一篇文章。我们如果把这些人的言论都编出来，那确是洋洋大观。这就是混在革命队伍中的资产阶级文艺思想的集中表现。去年这一场斗争，把这些脉络都弄清楚了，把他们这种一脉相承的资产阶级思想体系，基本上都打垮了。

我们现在的一些现代中国文学史，大体上都写得很好，但是对两条道路斗争的情势的描写，还是不够清楚。没有明确地把左翼阵营中的思想斗争，看作是两条道路的斗争，例如关于两个口号的论争，关于民族形式的论争等等，往往看作是左翼内部的学术论争，这就不清楚了。在反胡风和反右派斗争以前，这种情况是难怪的，但是现在必须把那些反动思想的本质揭露出来，使读者明白，而不至于把两条道路的斗争和学术论争混淆起来。

周扬同志的文章在这方面把脉络弄清楚了，对写文学史有很大帮助。这是理论工作上的重要收获之一。特别希望写文学史的同志研究一下。文学史应该是一定时代的创作实践和思想斗争的经验的总结。这篇文章至少在思想斗争方面做出了一个初步总结。自然,这些问题还需要作深入的研究分析,使我们能够在这个基础上写出较好的现代文学史来。

这篇文章不但理清了脉络,还抓出了它的根子。这些挂着马克思主义招牌的资产阶级分子,他们表现的姿态是五花八门的。但是,他们共同的老根子则是一个,就是资产阶级的个人主义;反映在文艺理论上,主要是修正主义。周扬同志的文章把这一点说得很透彻。个人主义者是把文学事业看作是个人的,所以必然和为工农兵服务的方向,和党的领导相排斥。因此他们就竭力想修正马克思列宁主义文学的原则。个人主义思想,也表现为各种形态。例如丁玲的“一本书主义”,陈企霞、萧军等的疯狂报复主义,冯雪峰的个人无政府主义,但根子都是个人主义的世界观。在他们中间,冯雪峰的个人主义是更为深刻的。像反映在“乡风与市风”、“有进无退”这些文集里的思想,可以说是一种彻头彻尾的唯心主义。这些个人主义思想的一个最主要特征,就是看不起人民群众。他们个人很大,人民群众很小,党也很小。高尔基说过,他反对把人民分成为“英雄”和“群氓”。而那些个人主义者就是把自己看作“英雄”,把老百姓看作“群氓”,把革命干部看作是“党棍子”,是“庸人”。只有他们自己最了不起。我们讲“大众化”,他们讲“化大众”,就是要用他们的思想去“改造人民”。胡风讲什么“精神奴役创伤”,冯雪峰实际上也是一样,所以当《在延安文艺座谈会上的讲话》提出文艺要为群众服务,作家要向群众学习,改造自己的任务以后,他们就哗然起来。他们说:知识分子就是知识分子,要改造什么呢?不但理论上如此，创作上也如此，丁玲的《莎菲女士的日记》、《在医院中》、《我在霞村的时候》、《三八节有感》，都同样反映出这种看不起以至仇视劳动人民和干部的情绪，这和路翎的一些小说，基本精神是一致的。他们所肯定的就是莎菲、陆萍、贞贞这类人物，实际上就是他们自己。为人民还是为个人，集体第一还是个人第一，这就是我们和他们立场态度上的基本分歧，也是资产阶级个人主义世界观和共产主义世界观的基本分歧。正是在这种"唯我独尊"的思想基础上，所以他们要反党、反人民，搞反党集团，搞小圈圈。从胡风、王实味到丁玲、陈企霞、冯雪峰、江丰甚至到唐因、唐达成都毫无例外。这难道是偶然吗？资本家要垄断市场，他们这些个人野心家，也要垄断文场，这基本道理是一样的。

他们讲个人主义，有漂亮的幌子，叫做"个性解放"。在他们看来，仿佛社会主义、共产党都是束缚个性的。于是他们要来"解放"。这真是荒谬之至，反动之至！个性解放是资产阶级革命时期的一个口号，可是资产阶级是不可能实现这个口号的。同时，资产阶级的所谓个性解放，和我们所理解的个性解放，意思也是不一样的。我们说，首先要有阶级解放，才有个性解放；要有生产力的解放，才有个人创造性的发扬；要有工人阶级集体的统一意志，才有个人的心情舒畅。个人与集体，个性与阶级性是分不开的，是对立的统一。个人利益必须服从集体利益，个性的发展必须从集体主义的基础上去获得。这就是唯物辩证主义者的看法。因此，真正的个性解放，只有在社会主义和共产主义社会中，才能实现。譬如目前生产大跃进中，劳动人民那样高度的创造性和积极性，不就是在社会主义制度之下，在党的领导之下，在集体主义的战斗之中，才有可能吗？而胡风、冯雪峰、丁玲等那些人的所谓“个性解放”恰恰是相反的。他们所谓“个性解放”是和集体主义相排斥的，是莎菲女士式的个性解放，是个人的无政府主义。这实际上不是什么个性解放，而是个性的毁灭。高尔基写过一篇《个性的毁灭》说得很透彻，大家可以看一看。总之，我们是讲集体主义的，他们是讲个人主义的，一个是唯物主义，一个是唯心主义，这就是两种世界观的斗争，周扬同志这篇文章从许多具体事实上挖出了他们这个共同的老根子。有了这一条线，就把这些人的言行从思想本质上贯串起来了。

这篇文章指出了文艺战线上两条道路斗争的一条规律。这就是说，文艺是时代的风雨表。十五年前是个历史转折点，有一场大斗争；十五年后又是个历史转折点，又有一场大斗争，它总是在国际国内阶级斗争最尖锐的时候展开的。我们再往前看，也是一样，对第三种人的斗争，也是发生在1927年革命退潮到第二次国内革命战争之间。这都不是偶然的。这也说明了政治斗争与文艺思想斗争的关系。懂得这条规律很重要，因为以后总还会有风浪，有斗争。

理清脉络，挖出根子，找到规律，可以说就是这篇文章对三十多年来我国无产阶级文学运动两条道路斗争的历史经验所得出的一个初步总结。

第二，是关于修正主义的问题。这篇文章中谈了三个问题：一是对社会主义文学的估价问题，二是艺术真实性问题，三是“创作自由”问题。最后总结说：我们同右派分子和修正主义者在文艺思想上的分歧，“最突出、最集中地表现在对文艺和政治的关系的看法上。修正主义者力图使文艺脱离革命的政治。教条主义者简单地认为只要有政治,就有艺术。他们忽视艺术创作的特点和技巧的重要。他们的公式是政治即艺术,实际就是取消艺术,这当然是错误的。修正主义者的公式则是艺术即政治,这是使政治服从艺术,实际就是使革命的政治服从于掩盖在艺术外衣之下的反革命的政治。”教条主义者是以全体代替部分,修正主义者是以部分代替全体。我们主张两者是对立的统一。这段话,说得非常清楚扼要。三十多年来,历次文艺思想斗争中最根本的问题就是这个。

艺术服务于政治,是一个客观规律。资产阶级如此,工人阶级也如此。但决不如像某些修正主义者所说,因此这个问题就无需讨论了。马克思主义者是要掌握这个客观规律,根据一定历史时代的要求,去指出它的具体内容和艺术的任务。事实上,政治与艺术的具体关系是不断在变化的。政治在变,艺术内容也在变,因此创作方法也随着在发展和革新。所以在社会主义时代,我们要提倡社会主义现实主义。右派分子和修正主义者则把这种关系看作一成不变。他们认为有了十八、十九世纪的现实主义就够了,再不要发展了。实际上就是他们不喜欢我们现在的政治,所以也不喜欢我们现在的艺术,也不要发展适应于现代艺术的理论。他们说办十九世纪的诗刊,就是这个道理。在这点上,他们连别林斯基也是反对的。别林斯基说过,新艺术的力量所在,就是它远远离开了过去的所谓“纯艺术的典范”。“艺术利益本身,不得不让位于对人类更重要的别的利益。艺术高贵地为这些利益服务,做它们的喉舌。可是,它毫不因此而中止其为艺术,而只是获得了新的特质。夺去艺术为社会利益服务的权利，这是贬抑它，却不是提高它……"(见《1847年俄国文学一瞥》)这是科学地说明了政治与艺术的发展关系、说明了艺术正由于它服务于一定的社会利益，才获得新的特质。那末，到了社会主义革命时代，艺术要为社会主义革命的利益服务，也就必然将给艺术带来了更新的特质，在创作上要求有新的方法，这是很明白的道理。1905年列宁所写的《党的组织和党的文学》就是给文学艺术提出了新的任务和新的原则。列宁肯定地指出文学必须成为无产阶级革命机器的齿轮和螺丝钉，这就把我们这个时代政治与艺术的关系，说得更明确了。社会主义现实主义的创作方法，也无非是根据列宁的原则和苏联文艺实践的经验而发展出来的。它是时代的产物。右派分子和修正主义者就是不肯承认它，他们不承认政治与艺术关系这种辩证的发展，因此他们像申公豹一样永远朝后看。他们对社会主义文学估价问题的错误看法，就是从这里来的。

对于艺术真实性问题，也是一样。正如周扬同志所说，"他们总是把政治和艺术看成对立的或者等同的"。不管对立也好，等同也好，其目的都是为了否定政治对于艺术的作用。冯雪峰的说法是："在这矛盾斗争(按即指政治与文艺的矛盾)的决定过程中，也就包含着文艺决定政治的事，而且从文艺本身的最后达到上说，还不能不将政治决定文艺的原则变成为文艺决定政治的实现的东西，也就是具体作品了。"(《题外的话》)；秦兆阳的说法是，"现实主义文学的思想性和倾向性是生存于它的真实性和艺术性的血肉之中"(《现实主义——广阔的道路》)；两种说法的意思是一样的，就是艺术即政治，或者艺术决定政治，这就叫做“部分代替全体”。我们说，政治是灵魂，是统帅，他们说，艺术是灵魂，是统帅。这就是我们和他们的基本分歧。在这个问题上，他们又把别林斯基加以歪曲了。别林斯基说过，“倾向性本身必须不仅存在在头脑里，却主要是必须存在在心里，在写作人的血液里”，可是到了秦兆阳，却变成了“倾向性思想性是生存于它（艺术）的艺术性和真实性血肉之中”。别林斯基说，“艺术首先必须是艺术，然后才能够是社会精神和倾向在特定时期中的表现”。这意思很清楚：前者是手段，后者是目的，那末手段就必须服从目的，即是艺术必须服从政治。可是冯雪峰却把它颠倒了，说什么决定政治与艺术的矛盾的，主要是艺术。别林斯基特别强调文学必须反映新的社会运动，他说：“在这一点上，文学所起的作用是还不止此的；文学促进这种倾向在社会中繁荣、滋长，而不仅在作品中反映它；超越在它之前，而不仅尾随在它之后。”（均见《1847 年俄国文学一瞥》）而修正主义者则总是嘲笑文学配合当前政治任务。在这种场合上，他们又把政治和艺术对立起来了。我之所以引用别林斯基的这些话，就因为他们这些人，常常强调十九世纪的现实主义，而实际上连十九世纪的现实主义理论也被他们所歪曲了。

周扬同志在指出修正主义的错误的同时，也指出了教条主义的错误，他指出正确的关系应该是把政治和艺术看成对立的统一：“把政治和艺术的统一，内容和形式的统一，革命的政治内容和尽可能完美的艺术形式的统一”作为创作的奋斗目标，以政治标准和艺术标准的统一而以政治标准为第一来衡量一切作品，这才是正确的。这是很完整的和明确的说法。

关于创作自由问题，实质上就是党性与个性，集体与个人的关系问题。无产阶级的党性和个性是统一的，所以我们要求做到既有意志统一、又有个人心情舒畅。这才是真正的自由。右派分子和修正主义者，把党性和个性看作是绝对对立的，他们所要求的创作自由，实际上就是列宁所反对的老爷式的无政府主义，是反党反人民的自由。在他们看来，我们的政治是妨碍他们的创作自由的，所以为了“争取”他们的“创作自由”，就不惜反对社会主义、反对党。这也仍然是从他们对政治与艺术的错误观点上来的。

毛泽东同志说：“党的文艺工作，在党的整个革命工作中的位置，是确定了的，摆好了的；是服从党在一定革命时期内所规定的革命任务的。反对这种摆法，一定要走到二元论或多元论，而其实质就像托洛茨基那样：‘政治——马克思主义的；艺术——资产阶级的’。”修正主义者就是反对这种摆法，所以他们就要修正这一条主要原则。

政治与艺术的关系问题，曾经争论了几十年，需要理论批评家根据列宁的原则和毛泽东同志的《在延安文艺座谈会上的讲话》的精神，作进一步的研究和阐明。但是理论研究，必须结合实际，必须善于总结创作实践和思想斗争的经验。周扬同志这篇文章，是个很好的范例。

这篇文章最后指出，“文艺如果要达到一个新的跃进，就必须在更大规模和更深程度上和工农群众相结合，文艺作品要在量和质两方面都能满足群众的要求。”这又是推动目前文学艺术大跃进的一个决定性关键。也可以说是从去年那场斗争中所获得一个最重要的经验。去年反右派斗争的胜利和接着大批作家艺术家的长期下乡下厂，这两件事是替今天文艺工作大跃进打开了一条宽广的道路。为了大跃进，为了争取社会主义文学的大丰收，我们要深刻地去接受文艺界历史斗争的经验和坚持社会主义文艺的方向。

（本文是根据作者在《文艺报》座谈会上的发言，略加补充写成的。原载1958年3月24日《人民日报》）

为文学艺术大跃进扫清道路

——座谈周扬同志的文章《文艺战线上的一场大辩论》

周扬同志这篇文章是去年文艺界反右派斗争的一个重要的成果。去年丁玲、陈企霞等人向党展开一次猛烈的进攻，这样就产生了文艺战线上一场大辩论。这场辩论的结果，不但狠狠地打垮了这些右派分子的反党活动，也澄清了许多年来文艺界两条道路斗争中的一些问题。这篇文章也就是这样产生出来的。在这点上，我们要谢谢右派，谢谢丁玲、陈企霞、冯雪峰等人。他们这么一攻，却帮助我们解决了不少问题。他们的毒草变成了肥料。

今天，我只想就这篇文章谈两个问题。

第一是关于我国无产阶级文学运动的历史经验问题。周扬同志的文章不但总结了去年反右派斗争的经验，并且也为30多年来我国文学运动中两条道路斗争的历史经验做出了总结的基础。中国文艺战线上无产阶级与资产阶级两条道路的斗争有它的一个特点。这就是：中国资产阶级的社会基础很薄弱，所以他们的文学家也很可怜。他们缺少欧美资产阶级文学家的本领，能够摆开阵势，来和我们作战。他们也干过一下。最早有胡适的一派，后来有《现代评论》陈西滢的一派，再后有“新月派”，有“第三种人”。他们曾经公开打起反共、反人民的旗帜，可是终究布不成阵，几个回合便溃不成军了。所以鲁迅说：“无产阶级文学运动是中国唯一的文学运动”，这是完全正确的。但这是不是说，中国文学战线上的两条道路斗争，只表现在上述几个回合呢，那又不然。中国资产阶级分子知道公开打起反共反人民旗帜，是吃不开的，于是就改变一种战略，混到左翼文艺队伍中来，挂起马克思主义的招牌，来贩卖资产阶级的货色。这叫做“从堡垒内部来夺取”的战略。最早一个，是托派分子王独清，就是王实味、李又然等人的老祖宗，“四·一二”以后即被揭发出来了。“第三种人”最初也是混在左翼阵线里的。后来尾巴露了出来，混不下去了，就只好另摆摊子。再后来就有胡风这一派，以后证明是个反革命集团。冯雪峰、刘雪苇则是支持这一派的。在延安有王实味、萧军、丁玲等这一派，和国统区的胡风、冯雪峰等又是互相呼应的。这些人因为一直挂着马克思主义的招牌，所以就迷惑了不少群众，有一定的势力。到了解放后，又加上陈涌、钟惦棐、秦兆阳等人。这些人的文艺思想是一脉相承的，主要的表现就是修正主义。其中如秦兆阳的《现实主义——广阔的道路》可以说是这两年来最有体系的反映这种思想的一篇文章，我们如果把这些人的言论都编出来，那确是洋洋大观，这就是混在革命队伍中的资产阶级文艺思想的集中表现。去年这一场斗争，把这些脉络都弄清楚了，把他们这种一脉相承的资产阶级思想体系，基本上都打垮了。

我们现在出版的一些现代中国文学史，大体上都写得很好，但是对两条道路斗争的情势的描写，还是不够清楚。没有明确地把左翼阵营中的思想斗争，看作是两条道路的斗争，例如关于两个口号的论争，关于民族形式的论争，往往被看作是左翼内部的学术论争，这就不清楚了。在反胡风和反右派斗争以前，这种情况是难怪的，但是现在必须把那些反动思想的本质揭露出来，使读者明白，而不至于把两条道路的斗争和学术论争混淆起来。

周扬同志的文章在这方面把脉络弄清楚了，对写文学史有很大帮助。这是理论工作上的重要收获之一，特别希望写文学史的同志研究一下。文学史应该是一定时代的创作实践和思想斗争的经验的总结。这篇文章至少在思想斗争方面做出了一个初步总结。自然，这些问题还需要作更深入的研究分析，使我们能够在这个基础上写出较好的现代文学史来。

其次，这篇文章不但理清了脉络，还抓出了它的根子。这些挂着马克思主义招牌的资产阶级分子，他们表现的姿态是五花八门的。但是，他们共同的老根子则是一个，就是资产阶级的个人主义；反映在文艺理论上，主要是修正主义。周扬同志的文章把这一点说得很透彻。个人主义者是把文学事业看作是个人的，所以必然和为工农兵服务的方向，和党的领导相排斥。因此他们就竭力想修正马克思列宁主义文学的原则。个人主义思想，也表现为各种形态。例如丁玲的“一本书主义”，陈企霞、萧军等的疯狂报复主义，冯雪峰的个人无政府主义，但根子都是个人主义的世界观。在他们中间，冯雪峰的个人主义是更为深刻的。像反映在《乡风与市风》、《有进无退》这些文集里的思想，可以说是一种彻头彻尾的唯心主义。这些个人主义思想的一个最主要特征，就是看不起人民群众。

他们个人很大，人民群众很小，党也很小。高尔基说过，他反对把人民分成为“英雄”和“群氓”。而那些个人主义者就是把自己看作“英雄”，把老百姓看作“群氓”，把革命干部看作是“党棍子”，是“庸人”。只有他们自己最了不起。我们讲“大众化”，他们讲“化大众”，就是要用他们的思想去“改造人民”。胡风讲什么“精神奴役创伤”，冯雪峰实际上也是一样，所以当《在延安文艺座谈会上的讲话》提出文艺要为群众服务，作家要向群众学习，改造自己的任务以后，他们就哗然起来。他们说：知识分子就是知识分子，要改造什么呢？不但理论上如此，创作上也如此。丁玲的《莎菲女士日记》、《在医院中》、《我在霞村的时候》、《三八节有感》，都同样反映出这种看不起以至仇视劳动人民和干部的情绪，他们所肯定的就是莎菲、陆萍、贞贞这类人物，实际上就是他们自己。为人民还是为个人，集体第一还是个人第一，这就是我们和他们立场态度上的基本分歧，也是资产阶级个人主义世界观和共产主义世界观的基本分歧。正是在这种“唯我独尊”的思想基础上，所以他们要反党，反人民，搞反党集团，搞小圈圈，从胡风、王实味到丁玲、陈企霞、冯雪峰，江丰甚至到唐因、唐达成都毫无例外，这难道是偶然的吗？资本家要垄断市场，他们这些个人野心家，也要垄断文场，这基本道理是一样的。

他们讲个人主义，有个漂亮的幌子，叫做“个性解放”。在他们看来，仿佛社会主义、共产党都是束缚个性的。于是他们要来“解放”。这真是荒谬之至，反动之至！个性解放是资产阶级革命时期的一个口号，可是资产阶级是不可能实现这个口号的。资产阶级的所谓个性解放，和我们所理解的个性解放，意思也是不一样的。我们说，首先要有阶级解放，才有个性解放，要有生产力的解放，才有个人创造性的发扬，要有工人阶级集体的统一意志，才有个人的心情舒畅。个人与集体，个性与阶级性是分不开的，是对立的统一。个人利益必须服从集体利益，个性的发展必须从集体主义的基础上去获得。这就是辩证唯物主义者的看法。因此，真正的个性解放，只有在社会主义和共产主义社会中，才能实现。譬如目前生产大跃进中，劳动人民那样高度的创造性和积极性，不就是在社会主义制度之下，在党的领导之下，在集体主义的战斗之中，才有可能吗？而胡风、冯雪峰、丁玲等人的所谓"个性解放"恰恰是相反的，他们所谓"个性解放"，是和集体主义相排斥的，是莎菲女士式的个性解放，是个人的无政府主义。这实际上不是什么个性解放，而是个性的毁灭，高尔基写过一篇《个性的毁灭》，说得很透彻，大家可以看一看。总之，我们是讲集体主义的，他们是讲个人主义的，一个是唯物主义，一个是唯心主义，这就是两种世界观的斗争，周扬同志这篇文章从许多具体事实上挖出了他们这个共同的老根子。有了这一条线，就把这些人的言行从思想本质上贯串起来了。

第三，这篇文章指出了文艺战线上两条道路斗争的一条规律。这就是说，文艺是时代的风雨表。15 年前是个历史转折点，有一场大斗争；15 年后又是个历史转折点，又有一场大斗争；它总是在国际国内阶级斗争最尖锐的时候展开的。我们再往前看，也是一样，对"第三种人"的斗争，也是发生在 1927 年革命退潮到第二次国内革命战争之间。这都不是偶然的。这也说明了政治斗争与文艺思想斗争的关系。懂得这条规律很重要，因为以后总还会有风浪，有斗争。

理清脉络，挖出根子，找到规律，可以说就是这篇文章对30多年来我国无产阶级文学运动两条道路斗争的历史经验所得出的一个初步总结。

第二是关于修正主义的问题。这篇文章中谈了三个问题：一是对社会主义文学的估价问题，二是艺术真实性问题，三是“创作自由”问题。最后总结说：我们同右派分子和修正主义者在文艺思想上的分歧，“最突出、最集中地表现在对文艺和政治的关系的看法上。修正主义者力图使文艺脱离革命的政治。教条主义者认为只要有政治，就有艺术。他们忽视艺术创作的特点和技巧的重要。他们的公式是政治即艺术，实际就是取消艺术，这当然是错误的。修正主义的公式则是艺术即政治，这是使政治服从艺术，实际就是使革命的政治服从于掩盖在艺术外衣之下的反革命的政治。”教条主义者是以全体代替部分，修正主义是以部分代替全体。我们主张两者是对立的统一。这段话，说得非常清楚扼要。30多年来，历次文艺思想斗争中最根本的问题就是这个。

艺术服务于政治，这是一个客观规律。资产阶级如此，工人阶级也如此。

但决不如像某些修正主义者所说，因此这个问题就无需讨论了。马克思主义者是要掌握这个客观规律，根据一定历史时代的要求，去指出它的具体内容和艺术的任务。事实上，政治与艺术的具体关系是不断在变化的。政治在变，艺术内容也在变，因此创作方法也随着在发展和革新。所以在社会主义时代，我们要提倡社会主义现实主义。右派分子和修正主义者则把这种关系看作一成不变。他们认为有了18、19世纪的现实主义就够了，再不要发展了。实际上就是他们不喜欢我们现在的政治，所以也不喜欢我们现在的艺术，也不要发展适应于现代艺术的理论。他们说办19世纪的诗刊，就是这个道理。在这点上，他们连别林斯基也是反对的。别林斯基说过，新艺术的力量所在，就是它远远离开了过去的所谓“纯艺术的典范”。“艺术利益本身，不得不让位于对人类更重要的别的利益，艺术高贵地为这些利益服务，做它的喉舌。可是，它毫不因此中止其为艺术，而只是获得了新的特质。夺去艺术为社会利益服务的权利，这是贬抑它，却不是提高它，……”(见《1847年俄国文学一瞥》)这是科学地说明了政治与艺术的发展关系，说明了艺术正由于它服务于一定社会利益，才获得它新的特质。那么，到了社会主义革命时代，艺术要为社会主义革命的利益服务，也就必然将给艺术带来了更新的质，在创作上要求有新的方法，这是很明白的道理。1906年列宁所写的《党的组织与党的文学》就是给文学艺术提出了新的任务和新的原则。列宁肯定地指出文学必须成为无产阶级革命机器的齿轮和螺丝钉，这就把我们这个时代政治与艺术的关系，说得更明确了。社会主义现实主义的创作方法，也无非是根据列宁的原则和苏联文艺实践的经验发展出来的。它是时代的产物。

右派分子和修正主义者就是不肯承认它，他们不承认政治与艺术关系这种辩证的发展，因此他们像申公豹一样，永远朝后看。他们对社会主义文学估价问题的错误看法，就是从这里来的。

对于艺术真实性问题，也是一样。正如周扬同志所说，“他们总是把政治和艺术看成对立的或等同的。”不管对立也好，等同也好，其目的都是为了否定政治对于艺术的作用。冯雪峰的说法是：“在这矛盾斗争（按：即指政治与文艺的矛盾）的决定过程中，也就包含着文艺决定政治的事，而且从文艺本身的最后达到上说，还不能不将政治决定文艺的原则变成为文艺决定政治的实现的东西，也就是具体作品了。”（《题外的话》）秦兆阳的说法是，“现实主义文学的思想性和倾向性是生存于它（指艺术）的真实性和艺术性的血肉之中”（《现实主义——广阔的道路》），两种说法的意思是一样的。就是艺术即政治，或者艺术决定政治，这就叫做“部分代替全体”。我们说，政治是灵魂，是统帅；他们说，艺术是灵魂，是统帅。这就是我们和他们的基本分歧。在这个问题上，他们又把别林斯基加以歪曲了。别林斯基说过，“倾向性本身必须不仅存在在头脑里，却主要是必须存在在心里，在写作人的血液里”。可是到了秦兆阳，却变成了“思想性和倾向性是生存于它的艺术性和真实性血肉之中”。别林斯基说，“艺术首先必须是艺术，然后才能够是社会精神和倾向在特定时期中的表现。”这意思很清楚：前者是手段，后者是目的，那么手段就必须服从目的，即是艺术必须服从政治。可是冯雪峰却把它颠倒了，说什么决定政治与艺术的矛盾的，主要是艺术。别林斯基特别强调文学必须反映新的社会运动，他说，“在这点上，文学所起的作用是还不止此的；文学促进这种倾向在社会中繁荣、滋长，而不仅在作品中反映它；要超越在它之前，而不仅尾随在它之后。”（均见《1847 年俄国文学的一瞥》）而修正主义者则总是嘲笑文学配合当前政治任务。在这种场合上，他们又把政治和艺术对立起来了。我之所以引用别林斯基的这些话，就因为他们这些人，常常强调 19 世纪的现实主义，而实际上连 19 世纪的现实主义理论也被他们所歪曲了。

周扬同志在指出修正主义的错误的同时，也指出了教条主义的错误，他指出正确的关系应该是“把政治和艺术看成对立的统一，‘把政治和艺术的统一，内容和形式的统一，革命的政治内容和尽可能完美的艺术形式的统一’，作为创作的奋斗目标；以政治标准和艺术标准的统一而以政治标准为第一来衡量一切作品，这才是正确的”。这是很完整的和明确的说法。

关于创作自由问题，实质就是党性与个性、集体与个人的关系的问题。无产阶级的党性和个性是统一的，所以我们要求做到既有意志统一、又有个人心情舒畅。这才是真正的自由。右派分子和修正主义者，把党性和个性看作是绝对对立的，他们所要求的创作自由，实际上就是列宁所反对的老爷式的无政府主义，是反党反人民的自由。在他们看来，革命的政治是妨碍他们的创作自由的，所以为了“争取”他们的创作自由，就不惜反对社会主义、反对党。这也仍然是从他们对政治与艺术的错误观点上来的。毛泽东同志说：“党的文艺工作，在党的整个革命工作中的位置，是确定了的，摆好了的；是服从党在一定革命时期内所规定的革命任务的。反对这种摆法，一定要走到二元论或多元论，而其实质就像托洛茨基那样：‘政治——马克思主义的；艺术——资产阶级的。’”修正主义者就是反对这种摆法，所以他们就要修正这一条主要的原则。

政治与艺术的关系问题，曾经争论了几十年，需要理论批评家根据列宁的原则和毛泽东同志的《在延安文艺座谈会上的讲话》的精神，作进一步的研究和阐明。但是理论研究，必须结合实际，必须善于总结创作实践和思想斗争的经验。周扬同志这篇文章，是个很好的范例。

这篇文章最后指出，“文艺如果要达到一个新的跃进，就必须在更大规模和更深程度上和工农兵群众相结合，文艺作品要在量和质两方面都能满足群众的要求”。这又是推动目前文学艺术大跃进的一个决定性关键。也可以说是从去年那场斗争中所获得的一个最重要的经验。去年反右派斗争的胜利和接着大批作家艺术家的长期下乡下厂，这两件事是替今天文艺工作大跃进打开了一条宽广的道路。为了前进，为了争取社会主义的大丰收，我们要深刻地去接受文艺界历史斗争的经验和坚持我们社会主义文艺的方向。

（原载 1958 年 3 月 26 日《文艺报》第 6 期）

杂谈文艺工作大跃进(四则)

一

一九二八年,高尔基在给库尔斯克的红军战士们的一封信(见《文艺报》第5期)中说:“我曾经想过——现在还是想——要看到所有的人都成为劳动和创造的英雄,都成为新的自由的生活方式的建设者。”又说,“只有在社会主义制度之下,才能达到这一点。”高尔基的理想不仅在苏联早已实现,在我国新社会中,也成了现实了。目前我国生产战线和文化战线上的大跃进,充分地证明了高尔基的预言。只有在社会主义的制度下,每一个劳动人民的积极性和创造性才能达到那样高涨的程度,物质生产和精神生产才能获得那样迅速和广阔的发展。

在这新形势下,文学艺术工作也要大跃进,是理所当然、势所必至的事情。

可是,在这热火朝天的日子里,也仍然会有些人站在旁边,指手画脚地在怀疑或嘲笑。他们说,文学艺术是种细致的精神劳动,是精雕细琢的工作,是否也可能跟物质生产一样来个大跃进呢？马克思不是说过，艺术生产与物质生产的不平衡吗？不是说过艺术的某些繁荣时期，并不是与社会的一般发展相适应吗？那么随着生产战线的大跃进，是否一定就会相适应地出现文学艺术的大跃进呢？而现在这种做法又是否有点像赶浪头呢？

对于这种书呆子式的怀疑，或者带有修正主义臭味的嘲笑，是应该首先予以驳斥的。

物质生产和精神劳动当然是有区别的。做小说、写诗歌决不相同于炼钢铁、开煤矿，这是谁都明白的道理。但这只是劳动性质的区别，这种区别只决定它们工作方式与方法的不同。在大跃进中，文学艺术工作当然也要按照它本身的规律去发展，这是无可争辩的。但是决不能把它作为一种根据来怀疑或否定文学艺术大跃进的可能性。这种可能性是充分地存在的。这种怀疑实际上仍然是修正主义者片面地强调艺术特征，否认政治和艺术关系的老调。社会主义的文学艺术，无论如何总是工人阶级革命机器中的齿轮和螺丝钉。当这个庞大的革命机器正以空前的速度在大转动的时候，文学艺术这个齿轮和螺丝钉有什么理由能够不跟着它加速地转动起来呢？

文学艺术的跃进，不但现在有，过去历史上也有过。各个民族的历史上，都曾经出现过某些艺术繁荣的时期。例如我国的唐宋时代，意大利的文艺复兴时代，英国的伊丽莎白时代，以及十九世纪的法国和俄国文学繁荣时代等等，都可以说是文学艺术的跃进时代。不过从前文学艺术的性质和我们现在文学艺术的性质是不同的；从前的文学艺术与社会发展的关系也和我们现在不同的。从前的某些艺术繁荣的时期,确如马克思所说,“并不是与社会的一般发展相适应的,因而也不是与那可以说构成社会组织骨干的一般物质基础相适应的。”(《政治经济学批判》)这是社会主义以前的社会中一个共同的特征。在那些时代中,物质生产是掌握在剥削阶级的手里,因而和精神生产经常处于敌对的矛盾状态之中,正如马克思曾经指出过的,资本主义生产,对精神发展的某些部门,特别是对艺术,对诗,存在着一种直接敌对性。这种直接敌对性就是造成物质生产的发展对于艺术的不平衡的关系的主要原因之一(当然还包括更多的复杂的社会条件)。到了社会主义时代,这种情况就根本改变了。首先,这种敌对性完全不存在了。因此生产发展的结果必然将促进文学艺术的繁荣,而文学艺术的繁荣又将使它本身更好地为其经济基础服务。在社会主义社会中,上层建筑与经济基础是相适应地发展的;艺术的繁荣与生产的发展也是互相适应的。上层建筑与经济基础之间,固然也仍然存在一定的矛盾,但这只是属于人民内部的非对抗性的矛盾。人民能够用自己的努力和正确的方法,不断地克服这些矛盾。我们提出文学艺术大跃进的任务,正是为了使社会主义的经济与文化之间取得相适应的发展,求得它们之间的平衡。

这不是抽象的理论,而是现实的形势。1956 年我国完成了生产资料所有制的社会主义革命,彻底地改变了社会的生产关系,因而使生产力得到了大解放。同时,由于经济基础的改变,必然引起了上层建筑的变化。这样,就有去年以来政治战线和思想战线上社会主义的革命。这个革命的基本胜利,反过来又促进了生产力更大规模的发展，因而也促进了社会主义文化的大发展。这就是在我国新形势下经济与文化相适应地发展的具体情况。所谓随着经济高潮的到来，必然将出现一个文化的高潮，已经不是预言，而是现实了。

文学艺术的发展，不仅具有它的社会物质基础，并且也具有它自身的条件。去年文艺界的反右派斗争的巨大胜利，就是替今年的大跃进开辟了广阔的道路。这场斗争的结果，不但狠狠地打垮了文艺界长期存在着的资产阶级个人主义和修正主义的思想，提高了文艺工作者为社会主义服务的热情，并且也进一步解决了作家、艺术家和劳动群众相结合的问题，去年年底以来，大批作家、艺术家长期下厂下乡，可以说是这场斗争一个具有重大意义的成果。正是在这个胜利的基础上，才大大地提高了文艺工作者的革命干劲，加强了他们之间的紧密团结，出现了文艺战线上蓬蓬勃勃的气象。这也可以说是文艺战线上生产力的大解放。作家、艺术家与劳动群众的密切结合以及他们那种一往无前的革命干劲，将是决定文学艺术大跃进的一个基本关键。

现在的问题不是别的，就是你愿意做促进派还是做促退派？做革新派还是做保守派？一切书呆子式的怀疑家、教条的搬弄者，以及具有修正主义、保守主义臭味的人，在这大时代中，是无能为力的。他们正是农民同志所嘲笑的“摇摇摆摆，像个相公”的人物。他们中间尽管还是有人在嘲笑别人赶浪头，但是赶浪头又怎样呢？社会主义的大浪潮是到来了，如果你不是赶上去，那你就将被这个大浪潮所冲走或淹没。

二

这些日子里,文学艺术各部门都在踊跃地提出其大跃进的目标和计划,作家、艺术家都纷纷提出其自己创作的规划和指标。一个热烈的创作竞赛正在全国范围内开展着。这是从来没有见过的振奋人心的新气象。但是也不免有人在担忧这种竞赛、挑战的方法,会不会造成创作上粗制滥造的结果。

我相信,这种担忧是出于好意的,但是,我以为这种担忧可以不必。

所谓文学艺术的大跃进,当然不仅仅是作品数量的跃进,同时也是作品的思想水平和艺术水平的跃进。我们要求创作上出现更多更好的具有创造性的作品,这是完全必要的,但是离开了数量的发展又何从去获得质量的提高呢?历史上任何艺术繁荣时期,总是作品的数量和质量相适应地发展的。在艺术发展过程中,最好的作品和最坏的作品,大抵是居少数,占大多数的,总是具有一般水平的作家和作品,如果没有那大量的具有一般水平的作品,恐怕也就不会产生出那些伟大的作品。因此,量和质的关系是辩证地发展的,既不是以量胜质,也不是离量求质,而应该是从量的发展中求得质的提高。十个指头不一样齐,这是自然的道理。抓住一个坏指头,来否定其余九个好指头,这是右派分子的办法;可是只要一个最好的指头而不要其余九个指头,也同样是说不通的。粗制滥造的风气应该注意防止,但也决不能要求篇篇都是精心之作。粗糙的作品总是难免的。幼稚而具有生气的嫩苗尤其要保护。问题是在于对创作的正确的鼓励和帮助。如果一味只讲宁少毋滥，那恐怕大跃进也就跃不起来了。

写得多，是否就一定质量差，反之，写得少是否就一定质量高呢？我想也未必。杜甫、李白、莎士比亚、托尔斯泰、巴尔扎克、柴霍甫、高尔基、鲁迅都是著作等身的多产作家，然而他们的写作态度都是十分严谨的。他们那种勤恳严肃的劳动态度，是应该为我们所学习。所以写得多和写得好，并不互相排斥的。比起那些伟大作家来，我们作家的创作数量不是太多而是太少了。为了做一个无愧于社会主义时代的作家，我们不仅要立志写得好，而且也要写得更多。

我们目前文学作品的数量是否很多了呢？据不完全的统计，去年中央和省市一级出版社出版的新的文学创作，有七百多种，印数是一千一百多万本，这个数字和解放以前或解放初期比起来，当然有了很大的发展，但是和人民的文化需要来比，和苏联文学书籍出版的情况来比，那就远远落后了。目前出版社、刊物都在嚷稿荒，剧院在嚷剧本荒，少年儿童在要求作家叔叔们多给他们写东西，工农文学读物，尤其缺少，这说明作品的生产常常是落后在群众的需要之后，那么我们又有什么理由，不鼓起干劲，为群众写出更多的作品来呢？

当然，只看到数量，只追求指标，而忽略艺术质量的提高，这是错误的。即使在物质生产上，也要求保证质量的发展，何况文学艺术更是一种思想性的工作。艺术繁荣的标志之一，就是要突破现在的创作水平，要有新的文学风格的形成和发展。唐代的诗歌可以说浩如烟海，但如果没有李、杜、白等几个大诗人，究竟也显不出唐代诗歌的繁荣景象。所谓创作竞赛，决不仅仅是比字数，比篇数，也还要比质量。写二十万字的人，并不一定就比写十万字的人强，多不等于滥，这是很明白的道理。右派分子抹煞革命文艺的成就，我们要坚决批驳，但是也决不等于我们已经满足于现在的水平。在这方面我们还需大大迈进一步。

提高质量，决不仅是艺术技巧的问题，更主要是作品内容的丰富多彩，思想的正确深刻，风格的新颖多样。这就不是坐在书斋里所能做得到的。更主要的是从生活的泉源中去汲取养料，从斗争实践中去提高对于生活的认识，从政治上去锻炼和改造自己的思想。创作总先要有丰富的原料，然后才有艺术的加工。因此繁荣创作，无论从数量的发展和质量的提高来说，中心的关节还在于作家在更大规模和更深程度上和劳动群众的密切结合。为了推动文学艺术的大跃进，开展创作竞赛是必要的，但同时还需要加强作家与作家之间、作家与评论家之间的亲密合作，互相帮助。要把心交给人民，交给党，把文艺通向生活之门大大打开。这才是发展社会主义现实主义文学的唯一途径，是争取文学艺术大丰收的主要保证。

三

既要写得多，写得好，又要深入生活，加强锻炼。于是就有人感到矛盾了。有人说，为了响应大跃进，完成写作任务，我还是回家来写吧。又有人说，我目前的任务是深入生活，劳动锻炼，写作的事情且待诸来年吧，这种矛盾怎样解决呢？

我们应该承认，两者之间是有矛盾的。鲁迅就说过："在生活困乏中一面拉车，一面‘之乎者也’到底不便当。”但我想凡是矛盾总是可以解决的，何况在我们这个时代中，是更应该解决的。首先，我们不是在“生活困乏中”，而是在生活沸腾中。沸腾的生活天天在刺激我们创作的欲望。这种欲望就迫得我们非一面生活一面写作不可。这是作家一种自觉的要求，而不是什么强迫的任务。

实际的情况也是这样。高尔基在一九〇五年和一九一七年的革命时期中，正是他写作最多的时期。鲁迅在他和国民党反动派斗争最激烈的时期，是他杂文写得最多的时期。马雅可夫斯基更是个一面战斗一面写诗的杰出人物。可见创作和斗争、创作和工作的矛盾不但可以统一而且应该统一的。在今天这个大跃进的形势下，我们更应该拿出加倍干劲来解决这种矛盾。我曾问过几位长期深入生活的作家。他们告诉我，除了参加劳动、接触群众和酝酿自己的长篇计划以外，每年在工作余暇写出十篇左右的短篇小说、特写、散文、杂文等的短小形式作品，是完全可能的。而且说生活的激情和作家的责任感也使他们非写不行。这种精神是令人兴奋的。

在机关、团体、学校担任工作的业余作家，也有同样的问题。前几天曲波同志在作协座谈会上说：“业”要跃进，“余”也要跃进。这话说得很好。事实上，文学工作的跃进，主要还要靠人数最多的业余作家。业余作家当然都很忙，但只要有决心，安排得适当，这矛盾是可以解决的。这里顺便要说到一下，据说某些机关团体或学校中，有少数人把业余创作活动看作是“不务正业”，我想这是错误的。在业务工作岗位上，首先把业务搞好，这是不成问题。为了创作而不顾业务，或甚至靠写作去追求名利，是应该受批评的，但是利用业余时间认真地进行创作，也应该受鼓励。国务院曾经规定过给予业余作家以创作假期的办法，各机关、团体、学校还是应该按照中央的精神贯彻执行的。

精神生产确实有它一定的特点。例如创作总需要一定时间的酝酿，写作时候也需要适当的条件，尤其写大型作品如此。列宁说过："文学事业最不能机械地平均，标准化，……必须保证个人创造性、个人爱好性的广大的空间，思想和幻想、形式和内容的广大的空间。"我们必须注意这些特点，应该了解作家劳动的甘苦，为他们安排适当的创作条件。不注意到这些，也是错误的。但是，我们也必须坚决反对那种歪曲列宁的话来片面地强调创作生活的特点，以至于宣传修正主义者的"创作自由"等谬论。因为列宁的原意正是为了反驳那种资产阶级的自由主义和老爷式的无政府主义。此外，过去我们中间，还曾经存在过一种不好的风气，就是所谓"下去体验，上来创作"。好像创作就非得在北京或上海这样大都市里不可。这是把创作和生活截然分开两段的错误看法。就像托尔斯泰这样伟大作家，多半时间也还是在生活和工作中进行创作的，经常和农民保持着联系的。何况我们这个时代的作家呢？

我们必须坚持到生活中去，坚持红与专统一的原则，必须学会能在生活中进行写作的本领，决不能因为响应大跃进，反而离开了生活。这种倾向必须注意和反对；对于业余作家，也应该要求经常到群众生活中去走马看花或下马看花。在这方面作家协会应该予以必要的帮助。

周扬同志在《文艺战线上一场大辩论》中说："作家在劳动

中、斗争中和工农兵相结合，已成为我们文艺工作的根本原则。”我们应该坚持和贯彻执行这项原则。

四

为了繁荣创作，我们提倡题材的多样性和生活的广阔性，同时又特别强调要用短小形式的作品迅速地反映当前的主要斗争。这两者之间的关系又是怎样呢？

譬如说，有人在写历史题材的小说，有人在写古代的传说，有人在研究莎士比亚或《红楼梦》，这些工作是否就不重要了呢？当然不能那样说的。没有这些工作，社会主义的文学建设还是不完全的。在大跃进中，文学工作的领域，不是要缩小而是要扩大，文学的内容要更丰富多彩，这才能使我们文学园地上呈现万紫千红、百花怒放的景象。例如革命历史题材，有许多重要的东西，还没有在文学上很好表现出来，在理论研究上，像对鲁迅的研究工作，曾经被胡风分子和右派分子弄得乌烟瘴气，需要重新好好来做。这些工作需要有一部人来担负，并且应该成为三五年内文学大丰收中重要果实的一部分。

但是从整个文学发展的情况来看，我们必须把文学反映当前斗争的任务，放在首先的地位。应该使读者能够从我们作品中及时地、亲切地感到时代脉搏的跳动。这就是文学必须配合一定革命时期中的政治任务的问题。忽略了这一条，就会犯错误。今天中国政治上第一个根本问题，是社会主义的革命和建设，我们就必须用文学这个武器担负起迅速地反映这个斗争、发扬社会主义的精神、鼓舞人民的创造性和劳动热情的政治任务。由于这样，所以在提倡题材多样性和生活广阔性的同时，又必须强调迅速反映当前劳动人民生活和斗争的任务。在评论工作上，在研究评论一切作品中间，又必须强调评论当前的作品和批判当前主要的敌对思想的任务。这就是说，在全面发展中，又要有以什么为重点的问题。

从目前创作情况来看，当然大多数作品还是以反映当前现实为主的。但是在知识分子中间，也严重地存在着一种薄今厚古的倾向。不少青年无批判地醉心于古典作品，轻视现代作品，有些研究工作者也一味埋头于宋元明清或希腊罗马的著作，脱离当前的思想斗争。这是值得注意和纠正的现象。作家、理论家首先总应该联系实际，联系群众。迷恋过去，忘记当前，这决不是一个马克思主义者态度。

历史经验告诉我们，每一次伟大的革命运动中，总会产生出一大批反映这个时代斗争的优秀作品。那么，在我们这个大跃进时代中，尤其要在较短时期内产生出既多又好的这样作品。这类作品有的是需要用较大的形式的，而更大量的则应当用短小的、通俗一些的形式。这样才能做到迅速及时，同时也易于普及。目前短篇小说、独幕剧、散文这类短小形式的作品都太少，因此尤其希望大家来提倡一下。

右派分子和修正主义者反对文艺配合当前政治任务，说这就是公式化概念化的根源。我们不仅要从理论上狠狠地驳倒他们，并且也要从创作实践上狠狠地驳倒他们。这就是说，我们要拿出更多更好的作品来。我们提倡创作上迅速及时反映当前斗争的任务是和提倡作家深入生活的方针相结合的。我们要求作家从生活实践中去写出迅速反映当前的斗争的作品，而不是脱离生活脱离实践，在书斋中按照政策条文去作图解。后一种方法显然是错误的，是我们所反对的。因此，在最后让我再重复一遍：文学艺术工作大跃进的决定性关键是作家、艺术家在更大规模和更深程度上和劳动群众相结合。只有抓住这个关键，才能保证文学艺术工作大跃进的巨大胜利。

一九五八年三月十七日

（原载 1958 年 4 月 8 日《人民文学》第 4 期）

门外谈诗

我对于诗，是个门外汉，讲不出多少意见，但克家同志一定要我来谈谈，我只能作为一个读者，就当前诗歌方面情况，提出几个问题，以求教于诗歌界的同志。

一、关于“开一代诗风”

最近《诗刊》提出“开一代诗风”的口号，这个口号很响亮。在社会主义大跃进的时代，我们相信新的诗风是会出现的。但这却需要诗人们作很大的努力。开一代诗风，决不是容易的事情。

所谓诗风，我想，不仅是指诗的风格和形式，恐怕应该是指一定历史时期中诗歌创作的倾向，因而也就包括着决定风格和形式发展的思想内容。诗人为了更好地抒发出时代的思想感情，歌唱出人民的声音，于是创造了适应于其内容的风格和形式。当然，每个诗人都有他自己独特的风格，而在一定时代的社会思想影响之下，他们在艺术思想上又往往形成了一种共同的潮流，推动着诗歌向前发展。所谓一代之诗风，大概就是指此吧。譬如唐代的新乐府运动，就是一个开诗风的运动。它不但批判了六朝时代绮靡无力的诗风，也反对了当时诗歌界逃避现实的风气。这是当时诗歌界一场现实主义与反现实主义的思想斗争，决不像有些人所说仅仅是形式上的复古运动；而促使这个运动发展的，则是当时政治经济诸条件，特别是安史之乱以后，人民对统治阶级矛盾的深刻化。这种情况在近代的诗歌中，更为明显。像海涅、席勒对于德国诗歌的影响，普希金、莱蒙托夫对于俄国诗歌的影响，都可以说是开一代之诗风，而这和当时德国、俄国的革命运动又是分不开的。十月革命以后，马雅可夫斯基以崭新的战斗者姿态，为苏联社会主义诗歌开辟了一条新的道路，更是明显的例子。马雅可夫斯基所创造的新的风格和形式，决不是形式上的标新立异，而是为了使诗歌适应于革命大风暴中的时代节奏，使诗歌更好为工人群众服务。作为这种新的诗风的基础的，无疑是社会主义的思想和工人阶级对于诗歌的要求。

我国新诗运动的历史虽然较短，但也可以看出几个时期中诗风的变化和发展。这种变化和发展和我国革命以及文艺界两条道路的斗争又是分不开的。“五四”以来的每个时期中，都有两种不同的诗风在互相斗争着。一种是属于人民大众的进步的诗风，是主流；一种是属于资产阶级的反动的诗风，是逆流。“五四”时期，胡适自命为新诗运动的“倡导者”，出版了《尝试集》，自称为“诗体的大解放”，但实际上只是形式的变革，在内容上，只能说是封建文化的糟粕与西欧资本主义文化的糟粕的糅杂，根本谈不上创造。而真正开“五四”时期的诗风的，则无疑是以郭沫若为代表的创造社诗歌运动。郭沫若初期的诗歌，一般被称为浪漫主义的，但应该说是和现实主义相结合的革命浪漫主义，决不能把它和当时其他现实主义的文学流派如“语丝”、“小说月报”等对立起来。像反映在《女神》等诗篇中的那种对旧社会的叛逆和对新社会的追求的勇猛精神，鲜明地反映了“五四”时期的革命精神和人民的要求。这些诗篇不但具有现实主义的基础，并且也已经孕育了社会主义的因素。到了左联时期，由于革命的扩大和深入，阶级斗争更加尖锐化，诗风也就随着不断地变化和发展。诗歌的现实主义色彩更加丰富了；在内容上更直接地反映了当时劳动群众的生活和要求；形式风格上显得较为朴素和倾向于大众化。在这时期中，资产阶级的诗人，也企图重振他们的诗风，来和革命诗歌相抗衡。这就是“新月派”和“现代派”所提倡的诗风。“新月派”竭力模仿西洋，讲究格律工整；“现代派”则主张什么“用现代的词藻排列成的现代的诗形”，实际上也是搬弄西欧象征主义、现代主义等等没落形式，而在内容上，倒可以说是彼此并无区别，都是宣扬空虚、颓废、伤感等等资产阶级的世界观和艺术思想上唯美主义或象征主义等反动倾向。这种反现实、反人民的诗风，禁不得抗日战争的风暴一刮，便立刻被吹得烟消云散，而革命的诗歌运动却在抗日战争中，取得更大的发展。1942 年，延安文艺座谈会以后，中国革命文艺运动进入到一个新的阶段。在为工农兵服务的文艺方向之下，诗风也就发生了巨大的变化。这种变化鲜明地表现在当时解放区的诗歌上，后来也影响了国统区的诗歌运动。这可以拿李季的《王贵与李香香》作为这个变化的标志。对于《王贵与李香香》的艺术评价，可以另作讨论。我们也不必作过高估计，认为这些诗歌，就已经奠定了我国社会主义现实主义诗歌的基础。但至少应该承认，它们是给我国的新诗运动打开了从来没有出现过的新的风气。这就是说：用劳动人民自己的思想感情，劳动人民自己的语言，为劳动人民而歌唱。这和过去革命诗歌中基本上还是用革命知识分子的思想、情感和语言来歌唱人民生活相比较，无疑是个重大的变化；自然，这不是说，《王贵与李香香》的价值，就在于作者成功地运用了民歌“信天游”的形式。这样说法是不恰当的，因为并不是形式决定内容。作者之所以采取这种形式，首先是由于他内容的要求。如果单从形式来看，倒不如说，作者的创造性还没有充分发挥，多少还受了民歌形式的限制。重要的，是作者在创作过程中和劳动人民通了心，因而能够更真实地表现了劳动人民的思想感情。这正是《在延安文艺座谈会上的讲话》中的基本精神。作者在创作中，很好地实践了。这一点是必须予以充分估价的，也应该说是一个重要的经验。

在这个时期前后，和这种新的诗风相对立的，又出现了以胡风、阿垅（S. M.）为代表的“七月派”。胡风编辑了“七月诗丛”，很想在当时诗歌界独树一帜。他们对于解放区的革命诗歌，公开采取了攻击的态度。“七月派”所主张的，就是他们所谓诗歌应该是诗人“主观精神的燃烧”，而实际上只是他们个人主义的丑恶灵魂的燃烧，是对于革命仇恨的火焰的燃烧而已。这一派的影响，一直到反胡风的斗争以后，才逐渐被肃清。

全国解放以后，特别是在进入社会主义革命时期以后，新的形势又要求诗歌有新的发展。在1953年和1954年间，诗人们曾经展开过关于诗的形式的讨论，辩论了格律诗与自由诗的问题。许多诗人都企图创造出新的风格和形式。这个努力是很好的，并不如胡风分子所说，只是片面地追求形式。但是这个讨论的收获却不大，主要原因，我以为是没有把这个问题和诗人深入群众改造自己的问题相结合起来，没有把延安文艺座谈会以来诗歌创作上最主要一条经验加以接受。解放以后，诗歌的队伍显然是扩大了，但是其中有许多人却并没有经过革命群众斗争的锻炼和思想改造。如果不解决这个基本问题，而只是去讨论诗歌的内容与形式的关系或艺术表现方法，那确是不会有多大结果。后来在学习"百花齐放、百家争鸣"的方针中间，许多人也只是片面强调风格的多样性，而忽略了诗人的生活与思想问题、政治与艺术的关系问题，这样就造成了对于"百花齐放、百家争鸣"方针的一种错误的理解。

与劳动人民群众相结合，是社会主义现实主义的基础。脱离了这个基础，就不会找到正确的创作方向。前几年中，作家、诗人中间存在着一种严重的脱离生活、脱离政治的倾向，因而促使资产阶级的个人主义和修正主义思想在整个文艺界一度抬头，在诗歌上也就出现了一股歪风。从前两三年的某些诗歌中间，可以看到那种追求空虚、颓废的诗风又出现了，因而在诗的形式上也就相应地出现了那些晦涩的、矫作的、难以理解的奇奇怪怪的诗句。这种恶劣的倾向，一直发展到了以诗歌来进行反党反人民的罪行。这就是诗歌界右派分子和修正主义者所代表的一种反动的诗风，到了反右派斗争以后，才受到严厉的批判。

但是，从解放后的整个诗歌情况来看，则不仅是发展了，而且有了很大的成绩。诗歌的主流是健康的。不少诗人还是坚持着长期深入生活的方针，有的诗人在政治水平和艺术水平上都有显著的提高。这就是为什么现在的诗歌能够取得那么众多的读者群众。近年来诗歌读物的销路比过去有了极其显著的增加，就是一个证明。尤其应该指出的，是工人、战士中间诗歌运动有了迅速的开展。在工人中间出现了许多有才能的写诗者。从最近刊物上所发表的一些工人的诗中，可以看到他们的艺术水平比解放初期有了很大的提高。这是值得十分注意的。真正的工人阶级的诗歌队伍，将从这庞大的后备军中培养出来。民歌的发展整理工作也有很大成绩，特别是最近大跃进中，民歌受到各方面的重视和注意，这对于新诗的发展将是个重要的条件。新的诗风的形成和发展是离开不了它们的。

从上所述，可以约略地看到“五四”以来诗风的变化、发展，与文艺界两条道路斗争的关系。因此，现在要开展一个新的诗风运动，也必须吸取这些经验，坚决地和资产阶级的个人主义、修正主义倾向作斗争，才能使我们更好贯彻执行“百花齐放、百家争鸣”的方针。在这点上，诗歌评论工作还应当大大加强，做好浇花锄草的工作。开展诗歌评论工作应该是促进新的诗风运动的一个重要环节。

在大跃进中，诗歌界出现了蓬勃的新气象，诗歌的风气可以说已经在开始变化。但是关键问题，是在诗歌与劳动群众如何更好结合：一方面要使诗歌更普及化，真正成为劳动人民自己的艺术，而更重要的，则是诗人们深入生活，改造自己，正如《人民日报》社论所说，“要有孙悟空跳到老君炉里的决心”，在群众的火热的斗争中把自己烧红烧透。这样才能使诗人和劳动群众互相通心，达到与人民共甘苦共命运的境地，从而使诗歌更真切地歌唱出群众心里的声音。

“风格即是人”，大家都熟悉马克思的这句话。右派分子甚至还剽窃这句话作为他们资产阶级“个性主义”的注脚。这当然是别有用心。我们应当正确地来理解这句话的意义。既然“风格即是人”，那么，在这个社会主义时代中，你就先要作为一个社会主义的人，一个革命的人，然后你才能创造出社会主义诗歌中丰富多彩的风格。我们所要创造的风格应该是工人阶级的多样的风格，我们所谓“开一代诗风”，应该是社会主义时代之诗风。如果你还不是一个社会主义的人，又怎样能够创造这新的风格和开新的诗风呢？这不是很显然吗？

“开一代诗风”，不仅是艰苦的建设工作，也是艰苦的斗争。无论从历史的经验或从当前诗歌的要求来看，我以为最根本的问题是在于诗人的工人阶级化。

二、普及与提高问题

最近，各文艺刊物上都发表了不少工人、战士的诗歌，和反映大跃进的农村民谣，诗人们也纷纷到工农群众中去，为他们举行朗诵，写街头诗，和他们谈心。这是很有意义的事情。诗歌与劳动群众结合，已经成为当前诗歌工作大跃进中的一个中心问题。因此，如何正确地贯彻《在延安文艺座谈会上的讲话》中关于普及与提高的方针，也成为当前诗歌工作中一个现实问题。在这个问题上，某些偏向和困难，仍然是存在的。

右派分子和修正主义者是反对延安文艺座谈会的这个方

针的，他们瞧不起这些普及的诗歌。他们说，这些东西粗糙，没有诗意，多半是标语口号。他们认为提倡普及会降低诗的水平，会使诗歌趋向于“滥”，他们并且认为，只有提高的东西，才是最普及的，例如莎士比亚在英国、普希金在俄国……

莎士比亚、普希金怎么样，我不清楚，但艺术上确有既普及又提高的作品，《白毛女》和《王贵与李香香》都是。它们之所以既普及又提高，就因为是从普及基础上去提高。离开了这个基础，是无法提高。群众的诗歌中间，有大部分是自然形态的文艺，它们是粗糙的，“但也是最生动、最丰富、最基本的东西”。资产阶级分子说它们没有诗意，这是造谣。资产阶级常常把所谓“诗意”说得很神秘，仿佛只有高级知识分子才能领会的东西。而事实上，在劳动人民的生活中间，在他们的日常语言中间，常常显示出高度的智慧和丰富的诗意。像最近一些民谣中：“让高山低头，要洪水让路”，“山高高不过脚心，山硬硬不过决心”。这些语言难道不是含有极生动、雄伟的诗意吗？听说现在各省都在编印民歌选集，我建议诗刊社可以从这些民歌中间，更精选出一些最好的东西，学一学孔子删诗书的办法，编出一本《新诗经》，我相信它的艺术价值决不会低于诗人们的作品；而且对于开创新的诗风是很有帮助的。

这种普及工作是首先应该肯定。它是繁荣诗歌工作的基础。

但是另一方面，我们也决不能仅仅满足于这种普及的诗歌，而忽略了提高的工作。我们决不能那样幼稚地理解，以为多发表一些群众诗歌，就算是改变诗风了；或者片面地强调这类作品，因而排斥了其他风格和形式的诗歌。这也是一种有害的偏向。我们今天要求在诗歌的艺术水平上有进一步的突破，要更大胆多样地发挥诗歌的独创性，问题是在于如何使提高与普及统一起来。

普及与提高也是对立的统一。右派分子和修正主义者只强调对立，否认其统一是错误的，我们如果只强调统一而否认其对立，也是形而上学的。普及与提高的矛盾，一方面表现〔在〕知识分子与工农群众在文化水平的距离上，一方面又表现在他们之间的思想情感的距离上。

去年《诗刊》六月号登过一篇马雅可夫斯基的《最后一次的演说》，谈到了这个问题。他说："作家常常写成这样，群众不懂，或者，即使懂了，效果也很糟糕。"

群众不懂。就是说："今天作家习惯于用那种为知识分子所臆造的语言写作，习惯于用那种脱离了大街与群众的语言写作，而且把这种语言称之为文学语言。这种语言局限于沙龙小圈子与沙龙情趣，只适于来谈情说爱和描绘某些舞会上的戏剧场面等等等等。"这是脱离普及基础的"提高"，只有提到空中楼阁中去。而另一种情况，即是"懂了，效果也很糟糕"，这就是说："写这样一些不触怒你们的诗是轻而易举的：'前进，向前挺进，工人群众们！'……'红旗呵，掀起火焰来吧！'以及诸如此类的东西。这非常逗人喜爱，可是第二天就忘得一干二净了。"上述这两种情况在我们目前也都存在的。最近作家协会的下放同志中，有人把《人民文学》二月号上的《农村四首》念给农民听，其中有一首叫《给一条河》，中间有这样几句：

呵，我多想抱起你
抱起你，紧紧的亲你
因为我们寻求你，呼唤你
已有多少世纪。

农民们听了不懂，其中有一个青年妇女听懂了，她的反应却是："臊死了！"

马雅可夫斯基说，"写的时候要使人明白而又不降低主题的意义，同时还得使用大众所讲的语言，这就是现在作家的两个主要困难。"如何克服这些困难呢？他提到了语言问题，也提到了诗人和工人群众之间建立经常交往的组织形式问题。语言问题，当然很重要，但我以为语言问题是和思想情感问题分不开的。古人说，"言为心声"。诗人要表现什么样的思想感情，才选择了什么样的语言。现在有些诗，群众不懂，当然也存在着文化水平的问题，但更多的情况，是诗人在写诗时，并没有考虑是为什么人服务。有些诗人之所以采用那种沙龙式的语言，首先因为他们的思想感情就是沙龙式的。例如这样的诗句：

平衡把我变成了一棵树
它的枝叶缓缓伸向春天，
从幽暗的根上升的汁液
在明亮的叶片不断的周旋

——穆旦：《我的叔父死了》

这不但工农群众听不懂，就是知识分子听了也要皱眉。又如：

数字的列车开得太快，把“优良”
和制度的守卫丢在路边叹息，
也许官僚主义还受到人们景仰，
因为它微笑，戴有“正确”的面幕。

——穆旦：《“也许”和“一定”》

这就不仅是语言问题，更明显是思想意识问题了。

有些语言使用不好，是由于缺乏生活经验和知识，例如有首诗中，用哑铃来形容一个疲劳的女郎的嗓子，又一首诗中用水库来形容夜色的深沉。这样的诗句，既谈不上提高，更谈不上普及。总之，缺乏正确的、健康的思想情感，缺乏生活的知识，是不会产生出优美的诗歌语言的。

要在普及基础上提高，和在提高指导下普及，诗人们不但要注意诗的语言，也还要注意诗的旋律、节奏、音节等等。这也不仅仅是技巧问题，而且是感情问题；因为旋律、节奏、音节等等，无非是为表现感情。成功的诗人，在这方面是很花工夫的。没有这些条件，诗确实不容易被读者所记牢。即在许多优秀的民间诗歌中间，也都具有很好的旋律、节奏和音节，这才使得它们能够在人民的口头上流传开去。现在有一些诗，我总觉得，太冗长，不够精炼，特别抒情诗如此。我以为抒情诗一般不宜过长，除非你真有那种一泻千里的感情，否则你的感情反而会被你冗长累赘的诗句所冲淡，你的形象会被过多的形容词所淹没，读者又怎能留下鲜明的印象呢？

因此，在普及与提高的统一问题上，我以为一方面是要诗人注意向群众学习，研究群众的生活、群众的诗歌和他们的语言，在这个基础上加工，“从他们吸收由群众中来的养料，把自己充实起来，丰富起来，使自己的专门不成其为脱离群众、脱离实际、毫无内容、毫无生气的空中楼阁”；更重要的则仍然是诗人应该深入群众，参加工作和劳动，改造和锻炼自己的思想感情。只有诗人真正和群众打成一片心，才能彻底解决普及与提高的统一。

三、关于现实主义和浪漫主义

我们现在处在一个大跃进的时代，全国人民生活中充满着昂扬的精神和雄伟的气魄。在这个时候，我们社会主义现实主义的诗歌中，应该更充分发扬革命的浪漫主义的精神。这又是当前诗歌创作上一个实际问题。

《诗刊》今年第二期中，阮章竞同志有篇文章中说：“用笔写，用嘴说，无论如何，都赶不上时代前进的足音。”当然，他这篇文章，是描写我们国家生活迅速的发展，但这里也可以提出一个问题：诗人的笔和嘴是不是就一定赶不上时代前进的足音呢？譬如说，他这篇文章的题目，叫做《张开了翅膀的草原》，那么是否也可以要求有“张开了翅膀的诗人”呢？

我以为是可以的。

过去有过一种理论，说文学总是落后于现实生活。这个说法我以为是不正确的。按照这个说法，那么作家、诗人只能尾随在生活之后，而事实上，我们总是要求作家、诗人走在人民生活的前面，做时代的号角。这岂非矛盾了吗？

革命的诗人应当是一个理想主义者。他善于发现出现实生活中新的萌芽，善于歌唱出人民心里还没有想到或正在想到的东西，善于感察到正在起来的东西，善于幻想。列宁说过：一个共产主义者应当善于梦想。对于一个共产主义者的诗人，尤当如此。我们的政治家要有科学的预见，我们的诗人便要有丰富的幻想力。当然，这种幻想是建立于现实的基础之上，而不是反动的浪漫主义者那种脱离现实基础的空想。一个诗人没有这种幻想力，不会是一个好的诗人。高尔基说："优秀的艺术家，现实主义和浪漫主义常常是结合在一起的。……这种浪漫主义和现实主义的结合，特别是我国优秀文学上的特征，它在我们文学中给予了使全世界受到极明显深刻的影响的力量和独创性。"关于浪漫主义，他说："真的艺术，有夸张的权利。赫尔古烈士、普罗米修士、唐·吉诃德、浮士德等，不是单单的'幻想的果实'，而是真的事实之完全合法的，必然的诗的夸张——这一点，我们的作家还没有理解。"这是区别于那种脱离现实生活的凭空臆造的反现实主义倾向。我们不赞成凭空臆造的所谓"理想人物"，但决不能因此连把"理想"也丢掉了。

也曾经有人不同意高尔基这种"结合"的说法，认为革命浪漫主义和现实主义不是两种对立的东西，社会主义现实主义本身就包含革命浪漫主义的精神。我以为这是一个说法上的问题，可以另作讨论。现在的问题，是我们诗歌中要求有一种更能激起我们充满夸耀的、欢喜的激情的精神，这就是社会主义大跃进时代的精神。

我们读了毛泽东同志的诗词，感到何等奋发鼓舞，深刻难忘。像《雪》、《昆仑》等的气势磅礴胸襟宽阔，《长征》、《六盘山》、《十六字令》等的雄伟豪迈、壮丽激越，以及最近发表的《赠李淑一》其幻想力怎样丰富、意境怎样美丽，使我们深深感到了艺术的创造力量。这些诗词中间不正是包含着那种高度的现实主义和浪漫主义的精神吗？这些诗词给了我们创作上很大的启发。特别诗人应该深刻地去体会、研究。在我国古典诗歌中，一向具有这种优美的传统；在民间诗歌，尤其是少数民族诗歌中间，都有不少充满这种浪漫主义与现实主义相结合的优美诗篇；前面说过“五四”初期的诗歌中间，也具有这种浪漫主义的精神，我们应该在新的基础上，去继承和发扬这种传统，以丰富社会主义现实主义诗歌的内容。

我们现在有许多颂歌，其中有些是具有很大的鼓舞力量，但也有不少这类作品却缺乏那种强大的感染人的力量。作者似乎只是站在生活斗争的旁边，或追随在生活的后面，加以赞美和颂扬；他们的感情并没有超过读者所感受的，因而只管使用了一些壮丽的形容词，却并不能引起读者更多的激动，反而有平庸之感。另外一些矫作的东西则更不必说了。这些缺点，是应该予以克服的。为了歌唱我们这个伟大的时代，诗人们应该有更洪亮的声音。

我们应该相信，诗歌是能够赶上时代的足音，应该走在它的前面，而不是尾随在它后面。一个诗人要有宽广的胸襟，坚强的革命意志，对于新鲜事物的敏感和高度的乐观主义精神，他才能在诗歌上表现出雄伟豪迈的气势。这不单是什么个性问题，艺术修养问题，而更主要是世界观的问题。这不是诗人坐在书斋中所能做到的，只有到群众火热的斗争中去锻炼，在斗争中改变自己的世界观，丰富自己的思想情感，提高自己的政治、艺术修养。所以归根到底，仍然是诗人深入群众，改造自己，以达到红与专的统一的问题。这也是繁荣社会主义现实主义艺术的一个根本问题。

1958.4.3

（原载1958年4月25日《诗刊》4月号）

插红旗　放百花

——在中国作家协会武汉分会主席团(扩大)会议上的讲话

这次到武汉来参加这个会议,主要是想多听听同志们的意见。今天黑丁同志一定要我先谈谈,我只能就个人想到的,提出几个问题,和同志们商量。

这次会议,正在八大二次会议公布了社会主义建设总路线之后,现在满街正在敲锣打鼓宣传总路线,那么在文学工作上我们怎样贯彻总路线的精神呢? 总路线中提出了技术革命与文化革命,文化革命当然包括文艺在内,这个革命又怎样革法呢? 我想这是同志们当前最关心的问题,也是我们文学工作上亟需明确的问题。刚才黑丁同志说,会议将以这个问题作为中心内容,是完全必要的。

这一年来,我们国家,无论在政治经济和文化战线上的变化是多么大啊! 去年这几天,正是资产阶级右派向党进攻最猖狂的日子,就文学界来说,丁陈反党集团就在去年这个时期,大举反扑,武汉情况大概相同,想来同志们记忆犹新。到了去年的后天,就是 6 月 8 日,《人民日报》发表了《这是为什么?》的社论。全国人民在党的领导下,展开了一场声势浩大的反右派斗争,在不长的时间内,把全国一切右派分子打得土崩瓦解。从反右派斗争开始到现在,恰恰是一周年。反右派斗争大概进行了 6 个月,到了去年 12 月,基本上告一段落,取得了伟大的胜利,这个胜利的意义,就文艺界来说,就是划清了敌我界限,为社会主义文艺的大跃进扫清了道路。紧接着这个胜利,党根据三中全会的精神,号召全国作家艺术家长期深入生活,参加劳动锻炼,到群众中去扎根,并且要把它作为文艺工作的一种制度巩固下来。从 12 月开始到今年 3 月,全国的专业作家基本上都下去了。这是发展社会主义创作的一个关键性问题。几年以来,这个问题没有能够真正解决,这一下解决了,这又是一个很大的胜利。今年 3 月间,随着生产战线的大跃进,文艺界也展开了文学艺术的大跃进,劲头很大,这又是一个发展。3 月到现在,又 3 个月了,这 3 个月中,跃进的形势又有了新的发展。3 月间文艺工作的大跃进,重点还只在作家的创作竞赛上,大家提出个人的规划,你写多少,我写多少,对于群众创作的形势的估计是很不足的,对于文艺大跃进和思想大解放的关系,也不像现在认识得明确。接着毛主席提出要解放思想,破除迷信,发扬独创性,现在八大二次会议又制定了社会主义建设的总路线,就使我们的认识更提高了。文艺工作的发展的方向也更加明确了。回顾这一年来,文艺工作上的发展,可以说是一浪紧接一浪,一浪大似一浪。仅仅几个月时间,全国工厂、农村的群众文艺创作运动普遍地展开了,全国范围的大规模民歌运动展开了,工厂、部队的创作组纷纷建立起来了。例如湖南、湖北、河南、江西,工人农民的创作组都有几万个,民歌是千千万篇,六亿人民都歌唱起来了。在 3 个月以前,我们曾经估计到这样的形势么？这个群众文艺运动规模之广阔，声势之浩大，是历史上所从未有过的，在全世界恐怕也是从未有过的。这是一个了不起的变化。这个变化，我个人看来是表示着文化与劳动的结合。我们知道人类的文化艺术本来就是从人民群众的劳动中产生的。几千年来，在剥削阶级的统治下，劳动和文化被割裂了。现在在社会主义制度下，二者又要重新结合，正如柯庆施同志说的，劳动人民一定要做文化的主人。文化革命的基本内容我看就是这样。

这一年来形势为什么发展得这样快，这个道理我想也很明白，生产力的解放必然促进思想的解放，和群众创造性的高涨，思想的解放反过来又促进生产力更大的发展，这是客观规律。我们党中央掌握了这条规律，放手发动群众，依靠群众，进行了全面的反右整风运动，用大字报大辩论发扬了群众的生产和文化的积极创造性，这样就出现目前波澜壮阔的景象。在这个新形势面前，我们文学艺术的面貌必然将有很大的变化，我们的文学创作、理论、文学教育与出版工作，看来都将有革新。毛主席在《红旗》第一期上的文章中说："一张白纸，没有负担，好写最新最美的文字，好画最新最美的图画。"这句话十分鲜明生动。如何在文艺上写出最新最美的文字，画出最新最美的图画，这就是摆在我们面前的问题。

我这里想讲一讲插红旗，放百花两个问题，此外顺便谈一谈革命现实主义与革命浪漫主义结合的问题。用"插红旗、放百花"这六个字，来概括当前文艺工作的内容，可能很不完全，但不妨从这里谈起。插红旗，是文艺领域中兴无灭资的问题，是破与立的问题，是以马克思主义的文艺思想去占领一切文艺阵地的问题，也是建立真正工人阶级的文艺队伍问题。放百花，是广泛地开展全面性的群众文艺创作运动，依靠人民群众繁荣社会主义文艺的问题，是进一步贯彻执行党的百花齐放、百家争鸣的问题，也是进一步贯彻执行毛主席的普及与提高相结合的方针问题。在思想上要插红旗，在创作上要放百花，二者互相结合。我们要做到在文艺战线上处处插红旗，遍地开香花，建立起一支强大的工人阶级文艺队伍。所谓社会主义文艺的繁荣，我想就是这样一个轮廓。

插红旗的对立面，就是拔白旗，所谓有破有立。《红旗》杂志发刊词中说“……要更高地举起无产阶级在思想界的革命红旗。毫无疑问，任何地方，如果还有资产阶级的旗帜，就应当把它拔掉，插上无产阶级的旗帜”。这也就是我们文艺战线的任务，文艺界右派的白旗，基本上是拔光了，秦兆阳是最后的一支白旗，现在也划为右派，倒下去了。但以后是否就不会有这样的白旗呢？我想也还会有，这种思想还存在，总还会冒出来的。所以锄草工作，决不能放松。反过来，所有地方，红旗是否都插上去了呢？也还不是，除了右派以外，在人民内部，也有兴无灭资、破与立的问题。自然对于人民内部的思想斗争，要采取对待人民内部矛盾的方法。此外，还有许多地方是空白点，红旗还没有插上，插红旗、拔白旗是个长期性的斗争。过去我们拔的工作做得较多些，插的工作还做得很不够，今后一方面要不放弃锄草工作，继续完成文艺战线上的社会主义革命，一方面要更加强立的工作，也即是社会主义文艺建设的工作。

插红旗，插在哪些地方？我看，首先要从我们自己的头脑里插起。事实上每个人头上都有一面旗帜，有的是红旗，有的是白旗，有的是灰旗，有的鲜明，有的不鲜明，因此首先要检查一下，我们头上插的是什么旗帜。现在中国作协会员九百多人，加上分会会员近两千人，这中间一小部分人是右派分子，虽然他们的白旗是拔掉了，但会籍还保留着，等待他们改造，在这些人以外，我们所有的人红旗插得怎样了呢？红旗鲜明的究竟有多少？多数或大多数？这笔账现在还算不上来。但总是要算的，这涉及建立真正工人阶级的文艺队伍问题，我们的队伍，要吸收新的血液，也要改变旧的质，经过新陈代谢，才能建立成真正工人阶级的文艺队伍。主要问题之一，就是彻底地改造和锻炼自己的思想。这不是单靠多读几本马克思主义的书所能解决，更重要是在群众斗争和劳动实践中去锻炼，到群众中去扎根，现在很多作家长期地下去了，订出了红专规划，坚持下去，我看这就是在自己头脑里插红旗的最好办法。

在各个文艺工作阵地上，红旗也插得不够，最突出的是高等学校的中文系。高等学校是所谓最高学府，但是在各学校双反运动中暴露出来的文艺教学上的资产阶级思想是相当严重的，北大、师大是这样，武大、华中师范学院所说也是这样，其他地区的高等学校，情况也差不多。主要的问题是像报刊上所批判的厚古薄今，脱离实际倾向。所谓“厚古”就是厚封建、资产阶级之古，所谓“薄今”就是薄社会主义之今。例如北京某些大学，在教学上，一个古典作家，可以教上几小时，而延安文艺座谈会讲话，只教半小时，现代作家，像赵树理只讲20分钟，有的学校没有开文艺学的课，开了课的，也多半和实际不结合。对古典作品无条件崇拜，对现代作品和民间文学瞧不起，对当前文艺思想斗争不结合，这种情况不改变，红旗就插不上去。

改革文艺教学，是要依靠党委的领导，和教育行政部门，不是作家协会所能担负，但作家协会必须在党委领导下去协作。过去我们放弃了这项工作是不对的，双反运动中北大、武大等学校的同学，都给作家协会贴上大字报了。这笔债是要还的。现在中央和地方党委负责同志，都要到大学去讲课了，红旗是肯定可以插上。作家协会也要把这问题，列入自己的议事日程上。我们在北大搞一个试验田，由张天翼同志等住到学校去，辅导他们搞些工作。分会是否也可考虑一下。在文学出版工作上也有插红旗问题。前些时候，出版上厚古薄今的倾向也很突出，去年古典作品，像“三言二拍”一类小说，销行很大，无批判地加以介绍，五四以来的作品，外国古典作品，也是这样，而现代作品销路下降。这种情况现在有所改变了。这和文艺刊物的评论工作关系很大。文艺刊物必须支持新的东西，支持群众的东西，对文学遗产应该有批判地加以评论介绍。

此外，工厂农村中的群众文艺红旗大多数地方都普遍插起来了，但也还有些空白点。工厂农村是我们自己的阵地，插文艺的红旗主要依靠群众自己，依靠党委领导，但我们深入生活的同志们，应该投身进去参与辅导工作，在工厂农村中也有新旧思想的斗争，湖北农村中有用民歌对唱来进行对富裕中农的大辩论，这就是群众用文艺形式去插红旗的一个创造性的方法。据赵树理同志告诉我，去年在山西省，旧唱本的销路还有40万。湖南同志说，过去湖南也如此，旧唱本是民间艺术，我们不反对，但总也要有新的工农读物去代替。现在民歌是唱开了，但我们的普及刊物和读物销路还很少，这里有什么问题，就值得我们研究一下。

为什么像高等学校中文系等地方，经过了解放9年，红旗还没有很鲜明地插上去？我想主要的阻碍之一就是迷信。迷信不破，思想不解放，红旗就插不上去。文艺界里迷信多得很，迷信古典，迷信西洋，迷信教条，迷信经验，我们这些人或多或少都有一点。譬如《诗经》就认为好得不得了，而对现在民歌就看不起。其实像"关关雎鸠，在河之洲，窈窕淑女，君子好逑"还不是一首古代普通情歌，有什么了不起呢？鲁迅说过，因为"关关雎鸠"放在《诗经》头一篇，所以吓得我们只好叩头佩服，假如现代新诗人用这意思做一首白话诗，向刊物来投稿，十分之九是要被编辑者塞进字纸篓里去的。毫无疑问，我们现代民歌，不知比《诗经》多多少倍了。说我们现代诗歌，比几千年前奴隶社会的诗歌还不如，这岂不有点滑稽吗？讲戏剧，元曲当然很好，但是，难道我们现在的戏剧还没有赶上元曲吗？我们的《白毛女》就比不上《窦娥冤》吗？我想关汉卿如果还活着，也未必这样看。讲小说，难道我们现在的短篇小说还没有超过"三言二拍"吗？当然历史上总有些杰出的天才，像屈原、曹雪芹、施耐庵、李白、杜甫、鲁迅，都是有典范性的，应该为我们所学习，但从整个文学发展来看，应该肯定我们社会主义的文艺总是远远超过过去的文学了。

资产阶级文艺家把文学弄得神秘得很。这种神秘化是造成迷信的条件。前几年俞平伯把《红楼梦》讲得那么神秘，把许多人吓倒了，李希凡放了一枪，就把这神秘面幕戳破了。特别是修正主义者，他们要挂马克思主义招牌来宣传反动的修正主义，自己就先讲不清楚，因此就非神秘化不可。胡风、冯雪峰的文章为什么那么难懂，秦兆阳文章为什么要摆出那么一副吓人的样子，似乎只有他们懂得艺术的奥秘，就是这个道理。他们先把这个神秘化来吓倒你，然后叫你向他投降。要说奥秘就是这个。有人还以为他们虽然是右派，但究竟是有学问的，其实他们文章的逻辑都不通，而且也不可能通。这叫什么学问呢？文艺丝毫不神秘。毛主席的《在延安文艺座谈会上的讲话》有什么神秘呢？明明白白，人人可懂。鲁迅也是反对这神秘化的，他有一篇文章收在《热风》里叫《以震其艰深》，就是驳章士钊之流的故作神秘。鲁迅自己就是反对厚古薄今。

“迷信”和“神秘化”，好像庙门口塑的哼哈二将，庞然大物，装模作样。这哼哈二将要打倒，然后红旗才能插得上去，创造性才能发挥。

大家说，文艺评论队伍建立不起来，我看也还是被文学理论批评的神秘化迷信住了。现在各省市马克思主义理论队伍不是都建立起来了吗？大将就是省、市、地委书记和党委工作同志。文艺批评队伍为什么建立不起来呢？党委工作同志可以做批评家，工农群众也都可以做批评家，这样批评家就多得很。例如《诗刊》发表的《工人谈诗》就比同期我那篇文章更明确尖锐。老是找少数几个理论批评家拉稿，这也是一种迷信。刊物也是一样，编刊物没有几个“名角”挂牌，都觉得不过瘾。各地刊物派专人、打电报向北京名作家拉稿，北京刊物也用同样的方法向地方的名作家拉稿。劳民伤财，我看不是好办法。

自然，作家是要为刊物写稿的，但能不能多看到一些老干部的业余作家呢？多看到一些工农作者呢？他们就在你们近旁，他们的作品未见比老作家差，而且会比老作家好。思想一解放，办法就多了，刊物主编也好当了。许多方面，我看都要打破迷信，发扬创造性。

插红旗，还有一条，就也要依靠群众。王任重同志在《红旗》上一篇文章，题目是《依靠群众势如破竹》。文艺上要插红旗，拔白旗，破迷信，除神秘，也要这样，稀稀拉拉的插是不中用的。去年拔右派的白旗，就是依靠群众，势如破竹。现在插红旗，也应当一样。

插红旗和放百花是相联系的。所谓百花，就是社会主义文艺的百花，它是服务于社会主义建设的。放百花要有土壤，最广阔最深厚的土壤就是群众和他们的生活。离开这广大劳动人民群众，离开他们生活的土壤，是放不出百花的，过去许多人总把“百花齐放”看做是几百几千个文艺作家的事情，现在这个观念改变了。现在是六亿人民放百花的时代了。是全民办文艺，全党办文艺的时代了。群众的文艺应该是当前文艺运动的主流。作家应该结合到这主流中去。这不是说专业作家不要了，作家协会不要了，长篇小说等大型作品不要搞了，相反，我们的任务是更加重了。问题是在于与群众文艺创作相结合。只有在群众土壤上深深地扎了根，才会有政治性与艺术性相统一的更好的创作出来。现在小麦讲深耕密植，我们的文艺也要讲深耕密植，才会有文艺的大丰收。关于普及与提高的关系，过去像胡风、冯雪峰等人，做了极其错误的歪曲，造成了前几年文学上普及与提高脱节的现象。他们不是把普及与提高截然对立起来，就是把普及与提高混为一谈。他们说普及的文艺是没有艺术性的，不能算文艺。或者说提高的东西才是最普及的东西，取消了对立的统一，其目的就是为了取消普及，反对毛主席在“普及基础上的提高和在提高指导下的普及”的方针。我们只要反问他们一句，像胡风、冯雪峰等自命为“提高”的作品，能够普及到几个人呢？秦兆阳说的那个“广阔的道路”，“广阔”到哪里呢？应该说这是条绝路。而真正文学的广阔的道路，则是在广大群众的文艺创作中间。这就是在普及的基础上提高的道路。我不是说，群众创作篇篇都是提高的作品，但是在这些作品中精选出一些好的作品，像现在大家传诵一时的民歌，不就是在普及基础上提高的作品吗？而且不是比现代诗人的诗更提高吗？民歌编选工作的结果，毫无疑问会出现中国现代的最好诗歌的。许多民间传说，英雄斗争和英雄人物的故事，经过群众不断加工，不断提炼，就会在这基础上产生最优秀的小说、诗歌、戏剧。《水浒传》不就这样产生出来的吗？《白毛女》、《王贵与李香香》，不也就是这样产生出来的吗？那么将来会有超过这些作品的更好的东西出来，是可以肯定的。

其次，关于提高指导下的普及，这“指导”我想也不仅是技巧之类的指导，如编写一些《写作入门》之类的书等等。更重要是思想和艺术方向的指导，引导群众文艺创作走向更正确更完美的道路。像民歌和工人创作的编选工作，报刊的评论，作家的正确辅导，经验的总结，理论的研究等等，都是重要的工作。也就是所谓浇花、护花的工作。这样普及与提高就可以结合起来。

群众的文艺创作运动，是群众自己搞起来的，是在党的领导下推广开来的，像各地民歌，并不是作家诗人去推动才起来的。群众自己创造了多种多样丰富的形式，像湖北省的民歌大联唱，以至民歌大辩论，许多农民出口成章，当场联句。我们的诗人有这样本领吗？在他们中间将来会出现大诗人，大作家的。湖南有个农民作家刘勇，31 岁，现在已经是长沙分会的理事了。他一年计划要写 1800 篇，要看 600 万字书报刊物，领导一个创作组，还要干 2000 个工分的活。我们的作家有这样本领吗？我们应该自愧弗如，好好向他们学习，又互相帮助，这样来达到作家与群众、普及与提高的结合。

目前许多地方提出“书记带头，人人动手，能写就写，能唱就唱，能说就说，能画就画，八仙过海，各显神通”的口号，我看这就是开展群众创作运动的最好办法，也就是全党办文艺，全民办文艺，发展多样风格多样形式的社会主义文艺的道路。

在这新形势下，文学的样式，也将有发展、革新。不仅仅小说、散文、诗歌、几个老套子能够用了。民歌已经开拓了新诗的道路，所谓开一代诗风，关键就在这里。此外，我们觉得在工矿企业中间，可以发动工人群众、技术人员来写工厂史。用群众集体写作方法把自己工厂发展中的英勇斗争、英雄事迹、英雄人物用朴素的文艺形式一段一段记录下来。高尔基曾经提倡过这种形式，我们是否也来搞一搞？这个经验是天津搞出来的，现在天津许多工厂都在搞，市委加以支持。像武汉的武钢、重型机床厂、长江大桥等，是否可以试试看？在某些农业合作社中，也可以写合作社史，农民不能写，可以口述，由知识分子来记录。例如湖北的红安县、光华县的一些合作社，和毛主席所介绍的河南封丘县应举社，我想写出来一定很动人的。此外如连队史等，都可以试一下。在各省还都有英勇壮烈革命斗争的历史事迹，是否也可以组织一些参与当时斗争的老同志，用革命回忆录的方式，采取集体或个人写作的方式，把它写下来。我们设想，如果各省市都能编写出若干卷这类的作品，它的成绩一定是很惊人的。我们作家诗人，如果能够参与这类工作中去，不但可以帮助群众文艺的开展，并且对于自己的创作，将有极大的好处。

昨天跟市委书记宋一平同志谈起，他还主张多写些新人新事。这个意见我很赞成。而且就在这些素材的基础上还可以进一步编出电影、地方戏、小人书等。《刘介梅》就是一例。最近看到《长江文艺》上一篇《典型报告》，黑丁同志曾加以推荐。我想把它编成电影或戏剧，一定是十分出色的作品。总之，在创作形式上，也要打破常规，破除迷信，创造出多种多样的形式，才能既迅速又全面地反映出这个伟大时代的面貌。

现在群众文艺创作的发展，可以说是一日千里。我们必须充分估计这种形势，否则就会落后。过去有个李有才就了不起，现在是乡乡要出李有才，县县要有王老九。红安县家家有诗，户户有画。其他许多地方也是如此。中央有位同志说："我们中华人民共和国可以称为中华人民共和诗国了。"这是多么叫人鼓舞啊。而这个"诗国"居然出现在一穷二白文盲很多的中国，这自然使我们想起毛主席那句话："一张白纸，没有负担，好写最新最美的文字，好画最新最美的图画。"在党的领导下，发动了群众，解放了思想，就会出现劳动人民中这样的百花齐放的文艺繁荣。而这种繁荣，已经不仅仅是精神领域中的事情，它已经成为直接促进生产发展的物质力量了。

最后，想简单谈一谈革命现实主义和革命浪漫主义结合的问题。周扬同志在《红旗》第一期的文章中说："毛泽东同志提倡我们的文学应当是革命的现实主义和革命的浪漫主义的结合，这是对全部文学历史的经验的科学概括，是根据当前时代的特点和需要而提出来的一项十分正确的主张。应当成为我们全体文艺工作者共同奋斗的方向。"说得很明确。他又阐释了革命浪漫主义与现实主义的对立的统一的关系。这些都值得我们大家进一步去研究学习。革命浪漫主义与现实主义结合确是在我国文学上有悠久的传统，不但在诗歌上有屈原、李白等，在小说、戏剧上也一样。《西游记》里的孙悟空，《杨家将》里的穆桂英不都是充满着浪漫主义精神的典型人物吗？人民就喜爱这样的人物。杰出的文艺作品，总是现实与理想相结合的。现实主义与浪漫主义的结合，成为文学创作上的优秀传统我想就是这个道理。而在今天，我们的现实是社会主义的现实，我们的理想是共产主义的理想，这就是它有了本质上更革新的内容。我们所说的革命浪漫主义，据我个人粗浅的理解，是包括人们对于社会主义和共产主义的远大理想和信心，共产主义者一往无前的英雄气概和乐观主义精神以及工人阶级无穷的创造性和想象力在文艺上的反映。用更简明的话说，也就是鼓足干劲力争上游的精神在文艺创作上的反映。这样说法是否恰当，请同志们批评。我觉得要理解什么是革命现实主义和革命浪漫主义的结合，不要脱离实际到书本上去找，在自己脑子里去找，或去追求定义，更不要脱离实际在作品中去人工地装上一些浪漫主义的尾巴，而应该到群众生活中去找。今天这样沸腾的群众生活中，就充满着革命浪漫主义。让“高山低头，洪水让路”这样的诗句，就是客观现实中这种革命浪漫主义精神的反映。不但毛主席的诗词如此，不但民歌如此，近来有些新作品，像《红旗谱》《林海雪原》等之所以受到群众的欢迎，我看，和这些作品中具有一定程度的革命浪漫主义精神，是很有关系的。这种革命浪漫主义精神，鼓舞了读者，鼓足干劲去为社会主义服务。我们文艺之所以被群众所重视，就在于它具有这样一种强烈的鼓舞和教育作用。

对于作家来说，要能够在作品中表现出这种革命浪漫主义，首先就要建立起共产主义的世界观，共产主义的风格。有鼓足干劲，力争上游，不怕一切困难，敢于幻想，敢于创造的精神。有“太阳太阳我问你，敢不敢来比一比”的豪迈气魄，没有这些条件，在作品中是表现不出革命浪漫主义气息的。而基本关键则自然是像毛主席所说的要长期地、无条件地、全心全意地投入群众的火热斗争；要解放自己的思想。

总之，在这样一个伟大的时代前面，我们决不能甘居下流，抱残守缺。我们的文艺工作应当来一个大革新、大解放，我们社会主义文艺的前途是光芒万丈。同志们，努力吧！

我从来没有写过诗，今天不揣冒昧地来写首不像样的诗，结束我的讲话吧：

插红旗，放百花，
一穷二白我们不怕，
六亿人民齐动手，

个个要做艺术家。
我们要在白纸上——
　　写出最新最美的文字，
　　画出最新最美的图画。

1958.6.6

继续贯彻执行
“百花齐放、百家争鸣”的方针

经过全国范围内的反右派斗争，和全民性的整改运动、双反运动，以及当前全国生产战线和文化战线的大跃进，我国意识形态领域上的面貌已经有了极大的变化。回想去年今日，乌云蔽天，而今年这个时候，晴空万里，东风压倒西风。这是政治战线和思想战线上社会主义革命的伟大成果。这使我们在继续贯彻执行党和毛泽东同志提出的“百花齐放、百家争鸣”的方针政策方面，取得了新的条件，新的经验，和新的内容。

“百花齐放、百家争鸣”的政策是党在一九五六年提出的。陆定一同志曾经对这一政策的实质，作了明确的说明。但是当时有许多人，对于这个政策是理解不够的。去年最高国务会议上，毛泽东同志在《关于正确处理人民内部矛盾的问题》的讲话中，以及在稍后的全国宣传工作会议上，又对这个政策作了更加明白和更加深刻的阐明。但是，右派分子和修正主义者却仍然听不进去，有一些人也还是不大明白。这正如毛泽东同志说的，“百花齐放、百家争鸣这两个口号，就字面看，是没有阶级性的，无产阶级可以利用它们，资产阶级也可以利用它们，其他的人们也可以利用它们。”如果不是从无产阶级的观点上去理解它们，确实会产生许多错误和糊涂的观点。资产阶级右派就是从资产阶级的观点去看待它们，利用它们的，因此，在资产阶级右派看来。“百花齐放、百家争鸣”是同党对文艺科学的领导和以马克思主义思想为指导的概念互相排斥的，既然要鸣放，就不要党的领导，也不要讲马克思主义的指导地位。他们说：大家开圆桌会议，无产阶级、资产阶级分庭抗礼就是了。他们利用“百花齐放、百家争鸣”的口号来反对党的领导、反对马克思主义和社会主义制度。事实上，超阶级的“百花齐放、百家争鸣”是不存在的，超阶级的文化自由是虚伪的。资产阶级右派实际上也不是要什么分庭抗礼，他们是要使资本主义复辟，是要以资产阶级思想的领导代替无产阶级思想的领导，这和目前国际上的现代修正主义一样，实质上是彻头彻尾的反动思想。

在毛泽东同志讲话以前，革命干部中，也有些人对“百花齐放、百家争鸣”的政策想不通，也认为“百花齐放、百家争鸣”和党的领导是互相排斥的。他们以为，执行了“百花齐放、百家争鸣”的政策，就可能削弱党的领导，模糊工农兵方向，为了保卫党、保卫文艺的正确发展方向，他们对“百花齐放、百家争鸣”的口号的正确性表示怀疑。陈其通等同志的文章就反映了这种看法。这也是一种形而上学的看法，所以也被批评了。但这种“左”的看法和右派的看法，性质上是绝不相同的。这种“左”的看法，也就是教条主义的看法，是个方法上的错误，他们主观上是为党为国的，同他们的斗争是两种方法的斗争。而右派和修正主义者的看法则是走资本主义道路的问题，我们和他们的斗争是两条道路的严重斗争。这是必须加以区别的。

其实,毛泽东同志在《关于正确处理人民内部矛盾的问题》的报告中讲得很明白,提出“百花齐放、百家争鸣”的口号,是为了解决人民内部的矛盾,是解决谁战胜谁的问题,是兴无灭资的问题,是为了在斗争中发展马克思主义的问题,是为了促进社会主义的文化的繁荣。解决这个问题不能靠强制的行政命令的方法,而应该依靠科学文艺上的自由竞赛和学术思想上的自由讨论。毛泽东同志并且明确地提出了分辨香花毒草的六条标准。所以,“百花齐放、百家争鸣”的口号,不仅不同党的领导和以马克思主义思想为指导的概念相排斥,而且是相辅相成的。只有贯彻执行这个方针,才能更加强和更有利于党对科学文艺事业的领导,更有利于社会主义的文化事业的发展和繁荣。反过来,也只有在党的领导之下,才能贯彻执行这个方针。最近刘少奇同志在“八大”第二次会议上,对这个方针又作了进一步的阐明。他说:“锄毒草,这是敌我问题,放百花,这是人民内部问题。两类矛盾,两种方法。资产阶级的反动右派自命为社会主义的百花之一。那是冒称,不能算数的。”

一年来的事实有力地证明:经过了大鸣大放,党对文化科学的领导不是削弱,而是加强了,马克思主义的指导地位不是动摇,而是更巩固更发展了。

现在,我们已经把这个口号从科学文艺领域推广到了一切领域。经过反右斗争和全民整风,经过大鸣大放、大争大辩、大字报,结果是出现了群众创造性空前高涨的崭新局面,出现了生产和文化战线上的大跃进。就文艺来说,“百花齐放”的口号是更进一步地贯彻了。过去,文艺上“百花齐放”的概念,在我们脑子里,还只是局限在所谓文艺界中。现在,是在全民范围内出现了文艺上的百花齐放。在大跃进中,全国各地都涌现出了大量的民歌,其中有很多是非常出色的。这是从群众生活和劳动热情中产生和发展起来的。不到几个月工夫,现在,已经发展到县县有民歌,乡乡有民歌。社会主义文艺的香花已经开遍在祖国的一切角落,万紫千红,互相争妍。山西有个村子里提出一句口号,叫“乡乡要出王老九,社社要有李有才”,这是何等响亮的口号,而且也将是必然的事实。在工人和战士中出现了大量的新的诗歌、小说,许多工人正在计划用集体创作的方法,写出工厂史、革命回忆录等等各种形式和各种风格的文艺作品。全民性的文艺活动正在全国范围内热烈地展开。这样,百花齐放的土壤就大大地扩展了,加深了。实际上已经不只是百花齐放,而是万花齐放了!这是一个多么巨大和深刻的变化呵!这个变化,也就是当前文化革命的一部分,它将使社会主义文艺建立在最广阔的劳动人民的生活基础上,而只有在这样的基础上,才能使社会主义文艺获得高度的繁荣。

所有这些,不正是说明了“百花齐放”的政策的进一步的发展吗?不正是证明了“百花齐放”的政策的正确和伟大吗?

在科学上的“百家争鸣”,现在最突出的表现,就是在各个战线上群众创造性的高涨,人人争先,为社会主义建设提出创造性的倡议。这也是从来没有过的现象。以前有些人以为“百家争鸣”,只能是“专家”的事情,必须是“一家之言”才能有资格来争鸣。这实际上是资产阶级学者企图垄断学术、垄断科学的一种恶劣行为。现在事实证明，许多劳动人民在科学和技术改革上的发明，是那些所谓“专而不红”的“专家”所做不到的。就从文艺来说，最近各刊物发表的一些群众的文艺评论（如《诗刊》上的“工人谈诗”），其态度的明确、尖锐，政治敏感性的强烈，也是某些“专而不红”的“文艺理论家”所望尘莫及的。在今后的技术革命和文化革命过程中，我们可以肯定，“百家争鸣”的方针将更进一步贯彻，群众在科学技术上的创造性，将有更高度的发扬。

从当前这个大跃进的局势中，我们吸取的最主要的一条经验，就是依靠群众，相信群众，在群众基础上提高我们国家的科学与文化水平。从文艺上说，是要正确地贯彻普及与提高相结合的方针。文艺和科学上的“百花齐放、百家争鸣”，不是只依靠几百、几千个科学家和艺术家来贯彻执行，而是要依靠千百万群众。不走群众路线，不是政治挂帅，要出现今天这样的新局面，是不可能的。而从这一点说，也就更证明非加强党对文艺、科学的领导不可，非要求艺术家与科学家红透专深不可。现在已经不只是科学家办科学，艺术家办艺术的时代，而是全民办科学、办艺术，全党办科学、办艺术的时代了。

“百花齐放”既然是放社会主义文艺的百花，也就是说要发展社会主义文艺的多样形式与风格。经过这多样形式与风格的自由竞赛，以促进社会主义文艺的繁荣。社会主义的文艺形式和风格应该是最多样的，因为工人阶级和劳动人民的生活内容是最丰富多彩的。右派分子说，我们的生活是公式化的，所以作品也是公式化的。这种谬论早已被事实所粉碎。

我们只要看看各地方所选集的民歌,就可以看出各个地方民歌的不同风格。甚至一个省的各个地区的民歌,也有其不同风格。地方戏也是一样,川戏与越剧风格不同,川戏的各种剧种风格又不同,我们有那么多的地方民歌,那么多的地方戏,而且还将有更多更多,我们的文艺怎么不会有极其丰富极其多样的风格内容呢?我们的文艺不仅有自己的民族性格,而且也有各地方的人民性格。中国是那么大,中国人口是那么多,我们的文艺源泉是如此深广,历史传统是如此悠久,只要贯彻执行"百花齐放"的方针,可以肯定,我们社会主义文艺的风格内容,将比任何时代的文艺风格更多样、更丰富、更高尚。自然,我们的文艺风格是工人阶级的,尽管我们文艺的风格内容极其多样、丰富,但和资产阶级文艺的各种风格,迥不相同。例如目前的各地民歌以及工人、战士的诗歌中间,固然形式多样,风格不同,但是它们都具有一种共同的雄伟、豪迈的革命精神,都具有一种革命浪漫主义与革命现实主义相结合的明朗色彩,这是资产阶级文艺所没有的也不可能有的。社会主义文艺的优越性就在于它以社会主义思想为基础,以广大劳动人民生活为源泉,使文艺活动扩展到一切劳动人民群众中去,因而才可能创造出从来文艺上所没有过的,极其丰富多样的形式和风格。

党号召我们要发扬独创性,要破除迷信,这是贯彻执行"百花齐放、百家争鸣"方针的重要问题之一。从今年各高等学校、科学机构、文艺团体的双反运动中,我们可以看到,资产阶级文化思想在我国文化学术领域中还存在着相当的影响。在不少的高等学校和研究机构中,马克思主义思想的红旗,还插得很少，或者甚至没有插上去，资产阶级思想的白旗，还在迎风飘扬。所谓厚古薄今——厚资产阶级之古，薄社会主义之今——就是这种思想情况的表现之一。这种情况必须坚决改变。去年反右派斗争的胜利，固然粉碎了资产阶级右派的进攻，但是在人民内部要彻底战胜资产阶级的思想，还是一个长期的艰苦的斗争。毛泽东同志在《关于正确处理人民内部矛盾的问题》的报告中指出，"我国社会主义和资本主义之间在意识形态方面的谁胜谁负的斗争，还需要一个相当长的时间才能解决。这是因为资产阶级和从旧社会来的知识分子的影响还要在我国长期存在，作为阶级的意识形态，还要在我国长期存在。如果对于这种形势认识不足，或者根本不认识，那就要犯绝大的错误，就会忽视必要的思想斗争。"经过这一年的思想斗争，更使我们深刻地体会到这句话的意义。因此，我们决不能因为反右斗争的胜利而忽略了同资产阶级思想作斗争。为了兴无灭资，我们必须有勇气有气魄在全国一切思想领域中去插遍红旗，拔掉白旗，决不能在资产阶级文化面前萎靡不振。资产阶级文化已经是无根之木，无皮之毛，它之所以还存在一定影响，是因为资产阶级文化往往有那么一种神秘化的面幕。我们必须揭掉这种神秘化的面幕，必须破除掉对于某些资产阶级所谓"权威"的迷信，同时也解除掉自己头脑里教条主义的束缚，应该敢于想、敢于说、敢于做，并且创造敢于想、敢于说、敢于做的环境。这就要进一步贯彻执行"百家争鸣'的方针。

无论科学或文艺的理论，总是从实践中不断创造不断发展的。社会主义的文化，更是从工人阶级的群众斗争和生产实践中创造和发展起来的。离开了政治方向，离开了群众，离开了实践，就不可能有什么独创性，不是故步自封，就是闭户造车，这是一定的道理。怕犯错误，画地为牢，决不是办法。要发扬工人阶级的独创性，首先是同劳动群众的斗争和生产实践相结合。现在的科学技术运动，文艺运动，势必成为全民性的运动。因此，要继续贯彻执行“百花齐放、百家争鸣”的方针，最根本的一条，我以为就是要坚持科学与文艺的群众路线，相信群众，依靠群众，在群众的基础上提高，从而促进我国社会主义科学与文艺的繁荣。

（原载 1958 年 6 月 18 日《学习》第 12 期）

关于“厚今薄古”问题的发言

编者按：这是中国作家协会副主席、书记处书记邵荃麟同志，六月二十八日，在西南师范学院中文系部分师生和重庆师专部分教师座谈会上的发言记录。因荃麟同志工作太忙，在这次座谈之后，很快离开了重庆，这个记录未能经他过目。其中如有差误之处，由编辑部负责。

要对“厚今薄古”与“厚古薄今”进行辩论，必须弄清“古”与“今”的概念。(“厚今薄古”提得很概括，弄得不好就会对过去全盘否定。)所谓“古”，是封建主义、资本主义之“古”，“今”是社会主义之“今”。过去也有唯物的成分；现在也有错误的东西，如修正主义，自然就要薄它了。所以“古今”不单是时间的概念。我们厚的是社会主义之“今”，薄的是封建主义资本主义之“古”。之所以这样提，是因为我们文学的目的是为社会主义现实服务，作为社会主义时代的、为社会主义服务的人，就不能不厚社会主义之“今”了。

要说明这一问题，必须首先弄清研究文学的目的。我们研究文学，不管是研究现代文学或者古典文学的目的究竟是为了什么呢？毛主席在延安文艺座谈会上曾说，文学是客观现实的反映，文学的源泉是生活，而我们学习古典文学，不过是为了借鉴，为了参考，不能把借鉴与源泉混为一谈。我们认为借鉴不能代替源泉，只能起到参考作用。而资产阶级的学者却认为文学的源泉，是几千年的古典作品，因此，只要把古书读通就解决问题，至于现实生活，那是可以不过问的。而我们的文学却是面向现实生活的，不了解社会生活、人民的生活，而只去了解古人，就不能研究好文学。历代有名的大作家首先是理解了当时的生活的。巴尔扎克写出伟大的作品，不是因为他的古书读得多，而是因为他理解了研究了当时的生活。又如：王国维所读的古书可能比鲁迅还多，但他却写不出鲁迅所写的那样优秀的作品来。原因何在呢？就因为王国维只研究了古书，而未研究生活，只借鉴而无源泉，他不了解现实生活比历史生活更为重要的意义。

在研究文学的目的性上，还有两种非马列主义的观点，一是实用主义，一是为艺术而艺术。这两种倾向都是资产阶级观点，是错误的。我们认为：社会主义文化不是从天上掉下来的，要弄清它的发展道路必须研究历史。苏联曾经出现的无产阶级文化派（拉普），就是全盘否认文化遗产的。但研究历史，接受遗产都是为了现在。如何为现在服务呢？不能太机械，必须找出文学中的两条路线的斗争。几千年来，文学中都有两条路线、两种文化的斗争，如：《诗经》里有现实主义的、人民的，也有反现实主义的、反人民的成分，有精华也有糟粕。《红楼梦》里面，有精华也有糟粕。有的人看了《红楼梦》，想当尼姑和尚，但是，五四时期，许多青年看了《红楼梦》，却反对封建礼教。可见，同一作品，起了不同的作用。我们必须找出文学中的两条路线。有人认为古代的都是好的，就是抹杀了文学中尚存在两条路线的斗争问题。因此批判地接受遗产，我们吸收的只是精华，用精华来为社会生活服务。

古与今的范围，时间虽是一个问题，但根本的问题却是观点方法，观点不对问题不能解决。观点立场是主要的。如：有人认为现在的作品很简单，我看也不见得。如：赵树理的《三里湾》大家都懂，没有什么考证的，但它所反映的现实却是复杂的。有的人对屈原生平的考证，对词句的解释很感兴趣，对《三里湾》所反映出来的现实斗争不感兴趣，这不能不是观点立场的问题。

教得好，古典文学也可以联系现在的实际。如毛主席就能很自然地运用，他以李清照的"冷冷清清，凄凄惨惨切切"来反对保守主义。又如马克思的《资本论》中，用莎士比亚作品的内容来说明资本主义社会里货币的作用。古典作品可以联系当时的历史实际，也可以联系现在的实际，问题在于弄清目的和方法。

再谈谈关于考证和资料问题。考证中也有"厚古薄今"。考证和资料是需要的，但必须首先明确，只有资料而无正确的观点，作用是不大的。毛主席早就指出过，正确的应该是马列主义观点加上历史资料。不是像有的人那样，没有正确的观点，占有资料，不仅不是资料的主人，却成了资料的奴隶，被资料占有的书呆子。其次，古代的资料要占有，但更重要的是占有现在的资料。有的人却不是这样，在他们看来只有古代的资料才多，因而他就尽量去发掘，其实现在的资料才又多又丰富，他却不去掌握了。在他们看来古代的东西就是宝贵的，神秘的，这是迷信。毛主席掌握很多古代的资料，但他更多的是掌握了现代的资料。毛主席能制定出总路线就是因为他掌握了全国各省市的发展资料，工厂、合作社的资料。不积极地占有丰富的现代资料，却两耳不闻窗外事地钻到古董中去，是错误的。因此，我们掌握资料的重点是现代的。个别的人如考古学家或屈原专家、杜甫专家……当然不同，但我们700多个中文系的同学，绝不可能都去做考古学家、屈原专家。现代的资料对于我们是重要的，因此掌握资料也要"厚今薄古"。

总之，这是一个两条路线的斗争，关系文学为谁服务的问题、世界观的问题、红与专的问题。如果是为社会主义、为人民服务，就必须厚今。如果不为社会主义服务，当然看到古代的多，现代的少，自然要厚古的。所以必须弄清目的。目的弄清了，自然不会厚古，也不会古今并重，也不会只从艺术水平出发而不管思想内容，认为李白的诗比臧克家、袁水柏的诗好，曹雪芹的小说比茅盾的好了。这是世界观问题。

"厚古薄今"(不是现在才有的问题，而是一个老早就存在的历史性的问题)这一斗争是长期的。任何时代的统治者为了巩固自己的统治，都要想方设法使知识分子与人民脱离现实，他所采用的办法就是使人民尽量往后看。如果人民往前看，他就无法统治了。如，清王朝入关后，他虽不懂古典文学，因为怕人民反抗，所以入关后的第一件事就是厚古，倡科举，读古书，钻古董。多少年来，中国成了"孔家店"。其实孔子他是厚当时的今的，但到了汉代，就把孔子捧上天了，说他是"万世师表"，于是孔夫子的书就一直读到清代、民国。他们提出"尊孔读经"就是"厚古薄今"。在这些人看来，只有古代的才好，现实的都是乱七八糟的。只有"四书五经"才值得一读。由于只往后看，读死书，死读书，读死书的结果，使中国的科学也不发达了。以上都说明了过去的统治者都是厚“古”的。可是历史上的大文学家却都是革新派，如提倡新乐府运动的白居易，反对六朝文学的形式主义，主张诗歌要有内容，要表现人民的生活，使思想解放了，这就是革新。所谓革新就是要破过去，只有这样文学才能发展，墨守成规是不行的。

到了“五四”时代，“厚今薄古”与“厚古薄今”的斗争更加尖锐起来。以鲁迅先生为先锋的革新派提出的战斗口号是：“打倒孔家店”，孔子正是“古”的典型，孔子的思想对知识分子已经统治几千年了。而厚古派是以胡适为首的，他提出了“整理国故”，后来还有甲寅派、学衡派，他们看不起白话文，看不起现代文学。认为文学的情况是“每况愈下”，像九斤老太说的：一代不如一代，现在坏，过去好。革新派与厚古派的斗争相当激烈，结果是鲁迅胜利了，革新派胜利了！抗战前，周作人大大提倡明清小品，厚古之风又起。鲁迅大加反对，他说：让那些线装书（指古书）都滚到茅坑里去吧！不是鲁迅看不起古代，而是因为他看到厚古对当时的危害，尤其是对年轻人，因此，他主张青年人读苏联与东欧国家的文学作品。这些都是社会主义或被压迫民族的文学。

到了今天社会主义时代，就来了个翻天覆地的变化，可是到现在厚古又抬头了，我们要反对它！

再谈谈继承传统与“厚今薄古”有无矛盾问题。继承传统是必要的，不继承过去就不是马列主义者。要看看过去，但目的是为了借鉴，为了参考。吸收了精华还得要消化。对这一问题有两种错误的倾向，一种是根本不要古典文学，不继承古代，这是机械唯物论；另一种却把继承传统解释成“以古代今”，这也是错误的。正确的态度是，今古都要，但继承传统不等于就要“厚古薄今”。古今相较，是有主次的。应该以今为主，绝对不能半斤八两。

要“厚今薄古”，还必须破除迷信。有人认为，古代东西少，物以稀为贵，自然就宝贵了；古代的东西难懂，也就神秘了，好像文章越难懂就越好。胡风、冯雪峰写出的文章人民就看不懂，毛主席的文章就看得懂。难道能说胡风、冯雪峰的文章比毛主席的还好吗？《诗经》的“关关雎鸠，在河之洲”，其实没有什么，正像鲁迅所说的，如现在拿去投稿，十之八九都要退稿的。可是却被孔夫子选成《诗经》的第一篇，于是大家不管三七二十一的就把《关雎》捧上天了，某些封建文人把它崇拜得五体投地。其实，文学是反映现实生活的，生活并不神秘，应该说现在的总比过去的好。周总理曾说过：有的人说月亮都是外国的好，古代的好，我看只有现在的中国的月亮才好。所以有人说过去比现在的好是没有根据的。好像《诗经》与现代的民歌相较谁好呢？我看还是现代民歌好。关汉卿是了不起，昨晚我看了他的《单刀会》，的确是好。但是，我们的《白毛女》比他的《窦娥冤》更感动人，更能教育人民。有的人迷信到这样的程度，戏的内容都没有看，一听说是大作家写的，就点头称好。我们应该相信，今天的就比过去的好。我们要轻视古代。如像过去大家迷信王国维，没有人敢批评他，可是最近报上登了一位老川剧演员的文章，他就驳斥了王国维对关汉卿的错误看法。迷信是要不得的。

总之，我们要厚今薄古，必须经过大争大辩，大破大立，才能明确方向。

（原载 1958 年 8 月《红岩》西师文学教学改革专辑）

谈厚今薄古

——在四川大学向川大和川师文科师生的讲演

一、我们的出发点和目的

毛主席《在延安文艺座谈会上的讲话》中说，我们讨论文艺问题应该从实际出发。我们现在谈厚今薄古，也应该从实际出发。今天我们的实际是什么？就是中国要在“一穷二白”的基础上来建设社会主义。总路线提出要在继续完成思想战线上、政治战线上的社会主义革命的同时进行技术革命、文化革命，进行社会主义革命和建设，在这过程中我们社会的上层建筑要有很大的变化。因此就有破有立。破与立是一场不可避免的斗争。厚今薄古是一个破与立的问题，是根据社会主义建设的需要提出来的。我们的国家这一年来的变化很大很大。我们在很短的时间内，就要赶上英国，农业方面我们的小麦已经赶上了美国，现在出现小麦亩产五六千斤、早稻亩产五六千斤的新纪录，这是世界上所没有过的。这个“一穷二白”的国家在短短的几年之内就要变成一个现代化的工业国家，这个变化是了不起的。生产力的大发展，必然促使文化的大发展。这半年来，文艺的发展形势也是非常惊人的。文学运动已经是全民性的文学运动了。我这次到湖北、四川，同时又接触了湖南、河南、江西各省的同志，每一省群众文艺创作者都是几十万。比如湖南就有三万四千个工人农民文艺创作组，江西省也有三万三千个创作组，四川省的群众文艺作者，据估计恐怕在一百万人以上。全国就会有几千万人的文艺大军。这样规模广阔的全民性的文艺运动，过去谁也想不到的。现在产生那么多民歌，民歌里那么多好作品，也是我们过去没有想到的。我们国家每天都出现世界上没有的事情。为什么有这样巨大的变化，有这样空前高涨的创造性呢？道理很简单，就是生产力的解放促使思想大解放，思想解放又促进生产力大发展。我们党掌握了这个客观规律，提出了鼓足干劲，力争上游，多快好省地建设社会主义的总路线，依靠群众的力量，发扬群众的智慧和创造性，要把我们国家在短短的几年之内变成现代化的工业国家。这是马克思列宁主义的伟大胜利，是唯物论的伟大胜利。在这个新形势下，我们的科学、教育、文艺工作都将有很大的革新。文学是反映生活的，现实生活是轰轰烈烈，天天在变，如果我们的文学家或学文学的人脱离了这个轰轰烈烈的现实，还在这里“寻寻觅觅，冷冷清清”，那就太不相称了。我们的文学、教育和一切思想工作，必须为这个社会主义建设服务，必须厚这个社会主义之“今”，否则就要脱离实际，脱离群众。厚今薄古就是根据这个实际形势的要求提出来的。

你们在学校里学习文学，中国最古的文学是商代文学，商代文学中有篇《汤盘铭》，只有三句话：“苟日新，又日新，日日新。”可见几千年以前，这个汤王就在讲“日日新”。现在我们读古典文学，如果反而厚古薄今，那岂不变成“苟日古，又日古，日日古”了？我们生在社会主义时代，不去厚社会主义之今，却去厚封建、资产阶级之古；我们讲现实主义，而不面对当前社会主义的现实，却津津有味地去学古人，岂不是做现代的古人？《儒林外史》里描写王冕，穿着古代的衣服，戴着古代的帽子，驾着牛车，在乡下摇摇摆摆，这就很不像话。我们切不要做现代的古人。我们是历史唯物主义者，历史唯物主义者承认历史是发展的，生活是发展的，反映生活的文学也是发展的。厚古薄今的人是不承认这种发展的，所以他们说“今不如古”，右派分子也说“今不如昔”，这都是反历史唯物主义的，是资产阶级的唯心论。我们要反对他们。这是一场两条路线的斗争。

我们现在高等学校辩论厚今薄古的问题，因此也要从高等学校的实际出发。这就是要明确我们的教育和学习的目的。教育目的有几种：为学文学而学文学，这是一种目的。抱这种目的，其结果是培养出“为艺术而艺术”的文学家，我们反对这种目的。另外一种目的是实用主义，完全讲实用，现炒现卖，不要系统的学习。实用主义也是一种资产阶级唯心主义，我们也反对。我们学文学的目的就是要培养出又红又专的文学工作者，能够以文学服务于人民、服务于社会主义的人，我们要立志作一个又红又专的文学家，不立这个志，没有这个目的，厚今薄古的问题就会想不通，或者口头承认，而心里并不承认，或者理智上接受了，而感情上接受不了。

同学们提出中文系学生毕业之后的出路问题。出路问题当然也是目的，但是次要的目的。毕业以后做什么工作，首先要从如何以文学服务于人民、服务于社会主义为前提，而不是单纯的职业问题。出路问题，在我们社会里是不成问题的，出路十分广阔：做研究工作、教学工作，做文艺刊物编辑工作，都是出路。但是我觉得，最广阔、最好的出路，还是直接为工农群众去服务。在这个文化大普及、文艺大普及的形势下，需要大量的文学艺术干部，文化馆，农业大学，农业中学，工人农民的报纸、刊物，农民读物，大量创办出来，都需要大批人去做工作。目前文学工作上一个迫切的任务，就是要真正解决文艺与群众相结合、普及与提高相结合的问题。我觉得直接参加群众的文化工作、文艺工作，是和群众相结合的最好工作岗位。也许有些同学觉得这是大材小用了，我看不是。要“大用”就要到群众中去，否则就不会有大用。毛主席不是说，有出息的文学家要长期地、全心全意地、无条件地投入群众火热斗争中去吗？有些同学想到文学研究所，想到刊物编辑部去工作，觉得很清高。这种清高思想很要不得。那些地方固然也需要人，但一则为数不多，二则，即使做研究工作、编辑工作，也要解决与群众结合问题。如果从课堂到研究室、编辑室，而不结合群众生活，那不但研究、编辑工作做不好，而且很危险。去年反右派斗争中，这些地方出的右派分子很多，就是因为这些人长期脱离政治，脱离群众生活，脱离实际，修正主义、个人主义就是这样滋长出来的，这个教训值得我们深刻地去接受。“万般皆下品，唯有读书高”的清高思想必须打倒。

有同学问高等学校毕业后教农业学校或小学是否合适？我看不应该看不起小学教师。赵树理同志就是小学教师出身，他的《小二黑结婚》《李有才板话》就是当小学教师的时候写的，我们很多老作家都当过小学教师或者民众学校教师。我年轻时候做革命工作，在工厂区里面搞一个民众夜校，晚晚去上两个钟头的课，一边教书，一边做革命工作，味道好得很。同学们去实践一下，就会感到要比在研究室里生动得多，思想上进步会快些，文学上进步也会快些。也许同学们想既然要为群众服务，那么我学的这套诗经、楚辞、汉赋、唐诗就没有用了，岂非学非所用？我看也不然，学问只有结合生活，才会有用，才会变成活学问。《诗经》中《国风》就是民歌，你不懂农民生活，就不能真正理解《诗经》。基本问题是建立为群众及如何为群众的观点。这个问题想通了，出路问题就不会苦闷了。作家尚且要长期到工农群众中去，学文学的同学，更应该这样。

有的同学想当作家。我相信我们在座的同学中间，将来是会出作家的，但作家不是靠读四年中文系读得出来。作家是从生活中培养出来的。第一个社会主义大作家高尔基，就是从生活中出来的。他的《我的大学》，就不是你们这个大学，而是工厂农村。现在我们大多数的作家，多半都没有进过中文系，包括鲁迅、郭沫若、茅盾都是如此。赵树理更是“土包子”。要当作家，首先就是跟群众结合，不跟群众结合，不跟生活结合，作家就很难当得成功了。

文学教学和学习的目的明确了，厚今薄古问题在思想上就容易想通了。我们学文学是要使文学变成我们的武器，拿起这个武器为社会主义服务。首先抓住这个目的，然后在课程改革、教学改革中怎样厚今，怎样薄古，才有了个方向；毕业以后干什么，也有了个方向。出发点、目的不搞清楚，厚今薄古的辩论也可能钻到牛角尖里去的。

二、如何理解厚今薄古

我们讲厚今薄古，当然不等于去古存今，而是古今的关系如何摆法的问题。什么叫厚今？是厚社会主义之今。现代修正主义、现代资产阶级文学也是“今”，这个“今”我们不仅不厚，而且要打倒它。所谓薄古，是薄封建、资产阶级之古。古典文学中间有民主的精华，我们是尊重的。但古典文学中的民主精华总没有现代社会主义精华丰富，就应该有厚薄之分。社会主义之今，是我们的目的，是主要的，接受古典文学遗产，是为了借鉴，为了服务于今，借鉴不能代替创造，所以是手段，是次要的。把它们颠倒过来就不合理了。又要厚今薄古，又要讲继承传统，这两者关系怎么样？是不是矛盾呢？我想不是矛盾的。古今的关系，有唯心主义的看法，也有唯物主义的看法。唯心主义的看法也有几种，有一种是根本否定传统，不要遗产，对古典文学采取虚无主义态度，这个态度是错误的。苏联十月革命后有个无产阶级文化派、拉普派，他们对古典文学就是采取虚无主义，不要传统，列宁狠狠地批评过他们。这是割断历史，反历史主义的。中国有个胡风，他对古典文学就是采取虚无主义，他说现实主义是外国移植过来的，鲁迅以前，中国没有现实主义，在反胡风斗争中，大家已经批判过了。另一种人，就是盲目崇拜古典文学，没有批判，说文学今不如古，像绍兴酒、大曲酒一样，越陈越好，而对现代革命文学则采取虚无主义态度。这就是现代主张厚古薄今的人。在他们看来，仿佛历史向前发展，文学则往后退。这也是反历史主义。现代修正主义者，像胡风、冯雪峰这些人，特别是胡风，他既不重视中国的古典传统，也不重视中国的现代革命文学，只重视欧洲十九世纪的资产阶级文学，这也是一种厚古薄今。冯雪峰劝臧克家办十九世纪的《诗刊》，也是这个道理，实际上就是反对社会主义的文学。我们是历史唯物主义者，我们首先肯定文学必须面对当前的现实，必须为工农兵服务，为政治服务。我们又承认社会生活是历史地发展过来的，文化也是历史地发展过来的，所以我们又要站在历史唯物主义的立场，有批判地去继承古代文学的传统。接受遗产、继承传统是为了丰富我们社会主义的文学，厚今薄古和继承传统，在我们看并不矛盾，都是为了社会主义，而在资产阶级看来，讲继承传统就是厚古或复古，这是反历史主义的看法。所以说厚今薄古与厚古薄今是历史主义与反历史主义、唯物论与唯心论两条道路的斗争。

有人说，不应该拿古今来分厚薄，应该用真理来做标准。那么，真理是什么呢？真理就是马克思主义。现代工人阶级掌握了马克思主义，创造了社会主义社会，真理就在我们手里。要讲真理，古人就没有那么多真理，要讲真理做标准，那么也仍然要厚今薄古。

又有人说，应该讲古今并重，博古通今。我们说，通了今才能博古，不通今怎能博古？《三国志》中的诸葛亮被称为博古通今，我看他还是个现实主义者，所以才把曹操打败了。我们有许多学问家很博古，可是就不通今，因此对于社会、人民就没有什么多大贡献，或者简直是古董商。

厚今薄古和厚古薄今不但现在有，历来就有。历来的反动统治阶级总是厚古薄今的。他们怕人民“造反”，要束缚人民的思想，让他们朝后看，然后捧出古人来叫大家盲目崇拜。汉朝罢黜百家，独尊儒家，把孔夫子捧为万世师表，如此以后，拜孔夫子拜了近两千年，把中国拜得“一穷二白”，到了鸦片战争，外国人的大炮打进来，孔夫子的道理究竟不顶用，几乎把国家都亡了，这以后才有新旧学之争。到了五四运动提出打倒孔家店的口号，这是当时厚今薄古的一个响亮口号。打倒孔家店就是要薄孔子之古，厚民主之今。五四以后，复古派尾巴又翘起来了，胡适提出“整理国故”，章士钊等人办《甲寅》杂志、《学衡》杂志，大讲厚古。那时鲁迅、李大钊、瞿秋白等就向他们做斗争。当时还有孙传芳、吴佩孚这些军阀，大字识不了几个，可是他们也要厚古，下命令尊孔读经。蒋介石上了台，也要尊孔读经。可见反动统治阶级总是要厚古薄今。而革命派则总是厚今薄古。鲁迅就是一个彻底的厚今薄古派。抗战以前有些人提倡读《庄子》，读晚明小品，鲁迅很生气，反对得很激烈，叫年青人不要读线装书。当时在蒋介石统治下，每天都有许多青年被残杀，而却叫青年人去读《逍遥游》《秋水篇》，这怎不叫鲁迅生气？当然，现在我们所讲的厚今薄古，和五四时候的内容又有所不同。五四时是厚民主之今，薄封建之古，我们现在是厚社会主义之今，薄封建、资产阶级之古。这是由于时代不同，要求也不同了。我们现在提出厚今薄古的口号，正如前面所说的，是为了使我们的教育、科学、文化，结合实际，为社会主义建设服务，坚决反对那种脱离实际、脱离政治的资产阶级唯心主义倾向。这是无产阶级思想与资产阶级思想的一场斗争。

三、如何对待古典文学，怎样古为今用

厚今薄古与厚古薄今既然是唯物论与唯心论的斗争，所以它是个世界观问题。如何对待古典文学，首先也是这个问题。这个问题不解决，只在教什么、如何教等问题上去研究，也还是不能根本解决。中文系古典文学的比重要减少，教材要精简，这是必要的，但更重要的是用什么观点去教去学。譬如《楚辞》、《红楼梦》应该算有积极意义的作品，可是教得不对头，学得不对头，也何尝不会引起消极悲观的作用。有些人读了《红楼梦》，就想学林黛玉去葬花，这不是《红楼梦》不好，而是读的人世界观有问题。有人问李清照的《声声慢》这样的作品以后能不能教？我看问题不在这个地方，而在于用什么观点去讲，用唯心论的观点去教，还是用唯物论的观点去教？有批判的教还是无批判的教？有批判的教也可以警惕我们，不要有那种“寻寻觅觅，冷冷清清”的感情。当然，教材应该选人民性较强的作品，但用禁止的办法是不成的。我们应该培养同学有鉴别批判的能力，这就首先要求教师自己有鉴别批判的能力。世界观问题不能解决，那么一系列的问题就不能解决。

有人讲，理智上承认了应该厚今薄古，可是感情上总觉得古典作品容易感动人，容易引起共鸣。李清照、李煜的词，也知道它不健康，可是读起来就觉得比现代作品有味道。这是

什么问题？我看就是世界观的问题。所谓学术上的共鸣，是指作品中所表现的某种思想感情和读者的某种思想感情相结合，社会的生活是发展过来的，现代的人不但可能理解古代人的生活，并且在一定程度上思想感情可以真相通；但是另一方面，人的思想感情总是受他的时代和环境生活所支配，不同时代、不同阶级的人，在思想感情上就有距离。不承认前一点，就无法说明古典作品为什么能引起我们共鸣；不承认后一点，那就会变成超阶级论者。正因为这样，所以某些古典作品，对于某些人容易引起共鸣，而对另外一些人则引不起共鸣。旧知识分子中，许多人对李煜、李清照感到亲切，主要是因为他们多半出身于没落阶级，因此他们的思想感情上，多少和那些词人具有共同的基础。尤其是在轰轰烈烈的日子里，有些人仍然恋恋不舍于“寻寻觅觅，冷冷清清，凄凄惨惨戚戚……”的感情，说得率直一点，多少是反映着一种没落阶级的共同感情。如果把这些词，解释给劳动人民听，或给经过革命锻炼的干部读，那就很难引起这种共鸣了。

一个人的思想感情，是随着生活而变化，原先喜爱这类诗词的人，在思想感情改变以后，他对于文学作品的欣赏态度，也就会变化，这是很自然的事情。所以，我们决不能得出这样一个逻辑：某些作品能够引起我们的共鸣，所以就是好的作品，这是唯心主义的观点。事实上，即使某些伟大古典作品，对于各个时代各个阶级的人，都可能引起共鸣，但是引起他们共鸣的思想感情，却也并不相同。例如，有人是爱好林黛玉那种缠绵悱恻的恋爱感情，有人则是爱好她那种敢于反抗的精神；有人喜爱杜甫的《三吏》《三别》，有人则喜欢他晚年抒发哀愁的作品。这说明一个事实，不但文学作品有它的阶级性，就是人们对于文学作品的欣赏和理解，也必然是有一定的阶级观点。正因为这样，才有各个不同阶级不同的对文学批评的政治标准和艺术标准。对于现代作品，也是一样，有人说现代作品不能引起共鸣，这并不能证明现代作品不好，如果你对现代人民斗争生活不熟悉，或者缺乏现代人民那种革命的思想感情，即使这些作品再好，你也是无法引起共鸣的。唯心主义者对待文学作品，总是片面地强调主观的感受，因而就否认艺术的政治标准。唯物主义者则首先从正确的立场观点上去认识作品中所反映的客观真实性和其社会价值，因此要求政治与艺术的统一，而以政治标准为第一。这是唯心主义者与唯物主义者在对待古典作品上一个基本区别。

讲到真实性，又有人说，像李煜、李清照的词，固然不很健康，但究竟是表现了真情实感，是具有艺术的真实性的，不能贬低它们的艺术的价值。这里牵涉到什么是艺术的真实性的问题，这个问题曾经被资产阶级和修正主义者弄得混淆不堪。所谓真实性，究竟是指作者自身写作时的真情实感呢？还是指作品中反映出来的历史的真实呢？毫无疑问，一部好的作品，作者的感情总是真挚的。但是所谓真挚的感情，总有它的社会基础。李煜、李清照的词中所表现的感情，就其本人来说，当然是真挚的，而且他们还是以高度的艺术技巧表现了他们的真挚感情。但是这种情感的基础是什么呢？这种情感健康不健康呢？而更主要的是从这些作品中所反映出来的历史真实性又有多少呢？马克思主义者所谓艺术的真实性，首先是指艺术作品中所反映出来的历史真实性，恩格斯对巴尔扎克，列宁对托尔斯泰的评论，主要的着眼点都在这里。伟大的古典作品的价值，首先表现在这里。譬如《楚辞》，不仅表现了屈原那种浪漫主义的追求精神，并且反映了那个时代的历史斗争。杜甫的诗充分反映了安史之乱以后的社会矛盾和人民生活。《红楼梦》、《水浒传》都写出了一个时代的历史面貌。这些作品不但从社会本质上反映出历史的真实，而且表现了作者对于社会生活的鲜明的态度或强烈的政治感情。正因为这样，所以这些作品不但给予我们以强烈的感染力量，并且具有积极的教育意义，也正是从这些意义上，我们才能理解政治性与艺术性对立的统一。屈原、杜甫等人，就是因为有进步的强烈的政治感情，所以才能够真实地反映出当时社会的矛盾和斗争，而由于他们真实地反映这些矛盾和斗争，才使他们的作品具有更伟大的艺术力量。而在李煜或李清照的作品中，除了反映他们个人的伤感情绪以外，我们又能找到多少这样的真实性呢？

我们常常喜欢用“人民性”“现实性”这样的概念去分析古典作品。但所谓“人民性”“现实性”并不是标签，而应该是从作品所反映的历史内容中去说明，否则一切作品都给贴上这两条标签，这就变成教条主义了。我们又常常喜欢用“历史局限性”一语，把古典作品的一切缺点都掩盖了，这也是教条主义的办法。古代作家的时代局限当然是有的，但只能说明他们对于现实认识上受到时代的限制，而不能作为他们倾向性的辩解。区别古典作品中的民主精华和封建糟粕，我认为主要就是在倾向性的问题上去区别，也就是毛主席所说“必须将古代封建统治阶级的一切腐朽的东西和古代优秀的人民文化即多少带有民主性和革命性的东西区别开来”。

对待古典作品的正确态度，我想应该以历史主义的态度去分析它们，和以马克思主义的立场和观点去评价它们。我们既不要故意去美化古人，也不要故意丑化他们，既不用古人的观点去评价古人，也不要把现代人的帽子戴到古人的头上去，既反对超阶级的唯心主义观点，也反对贴标签式的教条主义方法，应该实事求是，给它们以一定的科学地位和科学的评价，从而剔除其封建性的糟粕，吸收其民主性的精华。这才是对于古典文学真正的尊重，既不是颂古非今，也不是无批判地兼收并蓄，盲目崇拜。

同学们批判了那种今不如古的说法。这种说法就是反映了那种颂古非今的思想。这是牵涉了对于文学评价的问题。对于文学的评价，也应该首先从为什么人的问题出发。现代社会主义文学虽然还是在新兴的时期，但是它是以战斗的姿态，直接为劳动人民服务的。作为文学作品的主人公主要就是劳动人民，这是过去的文学所没有的。就这一点，我们就应该给予它以崇高的评价。文学是反映生活的，生活发展得这么快，而反映生活的文学却今不如古，这是很难想象的。这里我看是有一种迷信的观念在作怪。任何新的事物出现，总会受到一些人的反对。《红楼梦》《水浒传》现在公认是好书了，但以前是被认为是“诲淫”“诲盗”的禁书，不准公开看的。普希金现在是没有人反对了，但普希金在当时就遭受过许多人的反对。果戈里一出现，在小说里描写穷苦的小人物，当时许多人就诅骂他，可是别林斯基却大力肯定他，就是因为他敢于以这些穷苦贫民为作品的主人公，并且指出果戈里这种创造是给文学带来新的特质。我国左联时代的革命文学，也是遭受资产阶级的反对的，但是鲁迅就肯定这是中国唯一的文艺。可见厚古薄今的倾向中外古今都有，都是经过斗争的。现在出现在我们作品中，已经不是果戈里时代的人物，也不是左联时代的人物，而是崭新的社会主义时代的工农兵了。这应该说是文学上更大的一个发展，为什么倒反而鄙薄它们呢？1942 年以后，赵树理同志的《李有才板话》《小二黑结婚》和李季的《王贵与李香香》等作品一出来，胡风之流就死不承认，说不能算艺术。可见这是两种立场、两种世界观的问题。毛主席一再指示我们，新生的东西总是要经过斗争才被承认。马克思主义者就是要支持新生的力量。对于现代社会主义文学，我们就要采取这种鲜明的肯定的态度，反对那种颂古非今、厚古薄今的态度。

有人说，现代作品内容虽然好，可是艺术水平就不如古典作品。我看也不尽然。首先，艺术形式和内容是不能截然对立起来的。我国革命文学还不到 40 年历史，而我国封建时代的文学却有两三千年历史。这是两种不同性质的文学。这样来作比较，本身就不科学。而且即使从艺术的水平来说，现代革命文学在短短几十年中的成就和发展，和两三千年的封建时代文学的成就和发展相比，难道还不如吗？各个历史时代，总有一些杰出的伟大作家。像屈原、李白、杜甫、曹雪芹、施耐庵等，这些都是有典范性的人物，而在我们这短短 40 年间，出现了鲁迅、郭沫若等伟大作家，尤其是毛主席在诗歌上的贡献，难道不能说是突破了文学上历史水平吗？而且我们相信，在这个新时代中，一定还将出现在艺术水平上超过于鲁迅，超过李、杜的作家和诗人。毛主席《沁园春》中说:“数风流人物,还看今朝。”我们应该有这样的气概,有这样的看法。何况对文学的历史的评价,不应仅仅从少数杰出的作家来看,而要从整个文学的发展来看;那更没有理由说“今不如古”。以小说来说,宋、元、明、清四代最杰出的长篇小说,就不过《红楼梦》、《水浒》、《三国》、《儒林外史》几部,至于在短篇小说方面,我们现代的作品,更无疑问是远远超过宋人平话和明人的《三言》《二拍》的水平了;在戏剧方面,难道我们现代的戏剧,还没有超过元曲、《六十种曲》吗?现在有些人,对《诗经》崇拜得很,而对目前的民歌就是瞧不起,难道说现在的民歌反而不如奴隶社会时代的民歌吗?现在教古典文学都讲人民性、现实性,那么现代作品中的人民性、现实性难道反而不如古典作品吗?这在情理上也说不过去的。这仍然是那种神秘的迷信观念在作怪。我想,如果现代作品中某些艺术的描写,是出现在古代作品中,印在宋版明版的书本上,许多人就会磕头礼拜,只是因为是现代活人的东西,所以就瞧不起。人一死,评价就不同,这是很奇怪的逻辑。对鲁迅,现在大家都钦佩他,可是鲁迅活着的时候,许多资产阶级的教授就不肯承认他。对于现代作品也是一样,右派分子刘绍棠说1949年以后作品不如1949年以前作品好。右派分子这种说法是别有用心的,但是也有些人,抱同样的看法。他们说民主革命时期的作品,比较亲切,好分析,社会主义革命时期作品,一览无余,不亲切,也没有什么可以分析。这更是没有根据。实际的情况是这些人自己不熟悉社会主义时代的人民和生活,缺乏社会主义的思想和感情,所以就感到不亲切,也不能分析了。把他们这种看法和广大人民去比较一下，就立刻比出究竟是怎么一回事。所以根本的问题是在自己的头脑，自己的世界观。对一切事物只从自己的头脑出发，从自己的感受出发，这就是主观唯心论；从客观存在，从现实生活出发，就是唯物论。鲁迅小说《风波》中，有个九斤老太，就讲“一代不如一代”，这些讲“今不如古”的人，我看很有些像九斤老太。九斤老太是个促退派，我们不要做这样的促退派，要做促进派。

学文学，总是要向前看，而不是向后看，毛主席说过：“对于人民群众和青年学生，主要地不是要引导他们向后看，而是要引导他们向前看。”（《新民主主义论》）现在辩论厚今薄古问题，又是向前看还是向后看的问题。如果是向前看，那么倒应该说，我们现在的文学状况，还远不能适应当前社会主义建设飞跃的前进，因此要加倍努力来提高现在文艺的思想水平和艺术水平。

厚古薄今、颂古非今应该说是一种奴隶思想。奴隶当惯了，看不起自己，不相信自己，在封建、资产阶级的文化面前，萎靡不振。不去掉这种思想，文化的创造性和革新精神是发扬不出来的。

同学们提出：如何古为今用？这是一个实践的问题。有人说，古典文学中没有社会主义和共产主义，怎样能为当前社会主义服务呢？这样说法是不理解文化的历史发展作用。毛主席说：“中国的长期封建社会中创造了灿烂的古代文化，清理古代文化的发展过程，剔除其封建性的糟粕，吸收其民主性的精华，是发展民族新文化，提高民族信心的必要条件。”古典文学中，反映了我们祖先的劳动斗争生活，反映了我们民族文化的发展过程。这些遗产对于今天社会主义的上层建筑是很有用的材料。一个文学家不仅要了解当前人民的生活(这是主要的),也要了解中国人民生活是怎样发展过来的,了解我们的民族历史、民族性格和民族文化的发展过程,然后才能够创造出具有深厚的现实主义内容和民族风格的好作品。鲁迅就是一个例子。鲁迅是非常了解自己民族的一个作家,所以他的作品不但深刻地写出了中国人民的灵魂和性格,并且创造出最富于民族色彩的卓越风格。要能够做到这样,就得用正确的科学观点,清理古代文学的发展,善于区别其糟粕和精华,吸取其有益养料,经过消化作为发展新文学创造新文学的条件之一。

毛主席过去对戏曲工作的指示中,说要“百花齐放、推陈出新”。这推陈出新,就是要在批判地接受传统的过程中创造出具有社会主义新内容、民族形式的文艺。譬如最近党指出中国新诗歌应该在民歌和古典诗词的基础上去发展,应该采取民族形式,在方法上应该是革命浪漫主义与革命现实主义的结合,这就是科学地总结了几千年来诗歌创作的历史经验,而加以发展和革新。这是古为今用的一个很好的例子。这并不是叫我们学古人去做旧体诗,而是说要在历来民间文学和古典文学的基础上去创造出现代的社会主义文艺,这不但对诗歌如此,对其他文学形式也应该如此。好的文学史应该是过去的创作经验和文艺思想斗争的总结。任何新的理论总是根据于过去的经验,结合于当前的实际,在科学的唯物主义观点指导下创造出来的。我们学文学史,学古典文学,都应该掌握这个精神,这个方法,其目的就是为了“出新”。既然是为了

“出新”，那就没有理由去厚古薄今或颂古非今。

古典作品中，许多是反映了我国人民的勤劳刻苦英勇斗争的性格和生活的。这些作品，加以正确的处理，正确的阐释，在今天仍然具有教育人民鼓舞人民劳动斗争的积极作用。在目前大跃进中，许多民歌就常常引用古典作品中的形象来作比喻，譬如“青年伙子赛武松，老汉超过老黄忠”，劳动人民对于古典作品这些形象，不但熟悉，并且喜爱。只要正确地处理，并不能说，这些古典作品没有社会主义，就不能鼓舞教育现代人民。

如何正确地对待古典作品，如何古为今用，基本问题是观点和方法的问题。也就是前面所说的，是世界观的问题。

四、什么叫学问，怎样占有资料

学问有两种，一种是死学问，一种是活学问。死的是食古不化，所谓读死书、死读书、读书死。对实践不发生作用。活学问是科学地总结了以前人的经验结合实际来指导当前的革命实践，从实践到理论，理论又指导实践，这就是学问的作用。学问不能够指导实践，这就不叫学问，看一个人有没有学问，不在于看他书读得多，而要看他所学习的能否正确地指导实践。哪一个能正确地解决问题，能够指导实践，能够解决问题，学问就大些，解决得不行或者不能够解决问题，学问就小些。王国维是有学问的人，鲁迅也是有学问的人，他们两个人哪个学问大？我看鲁迅学问大得多。因为鲁迅的学问对革命对文艺的实践起的作用，此王国维不知大得多少。可是以前资产阶级教授就不承认这一点，他们认为鲁迅不过写了《中国小说史略》《古小说钩沉》，算是学问，而王国维的著作要比鲁迅丰富得多，于是把王国维捧得了不起，而对鲁迅写杂文，就觉得可惜，或者瞧不起。至于革命政治家，在他们看来反是不学无术，可是革命政治家把中国革命问题解决了。他们又说，这是政治，他们又把政治和学问对立起来。在他们看来学问好像是与政治无关的，学问好像是一种不开花结果的东西，是一种脱离实践的东西。这也就是唯物论与唯心论者对于学问的两种不同理解。

在他们看来，什么叫学问呢？就是占有资料多，读书多，考据多。资料要不要占有？占有资料是必要的。做学问没有资料不行，但是占有资料必须要有正确的观点。

毛主席讲，材料加观点，这才完全。他说我们有些同志有一大堆材料没有观点，有的同志有正确的观点而没有材料，这都不完全。观点是马克思列宁主义的观点。没有观点，那就不能占有资料，而是资料占有了你。俞平伯研究《红楼梦》，他占有很多资料，脂砚斋《红楼梦》本过去谁也没有看到，全国就是他一人看到，可是他的观点是唯心论，结果被一个大学生李希凡打倒了。资料有古的资料，也有今的资料，有人认为古代资料才是资料，现代资料就不算数。这种说法很奇怪，其实还是那个厚古薄今的观念在作怪。只要想一想现在的资料过了一二百年不也就是古代的资料了吗？那么为什么现在不去占有，而必须过一二百年后才去占有呢？事实上，不占有今天的资料，不了解目前的问题，那也就很难有正确的观点去占有古代的资料。现在每天的报纸就供给很多资料，可是有人却连报也不看。这是什么治学的态度呢？鲁迅是占有古代资料的，亲笔抄就抄了很多。可是鲁迅天天占有现代资料。他每天剪报，许多文章，就是靠剪报的资料写出来的。所以鲁迅才能博古通今。毛主席强调调查研究，调查就是要占有资料，研究就是用马克思主义观点去分析、研究材料，这样资料才会变成有益的东西。脱离了现实钻在故纸堆里，那是书呆子，其结果是被故纸堆所压死。

考据也还是要。但考据有个目的，为什么考据？总不能为考据而考据。现在有些人就是为考据而考据，这就成了考据癖。北京有人在考证司马迁是否受过宫刑。这样考据实在太奇离了。外国也在考证莎士比亚这个人有没有。莎士比亚作品有这样多，还在考据有没有这个人，这岂不滑稽么？有人说，搞学问就要搞冷门，这是一种恶劣的机会主义。有些搞考据的人，是从这种心理出发的，这实际上是和"一本书主义"一样，是种腐朽的资产阶级思想。

什么是学问，最好多读读毛主席的《实践论》。主要是解决理论与实践的结合关系。毛主席又说，搞学问首先要方向搞对，方向不对，读了一肚子书，也读不进去，就成了书呆子，搞对方向，结合实际，这就是治学的基本态度。

要讲学问首先要打破迷信，打破神秘观点。庙宇的大门口有哼哈二将，庞然大物，吓人得很。迷信和神秘，就是学术界的哼哈二将。我们先要打倒这哼哈二将。不破除迷信，不打倒神秘，厚今薄古问题就很难解决。我们中间迷信多得很，迷信古人，迷信西洋，迷信教条，迷信经验。有了这些迷信，思想就不能解放。中国人迷信孔子，迷信了几千年，"五四"运动把它破了。后来又有人迷信康德，迷信黑格尔，带来了洋教条。所谓“言必称希腊”就是和“言必称尧舜”一样是迷信。有些东西本来是好的，但一迷信也就不行。学马克思主义也不能讲迷信，马克思主义是创造性地发展的，一迷信，也会变教条。总之，迷信是创造的对头，有了迷信，就没有创造。我在汉口时，省委书记告诉我一件事。农民同志一亩产二千斤麦子（现在六千多斤了），专家就不相信，说这不可能，于是让他们自己去割、自己去捆、自己去过秤，四个专家称的结果还是两千多斤，但是两位相信、两位不相信，争论了半天，两位相信的专家中也有一位不相信了，问他为什么不相信呢？他说书上没有。你们想，这迷信多可怕！

现代文学家中有个王国维，是被称为“权威”的，许多教授不敢碰他一个字，我这次到了重庆时，看到川剧老艺人张德成写了一篇纪念关汉卿的文章，就批评了王国维对关汉卿的评价，很多高级知识分子大学教授不敢碰，我们的七十三岁老艺人张德成先生就碰了他一下，我看他就有破除迷信的精神。对学问的神秘化，也是封建、资产阶级搞出来的。封建阶级、资产阶级文学家要把文学据为少数人所有，就把它弄得很神秘。欧洲资产阶级把文学叫做象牙之塔，塔就神秘，还要象牙，于是工农大众便被禁止入内了。资产阶级要神秘、要迷信、要厚古薄今，都是互相联系的。现代修正主义者也把文艺弄得神秘得很，他们反马克思主义，又要挂马克思主义的招牌，不能自圆其说，因此只有神秘化之一法。所以胡风、冯雪峰的文章都很难懂，他们就叫你看不懂，然后靠神秘化来征服你。现在欧洲没落资产阶级艺术有什么象征派、现代主义、野兽主义、未来派等等，他们的绘画雕塑，弄得谁也不懂，他们自己也不懂，可是越不懂就越值钱，这不奇怪吗？这就是资产阶级文化没落时期的表现，文化没落了，没有生命了，只好靠神秘化吃饭。现在研究古典文学和文学理论的工作中，也还有很多神秘化的东西。我们要撕掉这种神秘的帷幕。

文学是生活的反映，生活并不神秘，文学又有什么神秘呢？毛主席《在延安文艺座谈会上的讲话》明明白白，大家都看得懂，有什么神秘呢？可是胡风之流就说毛主席的《讲话》是ABC，现在也有些人说毛主席的《讲话》是政策，不是学问——只有他自己的讲义，才是学问。这是什么话？毛主席的《讲话》解决了文艺上的许多原则性的问题，是现代文学理论中最宝贵的文献。它在文学实践上起了很大指导作用，人人都看得懂，这都不算学问，而那些糊里糊涂不解决问题的倒算学问，天下哪有这样的逻辑？

对于学问的概念，确实是要澄清一下。现在有些工人农民的技术发明家，进到科学院研究机构中去了。这是一件好事情。就应该承认他们是有学问的人，而且他们还要做科学界、文学界的主人。马克思主义或马克思主义的文艺，并不是靠咬文嚼字、引经据典能搞出来的。真正的学问是要理论与实际相结合，学习与生活实践相结合，相信客观，依靠群众，站稳立场，搞对方向，掌握规律，掌握方法，敢于创造，敢说敢做。这就是马克思主义的治学途径。

现在中文系的古典文学课程要精简，有些人在发愁，这么多的古典文学中这么多的作品，怎么教法，怎么学法？我看这问题并不大。治学问的方法，主要是要找到钥匙。有本领的教授要能把钥匙给学生。许多书，同学自会去读的，否则即使四年中间，全部去读古典作品，也未见读得完。这钥匙就是马克思主义的认识论和方法论，就是辩证唯物主义和历史唯物主义。我们要加强马克思主义的学习，并且把它和实际结合起来。也正因为这样，所以我们要厚今薄古，要又红又专。

五、厚今薄古的关键在哪里

前面说过，厚今薄古是世界观的问题，解决这个问题，靠大辩论、大字报，都是很好的办法。但还有一个根本问题，就是要解决与群众相结合的问题。这是改变我们思想、立场、观点的根本问题。我们研究文学，不去研究现实，那就解决不了问题；要研究当前的现实生活，又不同群众结合，那就不能解决世界观的问题。世界观问题不解决，厚今薄古的问题也不能解决。破与立是长期的斗争，毛主席说知识分子革命不革命或反革命，基本关键就在于是不是与群众相结合。这是毛主席思想中最基本的一点。学文学必须到群众中去，参加劳动，参加锻炼，同群众结合。这样，许多不能解决的思想问题都能解决了。去劳动一个时候，你就再不会要“寻寻觅觅，冷冷清清”了。

譬如你们要讲浪漫主义与现实主义相结合，这不是坐在家里翻书本查字典解决得了的。浪漫主义就在群众生活中间，就在这大跃进的浪潮中间。你不和群众相结合，你就感觉不到。当你们经过了劳动锻炼，思想感情变化了，对文学上许多问题就容易理解了。老坐在家里说我马列主义水平很低，是不解决问题的。现在我们的教学制度、教学方法都应该彻底改革一下。现在许多老师、同学已经开始到群众中去，这是一个好的开端，无论从文学来说，从教育来说，我看就要走群众路线，与群众相结合，然后达到红与专的统一，达到我们的文艺教育与社会主义建设相适应的目的。

原载 1958 年 8 月《草地》

收录于《中国古典文学厚古薄今批判集·第四辑》

人民文学出版社出版，1958 年 9 月第 1 版

民歌·浪漫主义·共产主义风格

——7月27日在西安文艺工作者座谈会上的发言

目前我国是在技术革命和文化革命的高潮中，人民天天在创造奇迹。许多奇迹都是世界上、历史上所没有过的。为什么有这样创造性呢，我看，这就是共产主义思想解放的结果。马克思说过："理论一旦掌握了群众，就便立刻成为物质的力量。"马克思主义是实践中产生和发展的，现在那些创造奇迹的人民英雄我看就是能够掌握活的马克思主义学问的人。这个共产主义思想解放运动是在党的领导下开展的，大字报、大辩论都是促进这种思想解放的方法。毛泽东思想中一个基本点，就是群众路线。相信群众，依靠群众，把一切事情办好。文学艺术也是一样。群众是有无穷创造力的。这次在湖北，王任重同志告诉我："思想解放"这句话他最初是从一个农民那里听到的。一个农民的生产去年比前年多了一倍，王任重同志问："你怎么搞出来的？"他说："思想解放了么！"这就是从农民口中说出来的马克思主义真理。这个故事对我们启发很大。

大家谈了许多关于诗歌的问题，这是当前文艺上一个主要问题。在群众文艺运动高潮中，诗歌是群众抒唱劳动和生活感情最适合的最普及的形式。目前新民歌运动迅速发展是历史上所从来没有过的。因而诗歌成为今天的中心问题，是很自然的。新民歌出来以后，大家都拥护。但是不是还有人怀疑呢？觉得它是落后的形式呢，我想也还会有，任何新的东西出现，总不免有人怀疑。这些人大概也是“观潮派”。目前有些地方在讨论民歌是否能作为诗歌的主要形式，这个问题可以展开自由辩论。四川省委发出一个搜集民歌的通知，指出中国的诗歌，应该在民歌和古典诗词的基础上发展，应该采取民族形式，方法上应该是革命现实主义与革命浪漫主义相结合，这是说得很明白的，也就是我们的方向。

有人认为民歌形式有局限性，不能充分表达现代生活中的感情，觉得还是自由诗好，也有人对自由诗采取排斥的态度，我以为这两种态度，都不免有点主观。要说局限性，任何事物都有它的局限性，而又不断地在突破它的局限性。这是矛盾论的规律。现在新民歌实际上是在突破形式的限制，而且另一方面，我们不能不承认民歌形式更主要的优越性的一面。它继承了古代人民诗歌中的优良传统，具有劳动的节奏，语言上的简练、明朗，易于上口，易于流传，所以劳动人民自然地选择这种形式来表现他们的劳动感情，而且是表现了目前时代的思想感情。如果仅仅用五言、七言这些理由，认为它有局限性，这是不能说服人的。另一方面，我们党的文艺方针是百花齐放，主张形式多样化，风格多样化，因此，为了提倡民歌而排斥自由诗，也不是正确态度。但是，百花齐放，我们总有一个主流。我以为民歌应该是诗歌中的主流。我认为，我们的态度应该是：提倡民歌，在民歌和古典诗歌基础上发展新诗；我们不排斥自由诗的形式，而采取自由竞赛的方法，我们所反对的，是那种欧化的，矫揉做作的，没有生命的东西。这是形式主义的倾向。形式主义是应当反对的。但问题不仅仅在形式，更主要是内容。我们提倡民歌，不仅因为它的形式为群众喜闻乐见，而主要的是民歌比知识分子诗歌更充分地表达了劳动人民的思想感情。这是民歌最本质的东西。

民歌是劳动中产生出来的。这是很重要的一个特点。我们知道，艺术本来是从劳动中产生的，以后分离了，目前的群众诗歌运动，正表示着劳动与诗的重新结合。这是文艺上一个大革新。我们必须充分估计这个意义。周扬同志说，目前的民歌是共产主义文学的萌芽，这是很正确的，忽略了这个意义，而只是在五言、七言的问题上去争执，这不免有点书呆子气。昨天，我访问了白庙村农民，问他们的诗怎么搞出来的；他们讲得很好。他们有个女生产队长，在车水灌溉麦田时，为了减轻疲劳提高干劲，把感情表达出来，她就说："我们做诗吧！"劳动刺激了她的感情，她就唱了起来："水车叮当响，麦苗你快长；我给你喝水，你给我吃粮。"这是多么朴素、刚健清新。从此以后，做诗的风气就在这个村子里普遍展开了，现在成为有名的诗村。我们常讲创作灵感，农民的创作灵感，就是这样出来的。

劳动感情是民歌的生命，所以，尽管几千年以来，封建统治阶级压迫人民、剥削人民，不许人民学文化，而民歌的传统始终不断。劳动人民要劳动，劳动就要抒发感情，抒发感情就会有民歌。不过，过去的劳动人民在统治阶级残酷剥削下，生活十分痛苦，所以过去的民歌内容中描写生活痛苦的或表现反抗压迫的为多，而现在的劳动是愉快的，生活是幸福的，因而新民歌比旧民歌格外的刚健清新，充满一种劳动英雄主义和共产主义的风格。现在千千万万首的民歌中间，几乎没有一首不是和劳动生产紧密结合的。和历来知识分子的诗歌相比，这是一个很大的不同，四川有个工人说："劳动产生诗"，我看这是劳动人民最朴素也最正确的诗歌理论。说民歌是共产主义文学的萌芽，主要也就是指它反映了共产主义的劳动精神。这是新民歌的特色。

从形式上说，我觉得所谓五言、七言、九言、十一言，并不是框框，这里是表现着劳动的节奏和中国语言的特点。从《诗经》、"楚辞"、"乐府"、"唐诗"、"宋词"以来，形式在不断地发展，但基本上保持这种节奏。《诗经》中一部分本来就是民歌，"楚辞"、"乐府"，都接受了民歌的传统，而加以发展。平仄的格律，我想是根据这种节奏的要求而规定的，但以后变成固定格律，写诗的人必须严格遵守，这就成为形式的限制。词要比较自由一点，但由于文字与口语的分离，不能为广大人民所理解，所以毛主席也劝人不要提倡旧体诗词。民歌的形式就不那么严格。事实上民歌形式是很自由的，并不都是五言、七言，像《我来了》这一首，原来是六言的，经过一改，就更好，这样修改，群众是不反对的，因为并没有破坏它的节奏，好的民歌都具有古典诗歌的简练、形象明朗、音色丰富这些特色，所以民歌的发展前途尤其广阔。

有人说，现在劳动要机械化了，反映在诗歌中的劳动的节奏可能也要变化，这是可以研究的。事实上诗歌和音乐的节奏是在发展变化的，但无论如何不能离开生活和劳动。尤其是目前诗与劳动更密切结合的时候，这个问题更有实际的意义。即就民歌来说，形式也是多样的，决不能认为民歌就是一种单调呆板的形式。主要是要在传统的基础上来发展和创造诗歌的更完美的民族形式。党指出，在民歌和古典诗词的基础上提高发展，并不是要停留在这个基础上。我们说，新民歌是共产主义文学的萌芽，这萌芽势必要一天一天生长。农民本身也要求提高的。农民生活知识提高了，想象力也提高了，语言也丰富了，他自己也要继续提高其艺术形式与内容。关键在于解决普及与提高的结合，假若过了三年，民歌仍是停留在现在水平，那也不行。提高有两种方法：一个是在普及基础上提高；一个是在空中楼阁中提高。我们是主张前者反对后者的。现在全国民间文学工作者在开会，提出研究、整理民歌的方向和办法，各省在编选集。这都是提高的方法。编选集就是要树立榜样。经过辨识、评价、整理，这样来进行提高。初步评选可能是粗糙的，经过一再评选以后就可能更精炼一些。诗人除了在自己创作上掌握了在普及基础上提高的方向以外必须参加这个工作，这就是在提高指导下的普及。诗人首先向群众学习，学习了以后就帮助他们。此外还有群众文艺中的辅导问题，我到处都碰到这个问题。农民诗歌运动如此广泛，知识分子很少，怎么去辅导呢，我看辅导工作，还只有走群众路线。就是经过群众评比、群众修改的办法。诗人和文艺理论工作者应该在方向上引导他们。白庙村的赛诗会就是一种提高的办法。经过比赛，好的就出来了，优秀的农民诗人就出来了。

研究整理工作是十分重要的。整理研究中会有各种不同意见，经过百家争鸣，方向愈来愈明确，新诗和民歌就将逐渐结合起来,继承传统与创造革新是分不开的。现在仿佛民歌是一家,新诗又是一家,我看将来这两家是要合并起来。中国新诗的民族形式问题,将通过这途径来解决。

因此,在目前大规模的群众诗歌创作运动中,诗人与劳动的结合,更有重大的意义。脱离群众的专家是危险的,诗人必须向群众学习,又帮助群众,这两者又是结合的。普及与提高的结合,只有通过诗人与群众的结合来实现。

再讲一讲浪漫主义和现实主义问题,这不仅是诗歌的问题,但是在诗歌创作中很重要。

浪漫主义是哪里来的呢?是从群众生活中来的,目前生产大跃进中,群众那种英雄的共产主义气概,那种创造性和想象力,就充分表现了革命浪漫主义的精神。有人把浪漫主义简单地理解为幻想,这也不尽然。革命浪漫主义包括文学的幻想,但不仅仅是幻想,它的含义要丰富得多。我觉得它是人民群众在社会主义建设中对于社会主义和共产主义的信心和远大理想,共产主义者的英雄气概和乐观主义精神,以及工人阶级无穷的创造性、想象力和幻想在文学上的反映。例如毛主席的诗词中,既有像《蝶恋花》中那种美丽的幻想,也有《沁园春》和其他诗词中那么英雄的气概,毛主席的诗词为革命现实主义与革命浪漫主义的结合提供了卓越的典范。

目前民歌中最突出地表现了那种一往直前的英雄气概和敢做敢为的创造精神。天不怕,地不怕,什么玉皇也好,龙王也好,都要打倒,孙悟空也好,穆桂英也好,都要超过。这种气概只有在人民英雄主义的时代才有。当劳动人民从旧的生产关系,从个体经济中解放出来以后,特别在劳动集体化、思想大解放以后，他们更明确地看到生活的远景，因而具有更光辉灿烂的理想，更强大的创造力，更高度的乐观主义精神。目前民歌中所反映出的革命浪漫主义精神，我看就是从这里来的，而这种浪漫主义正是和他们现实的劳动生活紧密结合着。在这一点上，新民歌不但是我国新诗的创作方法，并且也为所有整个文学艺术的创作方法上开拓了一条新的道路。

浪漫主义与现实主义的结合在我国古典文学和民间文学有悠久的传统，例如：屈原的《楚辞》是古典文学中浪漫主义与现实主义结合的典范，这和他政治上强烈的反抗精神分不开的。老百姓就喜欢他，每年五月端阳划龙舟就为了纪念他。司马迁写了一部《史记》，其中《项羽本纪》是我们大家最熟悉和喜爱的，就因为他生动地描写出那种叱咤风云的英雄气概。古乐府中，有一些诗歌也充满这种精神。唐诗中李白以及杜甫某些诗中，都有这种精神。到了后来小说和戏曲中，更创造出一系列的人民英雄人物，如武松、李逵、诸葛亮、关云长、张飞、孙悟室、白蛇、穆桂英、花木兰……这些人物是每个中国人民所熟悉和喜欢的。每个农民能够如数家珍一样，说出他们的名字，可见中国劳动人民就喜欢文学上这种人民英雄主义的作品。这一点，我以为中国文学是超过西方文学的。西欧文学在古代也有许多这样英雄人物，但 19 世纪以后文学中主要形象多半是被侮辱被损害的人物，当然也有像“哈泽·穆拉特”、“塔拉斯·布尔巴”这些形象，究竟不如中国丰富。在苏联，高尔基是提倡这种创作方法的，他的《母亲》《海燕》就为俄国文学放一异彩。到了社会主义时代在文学中创造劳动英雄人物，表现他们的那种革命浪漫主义精神更是个重要问题。

1953年党就提出写新英雄人物问题。而陈企霞之流就反对，秦兆阳也说，在现实主义中找浪漫主义因素是很困难的。就在这个问题上，我们和修正主义者也是根本分歧的。现在是出英雄的时代，不写新英雄人物，那行吗？《林海雪原》写了那么几个英雄人物，却很受读者欢迎，就因为他们是敢想敢做、不怕困难的英雄人物，《红旗谱》也是这样，它们在去年出版的小说中是最受欢迎的作品。前几年作品中，如柳青的《铜墙铁壁》，杜鹏程的《保卫延安》，吴运铎的《把一切献给党》，都受群众欢迎，也就是这个道理。这些经验值得我们好好总结，在诗歌中，尤其应该表现这种精神，因为诗歌是更直接抒发时代感情的。

最后谈一谈风格问题，我们要建立共产主义风格。马克思说："风格即是人"。要在文学上表现出共产主义的风格，首先诗人应该是具有敢做、敢为、敢于创造、敢于革新的共产主义风格的人。革命浪漫主义和这个问题是分不开的。当然风格是多样化的，并不是什么人都是一样风格，但是基本的精神，应该是共产主义的。其次，各个民族的作品，都有它的民族风格，这是因为每个民族都有它生活、风习上的特色。中国的新诗过去很少这种鲜明的民族风格，西洋味道很多，现在应该注意这个问题。民族风格也是多样的，尤其中国地区这样辽阔，民族这样多，决不能是只有一种风格，这里就是发展文艺的地方形式、地方风格的问题。陕西的民歌和四川民歌就有不同的风格。陕西诗人就要珍重和发展自己地方的风格。在这一点上，向民间文学和地方戏曲学习，是项重要的任务，右派分子攻击我们没有风格，这是胡说。其实我们时代的文学风格最多样最丰富，问题是在使我们的创作和群众生活密切结合起来。

中央指出作家必须和群众结合，必须参加劳动锻炼，这是解决我们文学工作中一切问题的根本关键。我这次跑了几省，深深感到这个问题的重要性。作家深入生活，不仅是为了观察体验生活，更主要的是为了和群众真正地打成一片，彻底改变我们的思想感情。现在知识分子参加劳动，劳动人民参加文化活动，这表示着文化与劳动重新结合的过程。这将在人类文化上具有极其重要的意义。我们必须对它有足够的认识。

安旗同志说："欲穷千里目，更上一层楼。"我以为很对，思想上应当更上一层楼，反对保守主义，要眼光广阔，要看到共产主义的前景，但是在生活上作家要更下一层楼，深入到群众生活中去。生活上更下一层楼，思想上才能更上一层楼。基本问题是文艺与群众相结合，作家同群众结合，一切工作同群众结合。

作家协会的工作怎样做，也只有坚持这个原则：走群众路线，机关搞得小一些，大家到群众中去。现在有些人下去后，文章也多了，心境开朗了，右倾思想也少了。效果是很明显的。过去作协工作和群众联系得很不够。作家协会里颇有"谈笑皆鸿儒，往来无白丁"的样子。这就是脱离群众。今后必须坚决改变这种作风，我们的文艺工作必须依靠党，依靠群众，在群众的基础上工作。就是这么三句话。我们的工作一定能做好，我们的文艺一定会日益繁荣的。

原载《延河》1958 年 8 月号，转载时本文作者作了修改

1958 年 9 月 26 日，《文艺报》第 18 期，11～13 页

我们的文学进入了新的时期

六、七月间，我到中南、西南和西北各省，作了两个月的旅行，考察了工厂、农村中的群众文学运动，访问了工人和农民的作者以及和他们生活在一起的作家和诗人。这些访问，给我一个极其深刻和生动的印象：几乎所有工厂和农村中都充满着热烈的文艺气氛，到处都是诗和歌声，到处都有工人农民自己的文学组织和各种文艺活动。群众文学运动的空前高涨是很自然地出现的。因为群众在那种排山倒海的生产大跃进中，在英雄主义的劳动竞赛中，迫切地需要用文艺形式来表达他们那种难以遏制的劳动创造热情。四川有个工人说："哪里有劳动，哪里就有诗。"这是一句平易然而却富于哲理的话。这是说明人民的文艺是从劳动中产生的，目前群众文学高涨的形势是显示着劳动与文化，或者劳动与诗相结合的过程。这种结合也就是当前我国社会主义文化革命的主要内容。

我在武汉的时候，知道江西、湖南、湖北、河南各省，每省都有三万个以上的工人农民的创作组。在四川，据人们估计，有一百万以上的工农写作者。其他各省情况也大致相同。这些创作组很多是群众自己组织起来，然后在当地的文化团体和宣传机关领导下发展的。农民的文化水平在这几年中，有了显著的提高，文盲大大减少了，各地农村中都举办了农民的业余中学以至大学。大多数农村中都有文化站、俱乐部、图书室、广播站这些组织，这就是他们的文化活动的场所。参加创作组的人，多半是在当地的报纸、刊物或墙报上发表过作品，至于口头创作的人数，那更无法计算了。他们创作的主要形式是诗歌，也有小说、戏剧和其他民间文艺形式。群众诗歌的数量是难以统计的，往往一个县就是几万以至几十万首。这不仅因为诗歌是最适合于抒唱他们劳动热情的形式，而且也因为我国劳动人民中间是有悠久的民歌传统。很多农民都有作即兴诗的才能，目前我国有许多这样的“诗村”，在村庄的墙壁或门户上，贴满了农民自己创作的诗和画。郭沫若同志曾经用“万株果树种满园，万首诗歌写满墙”的诗句，描写了河北省一个诗村。我在西安的时候，也访问了这样一个诗村。那是只有五百多人口的一个小村庄，但却有二百多人能够做诗。在每一家门口，都有一块一尺见方的白垩，写着这一家人中间最好的诗，签着自己的名字。在村子的中心，有一个赛诗台，贴着大幅的诗报和图画。这是从全村农民中挑选出来的最受欢迎的作品。这个赛诗台是他们举行赛诗会的场所。今年春天以来，他们在这里举行过三次赛诗会，由农民朗诵他们自己的新作。当我去访问他们的时候，他们立刻在农业合作社主任的院子里，举行了一个小型的诗会，十多个农民，包括从十三四岁的孩子，到六七十岁的老汉和老妈妈，都当场作了即兴诗。这是一个非常感动人的场面。从他们朗诵的声音和发亮的眼睛中，使你极其真切地感到他们对于社会主义新生活的热爱，完全没有一点矫揉做作。有一篇民歌中这样说：“裁衣要从衣襟裁，唱歌要从心里来。”确实，他们的诗歌是从心底里唱出来的。他们告诉我这个赛诗会的缘起。今年春天灌溉麦田的时候，有一个女生产队长感到要用诗歌来表达她的劳动感情和解除体力的疲劳，于是她第一个唱起来了，接着许多在田间劳动的农民，也就跟着唱起来，这样就形成了全村做诗的风气。他们说：“做诗，对于我们来说，是解除体力疲劳和提高劳动干劲的最好方法。”这是一句很有意义的话。在劳动人民中间，他们的创作和劳动总是分不开的。

目前，群众诗歌运动已经成为全国的最广泛的一个文学潮流。这个潮流对中国的诗人的创作产生了巨大的影响，它给中国新诗开拓了一条新的道路。农民在诗歌中对诗人说：

优秀诗篇哪里寻
奉劝诗人下农村
山川田野天天变
哪件事情不动人
打破陈规人心齐
处处英雄创奇迹
遍地神话遍地诗
诗人何不快快拾

从群众的千千万万的诗篇中，我们可以看到它的一些特征。首先，如前面所说，这些诗歌是和劳动紧密地结合着的，它们所表现的真实的劳动感情，是知识分子的诗歌中所不易读到的；其次，这些诗歌普遍地表现出一种极其雄伟、豪迈的气概和乐观主义的精神。他们骄傲地说:“我们要用湖沼作墨池,用大树作笔杆,在祖国的河山上,写出美丽的诗篇。”他们藐视一切自然界的困难,藐视古代历史或神话中的英雄。这是一种伟大的共产主义的风格。

他们诗歌的形式和谐地表现出劳动的节奏和中国人民语言的特色,因此比起知识分子的诗歌更易于流传,他们诗的语言很简练、明朗而又富于形象。这是中国民歌和古典诗词的优良传统,而被他们接受下来。例如有一首《麦海》:

金黄天 金黄山
金光闪闪染红天
哥哥进地只露脸
爹爹进地腰不见
奶奶进地跌下海
金浪滚滚把俺淹
我闭住气、跳三跳
还没摸着麦梢梢

仅仅八行诗,却多么生动地描写出麦收时节的景象和丰产的欢乐。多年以来,中国新诗的形式问题一直在论争着,在这次群众诗歌运动中间,却找出了一个明确的方向,就是说,中国的新诗歌,应该在我国民歌和古典诗词的基础上发展,应该采取民族的形式,在方法上应该是革命现实主义与革命浪漫主义相结合。

在工厂矿山中间,群众文学运动也同样蓬勃地发展着。

上海一市，今年春天就产生了一百万篇群众创作，其中绝大部分是工人所写的。在天津工人中间，正在开展一个工厂史写作运动。这是接受高尔基遗留给我们的经验。工人采用集体写作的方法，用报告文学的形式记录下他们自己工厂的斗争历史和英雄人物事迹。这个经验立刻被推广到全国其他地区。我在武汉、重庆的时候，许多工厂的工人已经在开始计划编写了。在我所访问过的一些工厂中间，都有工人的文学组织和文学出版物。每个车间几乎都有一个创作组。和农村一样，在墙壁上贴满了群众的诗歌。工人的文化水平要比农民高，他们创作的形式也就更加广泛。除了诗歌以外，他们也写了大量的小说、散文、剧本以及各种民间文学形式的作品。这些作品大多是描写他们当前的生活斗争，也有描写在解放前的痛苦生活和为革命斗争的。这些作品对工人群众产生了很大的鼓舞教育作用。天津市有家棉纺厂举行了工厂史展览，许多工人看了以后十分感动，第二天棉布生产中的次布率就大大降低了，这类故事很多。有个工厂干部说："文艺，对于我们，不仅是种精神力量，而且也是物质力量，因为它直接帮助了我们工厂的增产。"

我国是个地区广阔和多民族的国家，各民族和各地方的民间文学形式是极其多样的。譬如四川省的地方剧种和其他民间的文学形式就有几十种之多。在少数民族地区，如新疆、内蒙古、西藏、云南、广西等地，都有其本民族的优美文学作品，包括牧歌、传说，或史诗形式的大叙事诗，这些作品大都具有强烈的浪漫主义的色彩。这种民族的和地方形式的文艺往往表现出独特的地方风格。这也是群众文艺的一个特点。民族特色、地方风格的多样化的发展，将大大促进我国文学上社会主义内容与民族形式更好的结合。在群众文学运动高涨中，更证明党在两年以前所提出的百花齐放的方针的正确性。在广大劳动群众的生活土壤上，一个万紫千红百花怒放的景象出现了。

群众的积极性和创造性一旦发扬起来，它的力量是难以想象的。现在全国正在展开共产主义思想解放运动，提倡敢说、敢想、敢做，敢于创造、敢于革新的共产主义风格。党的社会主义建设总路线就充分体现这种精神。在新的社会基础之上，人民的主观能动作用大大提高了。生产和文化大跃进中所出现的各种奇迹，文化艺术上所出现的蓬勃气象，只能用这个理由来说明。对于文学艺术来说，这种思想解放尤其是促进创造性的重要因素。在我的旅行中间，经常听到或碰到一些令人感动的事情和人物。譬如在湖南有个三十一岁的农民刘勇，他今年计划要写一千四百篇作品，读六百多万字的书报杂志，要工作二百个劳动日。他每天下田的时候，口袋里装满了文学刊物和书籍。休息和睡觉的时间，就是他创作和阅读的时间，他还领导了一个创作组。他自己和其他创作组成员的作品，都要经过创作组的集体讨论然后发表。这种高度干劲和忘我精神，难道不值得知识分子学习吗？在重庆，我碰到一个机械厂的老工人，双目失明，不能干活了，他就用全力来从事写作。他已经写了七八年，并且组织了一个训练班来培养青年的曲艺工作者。他告诉我一个有趣味的故事。最近一个晚上，他写了几十行诗，第二天早上给别人看时，稿纸上面只有七个字。原来他的钢笔里的墨水干了。他豪迈地说：“这些困难是压不倒我的。我可以用铅笔写，石笔写，我将永远写下去，而且我还要申请回到生产岗位上去。”这样的故事到处可以遇到。在群众中间，不断在涌现出一些有才能有决心的工农作者，在不久的将来，毫无疑问将从他们中间产生出一批杰出的真正工人阶级的作家和诗人。

我们应该充分估计工农群众文学运动的意义，这是共产主义文学的萌芽。尽管这些群众的创作目前还在萌芽的时期，但却是直接从劳动生活中产生出来的最健康最有生命力的文学，并且是继承了中国古代文学中优秀的传统的文学。这个文学运动更进一步促使作家与劳动群众的密切结合，促进了文学的普及与提高的结合，并且在社会主义现实主义的创作方法上提供了新的内容。

去年我国文艺界所进行的一场反右派斗争，是一场无产阶级与资产阶级文学两条道路的斗争。这个斗争的胜利使作家们更深刻地体会了作家与劳动群众结合的重要性。去年冬天以来，大批作家在党的号召下，长期地深入到工厂、农村、部队中去。特别是生产和文化大跃进以后，更鼓舞了作家的积极性。到现在为止，全国已经有七百多个作家在群众中参加劳动锻炼和担任基层工作。这和过去一般作家所采用的那种访问式的或短期的体验生活方式相比较，有了很大的改变。过去那种方式是很难彻底解决作家与群众结合的问题的。作家深入生活的目的，不仅是为了观察生活，找寻题材，更主要是为了使自己的思想感情和劳动群众打成一片，做到和群众共呼吸，同命运，心心相连，这就要求作家长期地生活在群众中间，参加一定的劳动锻炼和群众工作。一个社会主义的作家不仅仅是一个专门拿笔杆的人，同时也应该是为群众直接工作的人，一个普通的劳动人民。我们常常说，“我们是劳动人民的儿子”，一个劳动人民的儿子，一个以文学来表现劳动人民生活的人，如果不是直接参加劳动人民的生产和斗争实践，没有劳动生活的经验和知识，他又怎样能够在创作上更深刻地表现出劳动人民的思想感情和更真实地描绘出他们的精神面貌呢？我们认为这是社会主义、共产主义文学的一个根本性的问题。

我在武汉和重庆的时候，访问了几位作家。他们一个共同的经验，就是在参加一定的体力劳动以后，即使这种劳动是比较轻易的，或者时间不多的，工人、农民对他们的关系，就和过去完全不同了。他们把你看成他们自己中间的一分子，跟你无所不谈，做亲密的朋友。而在这以前，他们虽然尊重你是一个作家，但是往往只是把你看作一个访问者或客人，感情上总有若干距离。因此，他们认为参加一定的劳动锻炼和基层工作是解决作家与群众真正结合的基本关键。自然，这不是意味着，在目前就能够完全消灭体力劳动与脑力劳动的矛盾。这只有在共产主义社会中才能实现；但是这种矛盾的距离在目前是完全可以而且应该逐渐缩短的。作家的参加劳动和劳动群众的参加文学活动，是表示着文学艺术与劳动互相结合的过程。这是人类文化走向共产主义的道路上必然的趋势。多少世代以来，私有制度社会中所造成的精神劳动与体力劳动的绝对隔离状态将开始打破了。高尔基说过：“只有在两手教导头脑，随后聪明一些的头脑教导两手，以及聪明的两手再度更有力地促进头脑发展的时候，人类的社会文化的发展过程才能正常地发展起来。”社会主义到共产主义的文化发展过程，就是这样一种正常发展的过程。

作家与群众的结合，也促进了文艺普及与提高的结合。一个作家在群众生活中，不能不更明确地考虑到他的作品怎样能够为广大群众所理解和接受，也不能不考虑他怎样为群众文艺运动服务。

群众文艺运动的高涨，给创作上带来了一股强烈的、新鲜的人民英雄主义的旋风。人民群众要求时代的最强音，憎恶和唾弃修正主义者那种歪曲现实描写阴暗的垃圾。因此，在创作方法上提出了革命现实主义与革命浪漫主义相结合的口号——这是毛泽东同志提出来的。毛泽东同志说："从来也没有看见人民群众像现在这样精神振奋，斗志昂扬，意气风发。"要在文学上反映出这样一个英雄主义的时代，在创作上就不能不要求以革命浪漫主义与革命现实主义相结合作为我们主要的方法，当然，这种革命浪漫主义是建立在现实的基础之上，是理想与现实的结合，正如人民群众那种振奋的精神、昂扬的斗志、奋发的意志是从他们火热斗争的生活中产生出来的一样。这种革命浪漫主义，我以为就是人民群众在社会主义建设过程中，对于共产主义的远大理想，他们那种一往无前的共产主义英雄气概与乐观主义精神，以及那种高度的创造性和想象力在文学上的反映。在我们周围的沸腾生活中，到处都充满着这种革命浪漫主义精神，作家的任务就是用艺术的方法，不但忠实地描写出他们的生活面貌，并且要充分表现出人民群众这种奋发昂扬的精神和他们的理想与愿望。

毛泽东同志的诗词，就是这种革命现实主义与革命浪漫主义相结合的最卓越的典范。在这些诗词中间,充满了共产主义者崇高的精神和英雄气概,表现了革命者的美丽的幻想。这是共产主义风格的杰出表现。在目前许多民歌中间,也反映了这种精神。

浪漫主义和现实主义的结合,这种特征也同样表现在中国古典文学中。从屈原、司马迁、李白、杜甫以及后来的小说戏剧如《水浒传》、《西游记》、《三国演义》、《封神榜》、《白蛇传》、《杨家将》、《红楼梦》等作品中,都创造了极其众多的理想与现实、幻想与真实相结合的优美的形象。这些形象尤其是人民英雄的形象,是为世世代代的中国劳动人民所极其熟悉和喜爱的。任何一个普通农民都能够随口说出一大串人民英雄的典型人物,而在目前的群众诗歌中,他们常常引喻了很多古代英雄,表示要超过他们。在我国文学中最突出的一些形象,就是那些具有大无畏精神的人民英雄。这是我国文学史上一个优良的传统。

近年以来的我国文学倾向中,也可以看到这种情况。凡是愈能表现出人民英雄主义的作品,一定受到广大人民的欢迎。像小说《保卫延安》、剧本《万水千山》、电影《董存瑞》、歌剧《刘胡兰》、报告文学《把一切献给党》,都是群众最喜爱的作品,而修正主义者所吹嘘的那些所谓“暴露黑暗”的作品,则受到读者愤怒的痛斥。特别这一年来,文学上这种人民英雄主义的鲜明色彩更加突出了,这一年间,中国产生了比过去几年更多的优秀作品,像《红旗谱》、《林海雪原》、《红日》、《苦菜花》、《青春之歌》、《百炼成钢》、《山乡巨变》、《在和平的日子里》、《红色风暴》等等,都受到广大读者的热烈喜爱。这不仅因为这些作品描写了人民斗争的生活，更主要的是表现出中国人民那种革命英雄主义的精神，具有革命浪漫主义的色彩。像《红旗谱》、《林海雪原》这两部作品，是这些作品中尤其为群众所喜爱的，其主要原因就在这里。《红旗谱》描写了三十多年来中国农村中的革命斗争，通过祖孙三代前仆后继地和地主恶霸顽强搏斗，终于在共产党的领导下，掀起了革命的大风暴。作者从血泪斑斑的故事中，写出了我国农民那种坚韧不屈的性格，也就是毛泽东同志所说的中国人民最宝贵的性格。《林海雪原》描写人民解放军一个小分队在人烟稀少、地势险要的林海雪原上和敌人战斗。作者着重地刻划了人民战士的机智和勇敢。作品具有一种强烈的传奇色彩和民族风格，虽然在生活描写上不如《红旗谱》深刻，但却具有一种特殊的明朗色调和豪放气概，因而引起读者的更普遍的爱好。

这两位作者，都是新出现的作家。他们之所以获得成功，就是因为他们长期地经历了群众的斗争生活，尽管在艺术上或有不足之处，但是他们却紧紧地抓住了人民生活中最本质的东西。这再一次证明了作家与群众生活斗争不能分离的真理。

人民喜爱什么、不喜爱什么，是决定创作方向上的一个重要因素。革命现实主义与革命浪漫主义相结合的口号，就是毛泽东同志根据时代的特点和需要，概括了文学史上的全部经验而提出来的。我们认为这是社会主义现实主义方法上一个重要问题。

群众文学运动的空前高涨、作家与群众和劳动的紧密结合以及创作上革命浪漫主义精神的高扬，可以说是这一年来我国文学上的特色。这些特色说明了我国文学运动正在走入一个新的时期，它将在最广泛、最坚实的劳动群众基础上，进行不断的革新和创造，提高我国的文学水平。这些创造和革新，不仅对于我国社会主义、共产主义文学的发展将产生决定性的影响，并且，我们相信，它对世界革命文学事业也将作出有意义的贡献。

（本文系作者应苏联《新时代》杂志之约而作，这里发表的，是征得作者同意作了一些删节。——编者）

1958 年 10 月 6 日，《人民日报》

“五四”文学的发展道路

为了正确地评价“五四”时期的革命文学，我想首先要说明一下当时文学运动的一些情况。

“五四”新文化运动的性质及其历史特点，“新民主主义论”中已经作了极其精辟的科学论断，这是在俄国十月革命的影响下和由中国共产党人所领导的共产主义的文化思想运动。这就决定了新文学运动，只能朝着社会主义方向发展的革命道路，只能由无产阶级文化思想去领导。“五四”时期，新民主主义文化革命还是在最初阶段。在这个阶段中，政治的中心任务是彻底反对帝国主义和军阀统治；文学的中心任务则是“反对了封建古装的旧文学和文言文，提倡了以反帝反封建为内容的新文学和白话文”。无产阶级的文化思想——共产主义宇宙观和社会革命论，是通过文学界的统一战线来发挥其领导作用的。当时统一战线的内部也就有了斗争，即无产阶级和革命小资产阶级所坚持的彻底不妥协的反帝国主义、反封建主义和资产阶级所主张的妥协的改良主义的斗争。这个斗争准备着后来无产阶级和资产阶级的分裂，形成四十年来文学上两条道路的斗争。革命小资产阶级文学家在无产阶级思想领导下，逐步走上集体主义的革命道路，而反动的资产阶级文学家则走向反人民的道路。革命文学的队伍，正如鲁迅所说“愈到后来，这支队伍也就愈成为纯粹、精锐的队伍了”。“五四”以后文学的发展，就是沿着这样一条道路——革命民主主义向共产主义思想的发展，而决定它的则是无产阶级思想的领导。1921 年党成立后，它在文化方面的任务是团结广大知识分子和人民大众为坚持彻底的民主革命而斗争。那时，共产主义思想的宣传已经深入到知识分子和青年学生中间，在文学上也产生了极大的影响。但是在党刚刚建立的时候，无产阶级的文学家还极少，还很不成熟，不可能一下就形成自己的队伍，还不能立即展开像后来那样规模的无产阶级的文学运动。党只有直接和间接地通过革命小资产阶级作家来领导文学。

（在党成立以前，则由一些共产主义知识分子团结和影响这些作家进行文学运动。）苏联的革命文学理论和作品，当时都还没有大量被介绍到中国来，也还说不上马克思主义文艺理论的建设。当时主要的任务是把无产阶级和劳动人民的政治要求，体现到文学创作中去。社会主义现实主义还是在孕育和萌芽的初期，虽然这种因素却是引导文学逐步向集体主义思想发展的决定性因素。

“五四”初期的革命作家，如鲁迅、郭沫若等，大都是在走向集体主义道路的过渡时期中，他们看到了辛亥革命的失败教训，看到了帝国主义国家的瓦解和受伤，看到了十月革命的胜利，使他们一方面坚决与帝国主义和封建主义进行斗争，否定了中国走资本主义道路的可能性；另一方面，他们对革命的理想还是在朦胧的状态中，不可能一下就成为马克思主义者。

在他们的世界观中，存在着新与旧的矛盾。然而无论如何，新的东西，即唯物主义的成份是在生长发展，并且是占主导地位的。在政治上他们是肯定党所提出的彻底的民主革命的纲领。这使他们在思想上具有"五四"前中国知识分子还不曾有过的革命民主主义的特色。正是由于这样，才使他们能够在作品中体现了当时人民大众的革命要求，也即是无产阶级和党的政治斗争要求，才使党能够通过他们来领导当时的文学。

以上所述，是为了说明"五四"时期无产阶级思想和党对于文学的领导，也说明当时文学运动形势与后来不同的地方。在评价"五四"文学的时候，我们首先要彻底驳斥掉胡风反革命集团和修正主义分子的那种把"五四"文学运动看作是资产阶级所领导的反动论点（将在《人民文学》五月号发表的本文前一段中已另有论述），但我们也不能用现在对社会主义文学的要求去衡量，应该根据当时的历史情况去进行评价。以前有个时候，在有些人中间，似乎存在过这么一种简单看法：认为"五四"时期的作品既然极大多数是小资产阶级作家的作品，所以也就把它们看作单纯的小资产阶级的文学，忽略了它们是无产阶级思想领导下的革命文学的意义，因而有意无意地贬低了它的历史价值；在目前也还有些人对"五四"以来的新诗采取一笔抹煞的态度。这种看法是不正确的。相反，如果只就当时一些共产主义知识分子或党员所写的作品来说明党对"五四"文学的领导，那也是很不够的。毫无疑问，像李大钊关于文化和文学的论文，以及瞿秋白的作品和介绍苏联文学的论文等，是有极重要意义的，它们在文学思想上提出了鲜明的革命主张。但文学主要是靠创作来表现。一般说，当时无产阶级的成熟的作家极少，所以党还必须通过一些杰出的革命小资产阶级作家来领导文学。鲁迅成为“五四”文化革命的主将和旗手，就是如此。五四时期，鲁迅、郭沫若以及文学研究会和创造社的辉煌功绩，无疑地是属于无产阶级领导的文学事业的功绩。问题是在于如何具体地说明无产阶级思想对于他们创作活动和世界观的关系；以及他们的创作活动对于无产阶级革命事业的关系。

以鲁迅来说，他当时是革命的小资产阶级知识分子，他的世界观还不是历史唯物主义的，然而他是“五四”文化革命的主将，尤其是“五四”新文学的奠基者。这并没有什么矛盾。“五四”文化革命的统一战线固然由无产阶级、小资产阶级和资产阶级三部分人所组成，但统一战线内部却只有两条路线的斗争。小资产阶级不是站在无产阶级这一面，就是站在资产阶级那一面，它不可能有独立的政治路线。鲁迅是站在无产阶级这一面，坚决进行彻底反帝反封建的斗争的。他不止一次说过，要“遵革命前驱者之命”，“听革命的将令”，愿意诚实地做一个“革命军马前卒”。这是鲁迅的基本政治态度。研究一个作家，首先要看他的政治态度，但更重要的是，他的这种政治态度是真刀真枪地表现在他的文学实践里。1926 年以前他在北京期间，以锋利无比的杂文为武器，向当时的封建复古派的《甲寅周刊》、《学衡》、欧化绅士陈西滢和《现代评论》派、军阀走狗杨荫榆以及 1921 年后向封建势力投降的胡适等人，进行了最正确、最勇敢、最坚决、最忠实的战斗。那真是“凶猛的闯将”。他那冷光闪闪的匕首所指的方向，不正是那时党所要打击的方向吗？他那种英勇的斗争，不正是实践了党在那时候的革命任务吗？而他那种最可宝贵的“硬骨头”的性格，不也正是劳动人民的战斗性格吗？从表面上看，那时鲁迅仿佛是孤军奋斗，然而实际上他却是代表了广大中国人民，并且由当时党所领导的革命斗争所支持的。

鲁迅的这种“硬骨头”性格是和他那种韧性的战斗精神结合在一起的，这是鲁迅突出的风格。他这种性格的形成，是由于他是“野兽的奶汁所喂养大的”[1]；由于他深刻理解中国这个“僵尸的统治”的半封建半殖民地社会，特别是辛亥革命的失败所给予他的刺激；而更重要的，由于中国无产阶级已经登上政治舞台，给予了他以鼓舞和希望。“五四”以前，他还只能是孤独的“沉思”，而在“五四”时期，他就“呐喊”起来了。俄国十月革命的胜利，也使他最初看到了“新世纪的曙光”，这种硬骨头的性格和韧性战斗精神，在他那时所写下来、后来收集在《热风》、《坟》、《华盖集》和《华盖集续编》中的杂文中和他的小说创作中都十分突出。主要是反映出他对于阶级统治的攻击和对于欧化绅士们的自由主义的鞭挞。除了给予那些“正人君子”和欧化绅士们致命的打击以外，像在《春末闲谈》、《灯下漫笔》、《再论雷峰塔的倒掉》等文章中，对阶级统治做了极锐利的剖解和抨击，要求“创造这中国历史上未曾有过的第三样时代”，要求“扫荡这些食人者，掀掉这筵席，毁坏这厨房”，要求有“革新的破坏者，因为他内心有理想的光”，而对于那种“脖子上还挂着一个小铃铎，作为知识阶级的徽章的山羊式的”，或“媚态的猫”和“叭儿狗”式的各色各样高谈改良主义、

① 见《瞿秋白文集》第三卷《〈鲁迅杂感选集〉序言》。

人道主义、自由主义、实验主义的中国反动资产阶级知识分子，则一律予以深恶痛绝的鞭挞。这种“硬骨头”性格到了“三一八”惨案时，显得尤其突出。他指出了“血债必须用同物偿还。拖欠得愈久，就要付更大的利息”。这时在鲁迅意识中实际上已经预感一个更大规模的阶级斗争将要到来了。

“五四”时期鲁迅写下了近三十篇小说，杰出地创造了一系列的典型人物。在这些小说中，主要是暴露了封建礼教的罪恶，反映了辛亥革命时代的农村现实，描写了辛亥革命前后一些个人主义知识分子的没落，可以说是辛亥革命到“五四”时期中国历史的一面镜子。鲁迅小说中所反映出的深刻的社会意义，有时甚至是超过了作者自己的意图。以《狂人日记》来说，正如他自己所说“比果戈理的忧愤深广”。这篇小说成为“五四”文化革命中反封建主义的最有力的一篇宣言，其特征就在于它的那种彻底的不妥协性，以及对于现实剖解的锐利性。再就《阿Q正传》来说，论者多半就阿Q主义这个题目来探讨。鲁迅自己也说过这篇小说的成因，这毫无疑问是重要的。但我以为《阿Q正传》在客观上所达到的更大意义，倒是在于通过这个形象彻底批判了辛亥革命的妥协性和提出了农民问题这两点上。阿Q是在资产阶级和封建阶级妥协下牺牲的，即在赵太爷、钱秀才和假洋鬼子的“联合战线”下牺牲的中国农民。中国农民从辛亥革命中没有得到一点好处，反而遭受了更多的迫害，反映到政治上就是辛亥革命以后更残暴的军阀统治。从辛亥革命的失败经验中，鲁迅深深感到农民问题的重要。在这篇和其他几篇小说中，鲁迅提出了这个问题。他不仅是“哀其不幸”，更主要的是“怒其不争”。这就是提出了农民要起来斗争的问题。我们大可不必把阿Q说成是个革命者来表示这篇小说的革命意义，正是因为阿Q还不是革命者，所以鲁迅才“怒其不争”，才提出农民要争的问题。至于怎么争法，这自然是当时的鲁迅所不可能解决的。农民问题是中国民主革命的中心问题。农民的走向自觉革命，主要不在于解决其意识上的“麻木”“自欺”等落后性，而在于要有无产阶级领导的工农联盟和解决土地问题。这个问题一直到后来由毛泽东同志来正确解决。而在党初建立时，即在党内，对于工农联盟和土地问题的认识也是不够明确的，那又何况于鲁迅呢？然而鲁迅却提出了这样一个重大的历史问题。这是当时一般革命知识分子所不易达到的。而且这和托尔斯泰所提出的农民问题意义完全不同。这里没有一些改良主义的气味，然而有一点倒是相似的，就是列宁说的，托尔斯泰提出的俄国农民问题，只有俄国工人阶级才能解决，那末鲁迅从《阿Q正传》中所提的中国农民问题，也只有中国工人阶级才能解决。这绝不是胡风之流所说的什么人道主义的问题，而是鲁迅所感到然而还不能明确认识和解决的革命问题。

鲁迅是清醒地实际地注视着社会现实的。例如对于青年，他一方面是寄以极大的希望，要求他们起来“点火”，但同时对于小资产阶级青年那种追求个人主义的“解放”，他是不赞成的，而且指出其虚幻。《幸福的家庭》里那个主人公的“理想”就给主妇“拍”的一巴掌打破了。在《伤逝》里则更深刻地描写了子君的那种争取“个人解放”的幻灭。子君终于回到老家去，而且死了。这比当时一些天真地、浮泛地描写青年梦想的作品要深刻和实际得多，然而对青年怎样具体去参加革命，他的认识还没有后来那样明确，只是相信新生力量总是要胜利。鲁迅之所以看得更为深刻，是因为他亲眼看到了辛亥革命后不少曾经幻想过自由平等的个人主义知识分子的没落。这就是他在《在酒楼上》、《孤独者》中所描写的一些人物。在上述这些小说里，不但表现了最清醒的现实主义的特色，也可以看到他朴素的唯物主义的思想。

鲁迅是通过艺术实践来体现当时人民大众和无产阶级的革命要求的。在他那种正确、勇敢、坚决、忠实的战斗中间，有些看法是客观上符合于历史唯物主义的。正是在这样意义上，说明了鲁迅是无产阶级思想领导下的“五四”文化革命的主将和旗手。

当然，我们也不必讳言鲁迅在这个时期世界观上局限的一面。这在走向集体主义的过渡时期中的知识分子是普遍的特征。在鲁迅那些杂文和小说里面也还保留有进化论的残余，甚至虚无主义的色彩。

这里只谈一谈鲁迅所说到过的所谓“改造国民性”或“国民劣根性”的问题。

鲁迅在《阿Q正传》和其他小说中剖解了农民精神上的弱点，这是现实的和必要的，但正如前面说过，农民精神上的弱点并不能作为农民不能自觉起来斗争的唯一的或主要的理由。农民还有他们坚强和斗争的一面，这一面鲁迅也许看得较少。改造国民性的问题，实质应该是提高人民觉悟的问题，或革命的启蒙主义的问题。这个问题只有在人民群众的革命斗争中才能逐步解决。离开群众斗争，单靠文学是不行的。例如“五四”文化运动就和“五四”爱国运动分不开。中国的落后，主要由于帝国主义、封建阶级的压迫，而不是“国民劣根性”的问题。这一点鲁迅是明白的，然而对于怎样通过无产阶级领导的农民革命来改变这种情况，鲁迅在认识上却不很明确，进化论的残余思想和朦胧的社会革命论观点的矛盾，使他常常陷于苦闷之中。虚无主义情感之来，我以为和这有关。1924—1926年，写《野草》中的一些散文时，恐怕是他这种矛盾达到最剧烈的时候，经过这一段剧烈的矛盾，在1925—1927年大革命的浪潮中，终于使他找到了马克思主义的道路。

鲁迅创造出阿Q这个杰出形象，他的主观上固然有改造国民性的意图，但是客观上所达到的，却是一个农民如何起来斗争的问题。所以在分析这篇作品时，我以为着重点应在这里，而不要只纠缠在“国民劣根性”的问题上。当然，像胡风之流利用阿Q来宣传他们那套“精神奴役创伤”的“理论”，而实质上是为了诬蔑人民，那是荒谬绝伦了。

这个时期，鲁迅世界观中的这种局限性，并不足以隐掩他灿烂的光辉。他在创作上既然和共产主义者取一致步调，他的思想中当然也已经开始有了社会主义思想的萌芽，也即是反映在他作品中那种朦胧的社会革命观点。朴素的唯物主义才是他当时世界观中主要的东西。而只有这样才能说明1927年以后他思想上的飞跃。

这样，也就使他的创作方法在“五四”以后开始从批判现实主义突进一步，具有新的特质，即开始有了社会主义现实主义的因素，虽然这种因素还只是萌芽状态的东西。这倒不必像有些人那样从他作品的字里行间去找寻这些因素（例如

《药》里的花环或乌鸦等等)，主要是由于他对现实的认识上，已经开始接受了一些无产阶级社会革命论的影响，根本否定了资产阶级的改良主义。他的朴素的唯物主义的世界观是和实际战斗紧密地结合在一起的，使他的创作能够服务于无产阶级革命和人民大众的利益，特别在他的杂文中所表现出来的革命精神，是十九世纪欧洲批判现实主义作家所没有的。然而他在当时还没有建立起共产主义的世界观，对于现实的发展，虽然肯定新的力量一定会胜利，但又不甚明了它如何胜利，所以在当时作品中就不能描写出现实的未来趋向，因此只能说是萌芽状态的因素，这种因素在 1927 年以后，就在他的作品中逐渐明确和发展起来了。

除鲁迅外，“五四”时期另一个代表作家，当然要推郭沫若了。郭沫若 1919 年就开始写诗。他一出现就显示了光辉的天才。他那种积极的浪漫主义的精神和艺术上的独创性，给“五四”的新诗歌带来了强烈的生命，立刻把《尝试集》一类新诗掩盖了。而更主要的，是他的诗歌对当时青年起了很大的政治和思想影响。他最早的诗如《女神》《凤凰涅槃》等，虽然只是表现了彻底毁灭旧的、产生新的那种追求精神，但对于“五四”时期青年中间那种冲决旧的藩篱追求光明的怒潮，也即是彻底的反帝反封建的斗争，却起了巨大的作用。郭沫若早期的思想是受多方面的影响，比较庞杂的。他有泛神论的思想(实际上是无神论的思想)，有纯艺术的思想，也有初步的社会主义的思想。他的“三个泛神论者”赞美了庄子、斯宾诺莎和加皮尔，而同时又赞美他们是“靠劳动吃饭的人”。在诗歌上，他接受惠特曼、歌德、泰戈尔等各种人的影响，他赞颂一切“叛逆者”，而他自己就是一个具有高度激情的“叛逆诗人”。1919年的《匪徒颂》和次年的《巨炮之教训》中，他赞颂历史上一切民主革命者，也赞颂了马克思、恩格斯、列宁；他赞颂了托尔斯泰，也赞颂了十月革命。他正式接受马克思主义是在1924年，但在1923年所写的《我们的文学新运动》论文中，已经指出胡适的文学改良运动，是“Bourgeois（资产阶级）的根性，在那些提倡者与附和者之中是植根太深了”，主张“把恶根性和盘推翻”，提出了要“反抗资本主义的毒龙”，这是十分鲜明的革命态度，而在次年接受了马克思主义以后不久，就参加了1925—1927年的大革命和“八一”起义，一直坚定不移地为党的事业服务。

这也说明，在“五四”时期作为向集体主义过渡的革命诗人，在他世界观和艺术思想的复杂和矛盾内容中，作为其主导思想的，仍然是唯物主义和革命民主主义，而在创作上则倾向于革命浪漫主义。尽管在创造社初期有过纯艺术的主张，在某一些诗中也反映了这种倾向（这和他“五四”前在日本时期，没有直接接触国内革命实践是有关系的），但这不是他主要的东西。而正由于这样，他就很快抛弃了那种纯艺术的倾向，提出了革命文学的主张，而且参加党所领导的革命斗争了。在基本政治态度上他和鲁迅是一致的。所以在评论“五四”时期鲁迅和郭沫若时，只能说他们在创作上流派的不同，而不能把他们对立起来。

郭沫若的浪漫主义，给“五四”文学增加了强烈的色彩。这中间有个人主义的东西，但也有集体主义的精神，而后者愈来愈成为主要的内容。郭沫若的浪漫主义是建立于现实基础之上，和现实主义相结合的，它同样反映了当时现实斗争中彻底反帝反封建的要求。这和鲁迅的作品中也具有浪漫主义的精神一样。虽然，鲁迅的现实主义精神更为突出，而郭沫若的浪漫主义精神则更为突出，成为当时文学上两大流派。但即使在艺术上也不应把它们绝对对立起来，因为在总的倾向上，都是无产阶级思想领导下的革命民主主义文学。

鲁迅和郭沫若都是中国知识分子在革命中不断进行自我改造的典范。鲁迅总是经常在解剖自己，从不掩饰自己，这种自我改造精神使他终于成为一个伟大的共产主义者。

五四时期另外两位代表作家是瞿秋白和沈雁冰。瞿秋白很早就是共产主义知识分子，是当时党内的杰出作家。他的《赤俄新文艺时代的第一燕》最早介绍了苏联文学，指出真正的文化只是无产阶级的文化。他的诗具有革命浪漫主义的精神。后来他又给鲁迅以很大的帮助。但当时他主要精力是在党的活动方面，从事文学活动的时间较少。沈雁冰（茅盾）在“五四”时期还没有从事创作，但是领导了文学研究会，为发展革命现实主义文学，作出很大的贡献。他要求文学能够担当“唤醒民众而给他们力量的重大责任”，反对“闭了眼睛冥想他们梦中的七宝楼台，而忘记了自身实在是住在猪圈里”[①]。这是文学上革命功利主义的主张。他很早就和党接触，“五四”时期他的文学工作是在党直接领导下进行的。但是他自己的创作活动，却是1927年以后开始，所以这里不加以评述了。

当然，“五四”时期还有不少其他革命作家，不能在这里一

① 见沈雁冰《大转变时期何时来呢?》。

一评述。当时凡是爱国主义的作家，可以说都是新民主主义文化战线中的成员，都为“五四”运动做出一定贡献。从上所述，也可以简单地说明“五四”文化革命重要的一翼的新文学运动，是怎样在无产阶级和党领导之下成长、发展起来，正如《新民主主义论》里说，“其声势之浩大，威力之猛烈，简直是所向无敌的”。其所以如此，是因为它正确地实践了党所指出的中国革命的任务，服务于无产阶级和人民大众的利益，因而在艺术上才能充分发挥现实主义的力量。四十年来的中国全部革命文艺历史是现实地说明革命政治与革命文艺相互关系的真理。而现在应该是我们认真地科学地来总结这些经验的时候了。

一九五九年四月

（这篇文章是作者的论文《关于“五四”文学的历史评价问题》的第二部分。全文在五月八日出版的《人民文学》上发表。——编者）

1959 年 5 月 4 日，《人民日报》

关于“五四”文学的历史评价问题

周恩来同志在一九五三年第二次全国文代大会的报告中，关于文学艺术方面提出的第一个问题就是要求文艺界同志根据《新民主主义论》的精神，对“五四”以来的革命文学作出正确的历史评价。这方面的工作可以说做得很不够。现在转瞬又是“五四”四十周年纪念了。应该有人踏踏实实地来研究和总结“五四”以来的作品和文学经验。本文只就“五四”文学的历史评价问题，提出一些初步意见，以供参考。

一

对于“五四”文学的历史评价，多年来曾经被胡风分子、修正主义分子极尽能事地加以歪曲。胡风、耿庸、刘雪苇、冯雪峰这些人都写过不少关于“五四”和鲁迅的荒谬文章。经过反胡风反革命集团和反右派的斗争以后，他们的反动理论基本上是被彻底批判了，但他们关于“五四”评价的一系列反动观点，还很少有专文驳斥。因此现在来讨论“五四”文学的历史评价问题时，还不能不首先从这里说起。

胡风比较明确地提出他对“五四”的反动观点，恰在《新民主主义论》发表以后。一九四〇年四月他所写的《文学史上的五四》，同年十月所写的《论民族形式问题》(其中有一节是《对于五四革命文艺传统的一理解》)和次年二月所写的《民族战争与新文艺传统》几篇文章中，都在这个问题上针锋相对地反对了《新民主主义论》中的论断。一九五五年胡风在假检讨中说，那时候“没有可能学习到毛主席的著作”。这是当面撒谎。《新民主主义论》发表在一九四〇年一月延安出版的《中国文化》上，当时在重庆有《新华日报》和八路军办事处，胡风是完全可以看到的。而且这以前，毛泽东同志在一九三九年发表的《中国革命和中国共产党》和《五四运动》等文章中，对五四运动的性质，也已有所论述了。而胡风却就在这以后连续发表了这些文章，显然是有意识地反对毛泽东同志的思想，歪曲和污蔑“五四”以来党所领导的革命文学运动，实质上是反动资产阶级向无产阶级争夺革命文学领导权的一个斗争。

胡风对于“五四”的反动观点，在解放以前，主要是这样几点：(一)认为“五四”是资产阶级领导的文化革命；(二)促使这个运动发生的主要原因是第一次世界大战时期中国资产阶级的自由发展和成长；(三)“五四”的历史意义是资产阶级的人道主义精神。

这三个论点不消说都是和《新民主主义论》截然相对立的。他在《论民族形式问题》中说：“以市民为盟主的中国人民大众的五四文学革命运动，正是市民社会突起了以后的、累积了几百年的、世界进步文艺传统的一个新拓的支流。”又说：“市民阶级作为一个强大的物质力量在中国土地上站了起来，以它为盟主的中国人民爆发了一个伟大的文学革命，从先进国累积了几百年的、一般意识形态上的和文艺上的民主主义斗争经验里面，惊喜若狂地找着了能够组织他们对于现实生活的认识，能够说出他们对于现实生活的感应的、创作方法上的丰富的源泉。”这里的“市民”或“市民社会”、“市民阶级”都是指资产阶级（欧洲资产阶级革命时，资产阶级自称为市民阶级）。也即是说“五四”文学运动是资产阶级领导的，而且是欧洲资产阶级文艺新拓的一个支流。在次年他写的《民族战争与新文艺传统》中更进一步说明他的理由：

由于世界大战使国际帝国主义不得不多少放松了在中国的统治，中国的市民阶级第一次经验到了自由发展的愉快，得到比较强壮的成长，有生的力量提高了求生的愿望，在求生的狂喜里面也就一同感到了劳动人民的有生命的存在，这在政治上的表现就是肯定了同盟者底力量。

在胡风看来，第一次帝国主义大战竟是给中国人民带来了“求生的狂喜”，使中国资产阶级得到“自由发展的愉快”和“比较强壮的成长”，“在中国土地上强大地站了起来”，而中国“劳动人民的有生命的存在”和“同盟者的力量”（按指工人阶级力量）也竟然是沾了这个帝国主义大战的光和中国资产阶级“自由发展”的光，而在政治上被“肯定”了。这简直是胡说八道！第一次世界大战期间，中国民族工业确有了较迅速发展，中国工人阶级人数和斗争规模也随之而发展，但这丝毫没有改变、也不可能改变半殖民地中国资产阶级的腐化和无力状态。因为在帝国主义时代半殖民地的资产阶级是不可能坚决彻底反对帝国主义，因而也不可能坚决彻底地领导民主革命。“五四”以前八十年的历史早已证明这事实，而在第一次世界大战期间，中国半殖民地的地位既未改变，中国资产阶级在政治上也并无突出的表现，何曾有什么“强大地站了起来”的事实。而在文化思想上，则比它在政治上还要落后，毛泽东同志说得很清楚：“旧的资产阶级民主主义文化，在帝国主义时代，已经腐化，已经无力了。它的失败是必然的。”

“五四”文化革命，按其性质来说，是属于资产阶级的民主革命，就其参加的阵营来说，最初也确只限于知识分子，但这一切正如《新民主主义论》所指出的，不能离开一个基本事实，即它是在俄国十月革命的号召下发生的，是在共产主义思想已经在中国知识分子中发生了巨大影响和资产阶级文化已经无力和腐化的条件下发生的，因而使这个资产阶级民主主义性质的文化革命，却不能不由无产阶级的文化思想来领导，不能不是国际社会主义文化革命的一部分。这是“铁一般的事实，谁也否认不了的”。譬如当时作为文化革命的基本阵地《新青年》杂志，其起领导作用的，并不是胡适这些人，而是在共产主义思想的指导或影响下的知识分子李大钊、鲁迅、陈独秀、瞿秋白等人，他们的文章影响，比胡适等要大得很多。《新青年》最早由陈独秀主编，一九一八年起，李大钊任编辑委员，成为一个重要的领导者。鲁迅就是这时在该刊发表了《狂人日记》等作品，开始和共产主义者相接触。一九二三年该刊又成为中共中央的机关刊物，由瞿秋白主编。这说明五四文化革命这个基本阵地，是在共产主义者的领导之下。到一九二一年党成立以后，共产主义思想的影响就更广大了。由于这样，才使“五四”运动带来了为辛亥革命还不曾有的姿态，这就是彻底地不妥协地反帝国主义和彻底地不妥协地反封建主义，也就是毛泽东同志所指出的“五四”运动杰出的历史意义。

而胡风却说五四运动的历史意义是资产阶级的人道主义。这是胡风对于“五四”的一个最基本的论点，他在许多文章中都反复宣传了这一论点。他不但把胡适的所谓“言之有物”的主张，说是“五四”这种人道主义精神的反映，也把“五四”时期鲁迅、郭沫若、茅盾等文学活动都称之为“同是属于在市民社会出现的人本主义的精神”[①]。他把这种人道主义精神说成“五四”以来新文艺运动的“一条鲜明的主线”。他在《文学史上的五四》中说：“借用‘人的发现’这一旧的说法来形容‘五四’的历史意义，虽然浮泛是有些浮泛，但我想并不大错的。”他这个“人道主义”(或叫做人本主义，人文主义，均同一名词的不同译法)，也就是他所谓从几百年的欧洲文艺中惊喜若狂地找到的创作方法的源泉，究竟是什么呢？他自己倒作过解释，即所谓“人权平等的个性主义”[②]，这确实是道地的欧洲资产阶级的人道主义思想。然而也正是在帝国主义时代已经腐化了、无力了的旧的资产阶级文化思想。

所谓人道主义的问题，不仅是胡风分子，也是其他修正主义分子一向所努努不休的。他们总是把欧洲资产阶级的人道主义、个性主义，作为“五四”革命文学的传统精神，从而又把它和社会主义现实主义的基本精神混淆起来，模糊了资产阶级文学与无产阶级领导的文学的性质区别。所以这个问题必须予以澄清。从表面现象上看，“五四”时期的文学作品中，确

---

① 见《民族战争与新文艺传统》。

② 见《论民族形式问题》。

有不少是以反映人道主义和个性解放要求为主题的。但是必须承认一个基本事实，就是“五四”以后，这种人道主义和个性解放的要求和欧洲资产阶级革命时期的人道主义和个性主义已经有了本质的区别。人道主义、个性解放这些概念，都是具有一定的历史内容，离开它的历史内容，就会混淆不清。欧洲资产阶级革命时期的人道主义、个性主义等等，都是当时新兴资产阶级意识的反映，表现为从封建的权威主义向资产阶级的个人主义的发展。人道主义、个性解放、人权平等这些概念固然和个人主义的含义并不相同，但当时这些概念却都是以资产阶级个人主义意识为基础，这是无可否认的。个人主义是资产阶级意识的基本形态。欧洲资产阶级革命时期的文学，基本上是反映了这种意识，在当时反封建斗争中是具有一定进步作用，但是真正的人道主义或个性解放在资本主义制度下是不可能实现的，而到了后来则成为敌对的东西了。某些欧洲资产阶级文学家所谓“自我主义”、“自我中心”等等，也即是后来胡风分子所谓“自我燃烧的主观精神”等等，实际上就是这种个人主义哲学的完全破产，也就是旧的资产阶级文化思想的腐化无力的表现。到“五四”以后，共产主义登上舞台，这情况就根本改变了。“五四”新民主主义的文化革命，不是引导人们向资产阶级个人主义的道路走去，而是引导人们向集体主义的道路走去。根本的区别就在这里。革命的人道主义和资产阶级的人道主义的本质区别也在这里。所以把“五四”和欧洲的文艺复兴，或“启蒙运动”等同齐观，这是非历史主义的错误看法。“五四”运动是中国人民大众或被压迫阶级的解放运动，而不是资产阶级式的个性解放运动，只有从无产阶级领导的彻底的民主革命中，才能有真正的人道主义和个性解放，正如瞿秋白所说:“贫民小资产阶级和革命的知识阶层，终于发见了他们反对剥削制度的朦胧的理想，只有同着新兴的社会主义的先进阶级前进，才能够实现，才能够在伟大的斗争的集体之中达到真正的‘个性解放’。”[①]这才是正确地说明了“五四”时期所谓人道主义、个性解放等问题的实质。

明白了这一点，也可以从“五四”时期的文学作品中看出这种本质的区别。以鲁迅来说，在写《文化偏至论》(一九〇七年)的时候，他确实是个性主义者，但正如瞿秋白指出:“鲁迅在‘五四’前的思想，进化论和个性主义还是他的基本……可是，不久他就渐渐地了解到封建的等级制度和中国社会的层层压榨。一九二四——二五年，他的《春末闲谈》、《灯下漫笔》、《杂忆》(《坟》)以及整部《华盖集》，尤其是一九二六年的《华盖集续编》，都包含着猛烈的攻击阶级统治的火焰。”[②]这时鲁迅自然还不是马克思主义者，但是进化论和个性主义已经不是他的基本思想了。这个时期鲁迅是在走向集体主义的过渡时期。把“五四”后的鲁迅和“五四”前的鲁迅的思想看作完全一样，是把一个作家和其时代关系割裂开来的错误。鲁迅在《坟》的后记中说明了自己思想的变化，所以瞿秋白说，“鲁迅砌了一座‘坟’，埋葬他的过去，热烈地希望着这可诅咒的时代——这过渡的时代也快些过去。”[③]瞿秋白在论鲁迅杂文中，指出他反自由主义的精神，也就是反对资产阶级思想的精神。他在《费厄泼赖应该缓行》中，坚决地反对“宽恕”，反对“勿以

---

①②③ 均见《〈鲁迅杂感选集〉序言》。

恶抗恶”,反对绅士们所谓“自由平等”,这不恰恰是批判了资产阶级的那种虚伪的人道主义和自由主义吗?在一九二三年写的《娜拉走后怎样》中,他也指出了在金钱支配下的社会中,个人解放是虚伪的,而即使有了钱,“也还是傀儡,无非是被人所牵的可以减少,而自己能牵的傀儡可以增多罢了”。这也说明他和易卜生那种个性解放思想,已经有了本质上不同的见解。在小说《伤逝》中也描写了这种单纯的个性解放的没有出路。子君终于回到他的父亲那里去,而且死了。在鲁迅的小说中,我们很难找到这种个性主义的痕迹,而却是鲜明的彻底不妥协的反帝反封建的精神。这和胡风所说的什么“市民社会出现的人本主义精神”是毫不相干的。郭沫若的早期诗歌,固然带有强烈的追求个性解放的色彩,但其基本精神,却也是这种彻底不妥协的反帝国主义和反封建主义。在一九一九年和一九二〇年代所写的一些诗歌里,已经开始歌颂列宁和十月革命。尽管当时他对于革命理想还是朦胧的,但已经明显地表示了反对资本主义的思想。而那个时候,欧洲的一些资产阶级文人,却正在用“人道主义”的名义在猛烈地诽谤十月革命。郭沫若当时的追求个性解放,固然受了十九世纪欧洲文艺思想的影响,但是由于时代不同,他所追求的理想已经有了新的内容。总之,五四时期,像鲁迅和郭沫若等革命作家,都还是在走向集体主义的过渡时期中,这种特点反映在他们思想中就是新的因素和旧的因素往往矛盾地并存,但作为其主导的因素或基本的精神却是在彻底不妥协的反帝反封建精神。在评价他们的作品时,首先要看到这主导的因素或基本的精神,要看到他们与时代的关系。胡风分子、修正主义分子则竭力企图抹煞或曲解这主导的或基本的精神，把“五四”新文学运动说成是资产阶级的人道主义文学运动。胡风所谓“以市民为盟主”等等，实际上是指鲁迅而言，从他的许多文章中都可以看出。他们利用鲁迅已经逝世，千方百计想把鲁迅歪曲成为五四时期中国资产阶级的代言人，代表资产阶级的人道主义思想来领导“五四”运动的，从而否认无产阶级思想在当时的领导作用。他们则企图盗窃鲁迅和“五四”传统为幌子，在革命文艺战线内部来发展资产阶级个人主义的思想，和党的文艺路线对抗，这就是前面所说过的他们是向无产阶级争夺文艺领导权的斗争。最明显的是表现在胡风的《民族战争与新文艺传统》中关于鲁迅的论述。他用自己那一套资产阶级人道主义观点，极尽歪曲地分析了《狂人日记》、《药》、《阿Q正传》等作品之后，接着说：“在这中间，是市民阶级的觉醒了的自由意志，本能地也是自觉地和‘僵尸的统治’相抗，同时也就意识地或者无意识地让他们的愿望汇合了劳动人民的愿望。”这就是他所谓由鲁迅的人文主义所开辟的“新文艺传统”。

这里说得很明白，鲁迅就是这个中国市民阶级（资产阶级）的自由意志（自由主义）的代表人，是由他“本能地也是自觉地”、“意识地或者无意识地”汇合了劳动人民的革命愿望。这段话也就解释了他前面所说过的“中国市民阶级第一次感到了自由发展的愉快……在求生的狂喜里面也就一同感到了劳动人民的有生命的存在，在政治上的表现就是肯定了同盟者的力量”。这是指资产阶级，也是指鲁迅而说的。他竟然是如此无耻地，如此明目张胆地，把五四文化革命的主将，代表中华民族新文化的方向的鲁迅，描写成为那么可怜的一个资产阶级代表人，“派定”这样的“代言人”来肯定无产阶级的力量。这是对于鲁迅政治上和文艺上最大的侮辱和诽谤！

胡风不但这样恶毒地侮辱了鲁迅，并且接着更恶毒地侮辱了文学研究会（他称之为“为人生的艺术派”）和创造社（他称之为“为艺术的艺术派”），诬蔑他们是“市民阶级的另一个灵魂，怯弱与妥协的根性”的代表者。他说：“在帝国主义和封建势力的反攻下面，市民阶级底的一个灵魂，怯懦的妥协的根性就完全暴露了出来。反映到文学上面，于是，认识现实的精神变种成市侩式的商场机智和淑女绅士们的日常腻语，自我扩张的精神变种成封建才人的风骚和洋场恶少的撞骗，而五四当时一般所有的向‘人生问题’的深处突进的探究精神，却变成了或者是回到封建故园的母性礼赞，或者是把眼睛从地下拉到天上的流云似的遐想了。”

这简直是流氓行径和文化特务的本色了！而相反地对胡适的“多谈问题、少谈主义”和“好人政府”，却给了一个“社会现象的追随主义”的评语。他说：“五四”以后，文学上的现实主义，“有这么样的三个支流”：一是批判的现实主义，二是小市民社会的凡庸主义，三是社会现象的追随主义，而“好人政府、多谈问题少谈主义”即是最后一种。[1] 至于第一种是指鲁迅，第二种又是影射文学研究会和创造社。可以看到，胡风在这些地方的反动阶级立场是何等的分明啊。像看了这些令人作呕的东西，深深感到这个反革命分子的面目实在早应该揭

---

① 见《五四时代的一面影》。

发出来了。

冯雪峰对于“五四”的说法，和胡风有些不同，但在某些主要观点上却又基本上相同。他的主要论点是表现在他的一九四五年写的《论民主革命的文艺运动》一书中。这本书写得十分晦涩，许多观点纠缠不清，自相矛盾。大概由于既要想讲出自己的看法，又不敢过于公开反对《新民主主义论》的缘故。他对于“五四”运动一般说承认是无产阶级领导的资产阶级的民主革命。但在具体分析上又自相矛盾。例如他说“五四”时期（一九一九——一九二四年）“思想革命一般地所依据的是一般进步的科学观点和资产阶级的进步民主思想。但唯物历史观学说和无产阶级的社会革命理论也已经深浸入知识分子和学生的脑子中”。这意思不很清楚，但和后面几段文章联系起来看却很明白。后面说，在一九二五——一九二七年大革命时期中，“由于工人农民开始广大的觉醒，由于大革命的激荡，无产阶级的革命理论和史的唯物论，成为新思想中的主潮”。又说，“从‘五卅’开始的大革命，实现了各革命阶级的统一战线；并且无产阶级取得了革命的领导地位。”又说“‘五四’是科学和民主的启蒙运动，这启蒙运动最初虽主要地为资产阶级所领导，也迫切地要求着扩大……都非有落后而最广大的人民作后盾不可”。这很明显，在他看来共产主义思想之成为中国革命的领导力量，无产阶级之取得革命领导地位，都是在“五卅”以后，而这以前却是主要为资产阶级所领导。在另一段文章又说，“五四”时期“在思想革命的统一战线中最坚决和居着领导地位的，就正是资产阶级和小资产阶级的激进知识分子及分明地反映工农要求的革命先进知识分子——中国马克思主义的先驱者”。这里他把资产阶级或小资产阶级知识分子和马克思主义的先驱者，轻轻颠倒一下位置，是煞费苦心的。这一切大概又是为了鲁迅的缘故。他看到鲁迅当时是小资产阶级知识分子，而同时又是“五四”文化革命的主将，他根据这一点，就硬要否认无产阶级思想在五四时期的领导作用，这就是冯雪峰的逻辑。试问这是对鲁迅的尊重还是贬低呢？对历史事实的尊重还是歪曲呢？

对“五四”的文艺思想，冯雪峰又说：“‘五四’是这近代人本主义的文学的一个最后的遥远的支流。”这又和胡风所说的市民社会人本主义“新拓的支流”口吻何等相似！冯雪峰一方面也承认“五四”时期的文艺思想主潮是革命现实主义，但又自相矛盾地说，“从旧的现实主义，决定地向新的现实主义发展的还不是‘五四’，而是一九二八年开始的无产阶级革命文学运动。”这里看出，他在抽象论述时，承认“五四”时期新文学是无产阶级思想领导的，是以革命现实主义为主潮的，但在具体分析时，又否认了“五四”时期中这个领导，否认了当时文学中这个主潮。所以说，他和胡风有些不同，但在基本观点上又是相同的。此外，在说到大革命以后的文学运动时，他们却又一致地夸大和歪曲了革命文学运动中的缺点，把“左倾机械论”夸大为这一时期主要的倾向，而胡风则更甚其辞说什么“二十年来机械论的统治”，把马克思主义思想的领导全部否定了。如果照他们的说法，那么又怎么来说明当时的文学运动竟能使国民党的“文化围剿”一败涂地呢？

“五四”时期，党初建立，对于文学运动虽然还没有像后来那样有具体的纲领和领导文艺工作的组织，多半是通过一些个人的文章来表现，但这一切均不是抹煞无产阶级文化思想对当时文艺的重大影响和领导作用。《新民主主义论》很明白指出："由于中国政治生力军即中国无产阶级和中国共产党登上了中国的政治舞台，这个文化主力军，就以新的装束和新的武器，联合一切可能的同盟军，摆开了自己的阵势，向着帝国主义文化和封建文化展开了英勇的进攻。"文学在这支生力军中是极重要的一翼，决无理由说这种情势是在一九二八年以后才开始的。至于这些情况的具体分析，我在下一节中去谈，这里只是指出冯雪峰等这种抽象的肯定、具体的否定的"理论"，对现代文学史工作上确实产生过一定的影响，妨碍了对于"五四"时期革命文学的科学评价。

解放后，胡风反革命集团忽然又一反既往，改变战略，说什么"五四"时期的鲁迅就已经是马克思主义的阶级论者了，"五四"时期的新文学已经完全是社会主义现实主义文学。耿庸、刘雪苇(他说得更早一些)和其他胡风分子，都著书立说宣传过这种"理论"，最后胡风在他那个臭名昭著的《上书》中也同样地摆出一个奇特的公式：人道主义精神即是社会主义精神，所以"五四"的人道主义文学，也即是社会主义现实主义的文学。这其实毫不奇怪的。当他们看到无产阶级已经掌握了全国政权，就连忙改用一种"左"的姿态来和无产阶级争夺文艺的领导权。当然这样一来，他们的"理论"更加破绽百出了。对于耿庸、雪苇和胡风这些谬论，曾经有些同志作过批判，这里就不再说了。

在批判了胡风分子和修正主义分子对"五四"文学的歪曲之后，下面将进而讨论对于"五四"时期文学的评价。

二

为了正确地评价五四时期的革命文学，我想首先要说明当时文学运动一些情况。

“五四”是中国新民主主义文化革命的最初阶段。在这个阶段中，政治的中心任务是彻底反对帝国主义和军阀统治，文学的中心任务则是“反对封建古装的旧文学和文言文，提倡了以反帝反封建为内容的新文学和白话”。无产阶级的文化思想——共产主义宇宙观和社会革命论，是通过统一战线来发挥其领导作用的。当时统一战线的内部也有斗争，即无产阶级和革命小资产阶级所坚持的彻底不妥协的反帝国主义反封建主义和资产阶级所主张的妥协的改良主义的斗争。这个斗争准备着后来无产阶级和资产阶级的分裂，形成四十年来文学上两条道路的斗争。革命小资产阶级文学家在无产阶级思想领导下，逐步走上集体主义的革命道路，而反动的资产阶级文学家则走向反人民的道路。革命文学的队伍，正如鲁迅所说，“愈到后来，这支队伍也愈成为纯粹精锐的队伍了”。“五四”以后文学的发展，就是沿着这样一条道路，革命民主主义向共产主义思想的发展，而决定它的则是无产阶级的思想的领导。党成立后，它在文化方面的任务是团结广大知识分子和人民大众为坚持彻底的民主革命而斗争。那时，共产主义思想的宣传，已经深入到知识分子和青年学生中间，在文学上也产生了极大的影响，但在党刚刚建立的时候，无产阶级的作家还极少，很不成熟，不可能一下就形成自己的队伍。党只有直接和间接地通过革命小资产阶级作家来领导文学运动（在党成立以前，则由一些共产主义知识分子团结和影响这些作家来进行文学运动），苏联的革命文艺理论和作品，当时都还没有大量被介绍到中国来，也还说不上马克思主义文艺理论的建设。当时主要的任务是把无产阶级和劳动人民的政治要求，体现到文艺创作中去。社会主义现实主义还是在孕育和萌芽的初期，虽然这种因素，却是引导文艺逐步向集体主义发展的决定性因素。

“五四”初期的革命作家，如鲁迅、郭沫若等，大都在走向集体主义道路的过渡时期中，他们看到了辛亥革命的失败教训，看到了帝国主义国家的瓦解和受伤，看到了十月革命的胜利，使他们一方面坚决与帝国主义和封建主义进行斗争，否定了中国走资本主义道路的可能性，另一方面，他们对革命的理想还是在朦胧的状态中，还不可能一下子就是马克思主义者。在他们的世界观中，是存在着新与旧的矛盾，然而无论如何，新的东西，即唯物主义的成分是在生长发展，并且是占主导地位的，在政治上他们肯定了党所提出的彻底的民主革命的纲领。这使他们在思想上具有“五四”前中国知识分子还不曾有过的革命民主主义的特色。正是由于这样，才使他们能够在作品中，体现了当时人民大众的革命要求，也即是无产阶级和党的政治斗争要求，才使党能够通过他们来领导当时的文艺。

以上所述，是为了说明“五四”时期无产阶级思想和党对于文学的领导，也说明当时文学运动形势与后来不同的地方。在评价“五四”文学的时候，必须根据当时的历史情况去进行评价。以前有个时候，在有些人中间，似乎存在过这么一种简单看法：认为五四时期的作品既然极大多数是小资产阶级作家的作品，所以也就把它看作是单纯的小资产阶级的文学，忽略了它是无产阶级思想领导下的革命文学的意义，因而有意无意地贬低了它的历史价值。在目前也还有些人对"五四"以来的新诗采取一笔抹煞的态度。这是对"五四"文学传统一种不正确的看法。相反，如果只就当时一些共产主义知识分子或党员所写的作品的意义来说明党对当时文学的领导作用，那也是很不够的。毫无疑问，像李大钊关于文化和文艺的论文以及瞿秋白的作品和介绍苏联文艺的论文等确实有很重要的意义，他们在文学思想上提出了鲜明的革命主张。但文艺主要是靠创作来表现。一般说，当时无产阶级的成熟作家极少，所以党还必须通过一些杰出的革命作家去领导文艺运动。鲁迅成为"五四"文化革命的主将和旗手，就是如此。五四时期鲁迅、郭沫若以及文学研究会和创造社的功绩，无疑地是属于无产阶级领导的文学事业的功绩。问题是在于如何具体地说明无产阶级思想对于他们创作活动和世界观的关系，以及他们的创作活动对于无产阶级革命事业的关系。

以鲁迅来说，他当时是小资产阶级知识分子，他的世界观还不是历史唯物主义的，然而他是"五四"文化革命的主将，尤其是"五四"新文学的奠基者。这并没有什么矛盾。"五四"文化革命的统一战线固然由无产阶级、小资产阶级和资产阶级三部分人所组成，但统一战线内部却只有两条路线的斗争。小资产阶级不是站在无产阶级这一面，就是站在资产阶级那一面，它不可能有独立的政治路线。鲁迅是站在无产阶级这一面，坚决地进行彻底反帝反封建的斗争的。他不止一次说过，要“遵革命前驱者之命”，“听革命的将令”，愿意诚实地做一个“革命军马前卒”。这是鲁迅的基本政治态度。研究一个作家，首先要看他的政治态度，但更重要的是，他的这种政治态度是真刀真枪地表现在他的文艺实践里。一九二六年以前他在北京期间，以锋利无比的杂文为武器，向当时的封建复古派的《甲寅周刊》、《学衡》、欧化绅士陈西滢和《现代评论》派、军阀走狗杨荫榆以及一九二一年后向封建势力投降的胡适等人，进行了最正确、最勇敢、最坚决、最忠实的战斗。那真是“凶猛的闯将”。他那冷光闪闪的匕首所指的方向，不正是那时党所要打击的方向吗？他那种英勇的斗争，不正是实践了党在那时候的革命任务吗？而他那种最可宝贵的“硬骨头”的性格，不也正是中国劳动人民的战斗性格吗？从表面上看，那时鲁迅仿佛是孤军奋斗，然而实际上他却是代表了广大中国人民，并且由当时党所领导的革命斗争所支持的。

鲁迅的这种“硬骨头”性格是和他那种韧性的战斗精神结合在一起的，这是鲁迅突出的风格。他这种性格的形成是由于他是“野兽奶汁所喂养大的”。[①] 由于他深刻理解中国这个“僵尸的统治”的半封建半殖民地社会，特别是辛亥革命的失败所给予他的刺激；而更重要的，由于中国无产阶级已经登上政治舞台，给予了他的鼓舞和希望。“五四”以前，他还只能是孤独的“沉思”，而在“五四”时期他就“呐喊”起来了。俄国十月革命的胜利，也使他最初看到“新世纪的曙光”。这种硬骨头的性格和韧性战斗精神，在他那时所写下来，后来收集在

① 见《〈鲁迅杂感选集〉序言》。

《热风》、《坟》、《华盖集》和《华盖集续编》中的杂文中和他的小说创作中都十分突出。主要是反映出他对于阶级统治的攻击和对于欧化绅士们的自由主义的鞭挞。除了给予那些《正人君子》和欧化绅士们的致命的打击以外，像在《春末闲谈》、《灯下漫笔》、《再论雷峰塔的倒掉》等文章中，对阶级统治作了极锐利的剖解和抨击，要求“创造这中国历史上未曾有过的第三样时代”，要求“扫荡这些食人者，掀掉这筵席，毁坏这厨房”，要求有“革新的破坏者，因为他内心有理想的光”，而对于那种“脖子上还挂着一个小铃铎，作为知识阶级的徽章的山羊”式的，或“媚态的猫”和“叭儿狗”式的各色各样高谈改良主义、人道主义、自由主义、实验主义的中国反动资产阶级知识分子，则一律予以深恶痛绝的鞭挞。这种“硬骨头”性格到了“三一八”惨案时，显得尤其突出。他指出了“血债必须用同物偿还，拖欠得愈久，就要付更大的利息”[1]。这时在鲁迅意识中实际上已经预感一个更大规模的阶级斗争将要到来了。

“五四”时期鲁迅写下了近三十篇小说，杰出地创造了一系列的典型人物。在这些小说中，主要是暴露了封建礼教的罪恶，反映了辛亥革命时代的农村现实，描写了辛亥革命前后一些个人主义知识分子的没落，可以说是辛亥革命到五四时期中国历史的一面镜子。鲁迅小说中所反映出的深刻的社会意义，有时甚至是超过了作者自己的意图。以《狂人日记》来说，不仅是如他自己所说“比果戈理的忧愤深广”，这篇小说在当时实际所发生的政治作用，要远远超过果戈理的《狂人日

① 见《华盖集续编》。

记》当时在俄国的影响，成为“五四”文化革命中反封建主义的最有力的一篇宣言。其特征就在于它的那种彻底的不妥协性，那种对于现实剖解的锐利程度。再就《阿Q正传》来说，论者多半就阿Q主义这个特征来探讨。鲁迅自己也说过这篇小说的成因，这毫无疑问是重要的。但我以为《阿Q正传》在客观上所达到的更大意义，倒是在于通过这个形象彻底批判了辛亥革命的妥协性和提出了农民问题这两点上。阿Q是在资产阶级和封建阶级妥协下牺牲的，即在赵太爷、钱秀才和假洋鬼子的“联合战线”下牺牲的中国农民。中国农民从辛亥革命中没有得到一点好处，反而遭受了更多的迫害，反映到政治上就是辛亥革命以后更残暴的军阀统治。从辛亥革命的失败经验中，鲁迅深深感到农民问题的重要。在这篇和其他几篇小说中，鲁迅提出了这个问题。他不仅是“哀其不幸”，更主要的是“怒其不争”。这就是提出了农民要起来斗争的问题。我们大可不必把阿Q说成是个革命者来表示这篇小说的革命意义，正是因为阿Q还不是革命者，所以鲁迅才“怒其不争”，才提出农民要争的问题。至于怎么争法，这自然是当时的鲁迅所不可能解决的。农民问题是中国民主革命的中心问题。农民的走向自觉革命，主要不在于解决其意识上的“麻木”“自欺”等落后性，而在于要有无产阶级领导的工农联盟和解决土地问题。这个问题一直到后来由毛泽东同志来正确解决。而在党初建立时，即在党内，对于工农联盟和土地问题的认识也是不够明确的，那又何况于鲁迅呢？然而鲁迅却提出了这样一个重大的历史问题。这是当时一般革命知识分子所不易达到的。而且这和托尔斯泰所提出的农民问题意义完全不同。

这里没有一些改良主义的气味，然而有一点倒是相似的，就是列宁说的，托尔斯泰提出的俄国农民问题，只有俄国工人阶级才能解决，那末鲁迅从《阿Q正传》中所提的中国农民问题，也只有中国工人阶级才能解决。这绝不是胡风之流所说的什么人道主义的问题，而是鲁迅所感到然而还不能明确认识和解决的革命问题。

鲁迅是清醒地实际地注视着社会现实的。例如对于青年，他一方面是寄以极大的希望，要求他们起来“点火”，但同时对于小资产阶级青年那种追求个人主义的“解放”，他是不赞成的，而且指出其虚幻。《幸福的家庭》里那个主人公的“理想”就给主妇“拍”的一巴掌打破了。在《伤逝》则更深刻地描写了子君的那种争取“个人解放”的幻灭。这比当时一些天真地、浮泛地描写青年梦想的作品要深刻和实际得多，然而对青年怎样具体去参加革命，他的认识还没有后来那样明确，只是相信新生力量总是要胜利。鲁迅之所以看得更为深刻，是因为他亲眼看到了辛亥革命后不少曾经幻想过自由平等的个人主义知识分子的没落。这就是他在《在酒楼上》、《孤独者》中所描写的一些人物。在上述这些小说里不但表现了最清醒的现实主义的特色，也可以看到他朴素的唯物主义的思想。

鲁迅是通过艺术实践来体现当时人民大众和无产阶级的革命要求的。在他那种正确、勇敢、坚决、忠实的战斗中间，他的有些看法是客观上符合于历史唯物主义的。正是在这样意义上，说明了鲁迅是无产阶级思想领导下的“五四”文化革命的主将和旗手。

当然，我们也不必讳言，鲁迅在这个时期世界观上局限的一面。这在走向集体主义的过渡时期中的知识分子是普遍的特征。在鲁迅那些杂文和小说里面也还保留有进化论的残余,甚至虚无主义的色彩。

这里只谈一谈鲁迅所说到过的所谓“改造国民性”或“国民劣根性”的问题。

鲁迅在《阿Q正传》和其他小说中剖解了农民精神上的弱点,这是现实的和必要的,但正如前面说过,农民精神上的弱点并不能作为农民不能自觉起来斗争的唯一或主要的理由。农民还有他们坚强和斗争的一面,这一面鲁迅也许看得较少。改造国民性的问题,实质应该是提高人民觉悟的问题,或革命的启蒙主义的问题。这个问题只有在人民群众的革命斗争中才能逐步解决,离开群众斗争,单靠文艺是不行的。例如“五四”文化运动就和“五四”爱国运动分不开。中国的落后,主要是由于帝国主义、封建阶级的压迫,而不是“国民劣根性”的问题。这一点鲁迅是明白的,然而怎样通过无产阶级领导的农民革命来改变这种情况,鲁迅却不很明确。进化论的残余思想和朦胧的社会革命论的观点的矛盾使他常常陷于苦闷之中。虚无主义情感之来,我以为和这有关。一九二五——一九二六年,写《野草》中的一些散文时,恐怕是他这种矛盾达到最剧烈的时候,经过这一段剧烈的矛盾,终于找到了马克思主义的道路。

鲁迅创造出阿Q这个杰出典型,他的主观上固然有改造国民性的意图,但是客观上所达到的,却是一个农民如何起来斗争的问题。所以在分析这篇作品时,我以为着重点应在这里,而不要只纠缠在“国民劣根性”的问题上。当然,像胡风之流利用阿Q来宣传他们那套“精神奴役创伤”的“理论”，而实质上是为了诬蔑人民，那是荒谬绝伦了。

鲁迅这个时期世界观中的这种局限性，并不足以隐掩他灿烂的光辉。他在创作上既然和共产主义者取一致步调，他的思想中当然也已经开始有了社会主义思想的萌芽，也即是反映在他作品中那种朦胧的社会革命观点、朴素的唯物主义才是他当时世界观中主要的东西。而只有这样才能说明一九二七年以后他思想上的飞跃。

这样，也就使他的创作方法从批判现实主义突进一步，具有新的特质，即开始有了社会主义现实主义的因素，虽然这种因素还只是萌芽状态的东西。这倒不必像有些人那样从他作品的字里行间去找寻这些因素（例如《药》里的花环或乌鸦等等），主要是由于他对现实的认识上，已经开始接受了一些无产阶级社会革命论的影响，根本否定了资产阶级的改良主义。他的朴素的唯物主义的世界观是和实际战斗紧密地结合在一起的，使他的创作能够服务于无产阶级革命和人民大众的利益，特别在他的杂文中所表现出来的革命主义精神是十九世纪欧洲批判现实主义作家所没有的。然而他在当时还没有建立起共产主义的世界观，对于现实的发展虽然肯定新的力量一定会胜利，但又不甚明了它如何胜利，所以在当时作品中就不能描写出现实的未来趋向。因此只能说是萌芽状态的因素，这种因素在一九二七年以后，就在他的作品中逐渐明确和发展起来了。

除鲁迅外，“五四”时期另一个代表作家，当然要推郭沫若了。郭沫若一九一九年就开始写诗。他一出现就显示了光辉的天才。他那种积极的浪漫主义的精神和艺术上的独创性，给“五四”的新诗歌带来了强烈的生命，立刻把《尝试集》一类新诗掩盖了。而更主要的，是他的诗歌对当时青年起了极大的政治和思想影响。他最早的诗如《女神》《凤凰涅槃》等，虽然只是表现了彻底毁灭旧的产生新的那种追求精神，但对于“五四”时期青年中间那种冲决旧的藩篱追求光明的怒潮，也即是彻底的反帝反封建的斗争，却起了巨大的作用。郭沫若早期的思想是受多方面的影响，比较庞杂的。他有泛神论的思想（实际上是无神论的思想），有纯艺术的思想，也有初步的社会主义的思想。他的《三个泛神论者》赞美了庄子、斯宾诺莎和加皮尔，而同时又赞美他们是“靠劳动吃饭的人”。在诗歌上，他接受惠特曼、歌德、泰戈尔等各种人的影响，他赞颂一切“叛逆者”，而他自己就是一个具有高度激情的“叛逆诗人”。一九二九年的《匪徒颂》和次年的《巨炮之教训》中，他赞颂历史上一切民主革命者，也赞颂了马克思、恩格斯、列宁；他赞颂了托尔斯泰，他赞颂了十月革命。他正式接受马克思主义是在一九二四年，但在一九二三年所写的《我们的文学新运动》论文中，已经指出胡适的文学改良运动；是“Bourgeois（资产阶级）的根性，在那些提倡者与附和者之中是植根太深了”，主张“把恶根性和盘推翻”，提出了要“反抗资本主义的毒龙”，这是十分鲜明的革命态度，而在次年接受了马克思主义以后不久，就参加了一九二五——一九二七的大革命和“八一”起义，一直坚定不移地为党的事业服务。

这也说明，“五四”时期作为向集体主义过渡的革命诗人，在他世界观和艺术思想的复杂和矛盾内容中，作为其主导思想的，仍然是唯物主义和革命民主主义，而在创作方法上则倾向于革命浪漫主义。尽管在创造社初期有过纯艺术的主张，在某一些诗中也反映了这种倾向（这和他“五四”前在日本时期，没有直接接触国内革命实践是有关系的），但这不是他主要的东西。而正由于这样，他就很快抛弃了那种纯艺术的倾向，提出了革命文学的主张，而且参加党所领导的革命斗争了。在基本政治态度上他和鲁迅是一致的。所以在评论五四时期鲁迅和郭沫若时，只能说他们在创作上流派的不同，而不能把他们对立起来。

郭沫若的浪漫主义，给“五四”文学增加了强烈的色彩。这中间有个性主义的东西，但也有集体主义的精神，而后者愈来愈成为主要的内容。郭沫若的浪漫主义是建立于现实基础之上和现实主义相结合的，它同样反映了当时现实斗争中彻底反帝反封建的要求。这和鲁迅的作品中也具有浪漫主义的精神一样。虽然，鲁迅的现实主义精神更为突出，而郭沫若的浪漫主义精神则更为突出，成为当时文艺上两大流派。但即使在艺术上也不应把它们绝对对立起来，因为在总的倾向上。都是无产阶级思想领导下的革命民主主义文学。

鲁迅和郭沫若都是中国知识分子在革命中不断进行自我改造的典范。鲁迅总是经常在解剖自己，从不掩饰自己，这种自我改造精神使他终于成为一个伟大的共产主义者。

五四时期另外两位代表作家是瞿秋白和沈雁冰（茅盾）。瞿秋白很早就是共产主义知识分子，是当时党内的杰出作家。他的《赤俄文艺时代的第一燕》是最早介绍了苏联文学，指出真正的文化只是无产阶级的文化。他的诗具有革命浪漫主义的精神。后来他又给鲁迅以很大的帮助。但当时他主要精力是在党的活动方面，从事文学活动的时间较少。沈雁冰在五四时期还没有从事创作，但是领导了文学研究会，为发展革命现实主义文学，做出很大的贡献。他要求文学能够担当“唤醒民众而给他们力量的重大责任”，反对“闭了眼睛冥想他们梦中的七宝楼台，而忘记了自身实在住在猪圈里”。[①] 这是文学上革命功利主义的主张。他很早就和党接触，“五四”时期他的文学工作是在党直接领导下进行的。但是他自己的创作活动，却是一九二七年以后开始，所以这里不加以评述了。

当然“五四”时期还有不少其他革命作家，不能在这里一一评述。当时凡是爱国主义的作家，可以说都是新民主主义文化战线中的成员，都为“五四”运动做出一定贡献。从上所述，也可以简单地说明“五四”文化革命重要的一翼的新文学运动，是怎样在无产阶级和党领导之下成长、发展起来，正如《新民主主义论》里说，“其声势之浩大，威力之猛烈，简直是所向无敌的”。其所以如此，是因为正确地实践了党所指出的中国革命的任务，服务于无产阶级和人民大众的利益，因而在艺术上才能充分发挥现实主义的力量。四十年来的中国全部革命文学历史是生动地说明革命政治与革命文艺相互关系的真理。而现在应该是我们认真地科学地来总结这些经验的时候了。

一九五九年四月

1959 年 5 月 8 日，《人民文学》5 月号

---

① 见《大转变时期何时来呢?》。

在战斗中继续跃进

——在中国作家协会第三次理事会(扩大)会议上的报告

四年来我国文学的变化和发展

自从上届理事会(扩大)会议以来,我国已经从社会主义革命时期进入到社会主义建设时期了。全国人民在建设社会主义总路线的指导下,正以雷霆万钧的力量在创造着自己的历史,进行着伟大的社会主义建设。总路线、大跃进、人民公社,像万道朝霞,照耀着我们前进的道路。这是毛泽东同志对于马克思列宁主义的创造性的发展。他向我们指出了我国建设社会主义以及由社会主义向共产主义前进的正确途径。我们伟大的社会主义建设,也就是为了将来在我国实现共产主义积极地准备物质条件和精神条件。共产主义——这是六亿五千万劳动人民无限光明、无限美妙的最高理想。我们的一切工作应当为着这最高理想而奋斗!

在这样伟大的现实前面,在这个崇高的理想前面,我们的文学将怎样来实践时代托付给我们的重大任务呢?

文学的职能不仅是反映现实,更主要是改造现实。这是列宁的能动的反映论的基本观点，也是马克思列宁主义美学的基本观点。一个革命作家应当把自己看作是开辟历史道路的工人，而不仅仅是历史现象的记录员。司汤达把小说比喻为“路上的镜子”，有些人很欣赏这个比喻；而在我们看来，这个比喻是多么不合适。我们的文学不是这样的镜子，而是照亮历史前进道路的探照灯，是创造新世界的精神武器。毛泽东同志说：“革命的文艺，应当根据实际生活创造出各种各样的人物来，帮助群众推动历史的前进。”这才是革命文学的根本职责。

在社会主义时代，由于人们掌握了历史的规律，人民主宰了自己的命运，人的主观能动性对于客观世界的作用，比过去任何时代大大地加强了，上层建筑对于基础的作用，也大大地加强了。上层建筑不仅被其基础所决定，而且是促使基础变革和发展的重大力量。为什么，我们国家能够出现如此巨大的跃进呢？为什么我国人民的精神面貌有如此巨大的变化呢？这不仅由于经济基础的改变，更主要的是由于无产阶级专政的力量，由于伟大的毛泽东思想的力量，由于马克思列宁主义在实际生活中所产生的不可估量的作用。上层建筑对于基础的强大作用，是社会主义社会的一个重大特征。我们必须从这一点上来考察我们文学和社会生活的关系以及对它的作用。社会生活已经发生了根本的变化，我们的文学也必然要相应地发生变化。匍匐于古人的经验之前，不敢越雷池一步，决不是革命文学家的态度。

毛泽东同志在《关于正确处理人民内部矛盾的问题》中，科学地阐明了社会主义社会中生产关系同生产力、上层建筑同经济基础之间的矛盾关系。他指出这些矛盾仍然是社会主义社会中的基本矛盾，不过同旧社会的这些矛盾具有根本不同的性质和情况罢了。毛泽东同志正是根据这种科学的分析，天才地发展了马克思列宁主义的不断革命论和革命发展阶段论相结合的学说。这个学说的重大意义，就在于要求人们正确地认识现实的矛盾关系，掌握历史发展的规律，充分发挥人的主观能动作用，不断地克服矛盾，改造世界。在这里，重要问题之一，就是不断地调整和改进人与人之间的物质关系和精神关系，不断地提高人民群众的共产主义觉悟和道德品质，以适应和推动生产力的高度发展。所以移风易俗，改造世界，正是目前一切意识形态部门的共同任务。文学能否适应时代和群众的需要，首先决定于它能否提高人民群众的共产主义觉悟和促进共产主义的人与人关系的发展。

我国在经济上完成了社会主义革命以后，国家的物质基础发生了深刻的变化，因而人与人的关系也起了巨大的变化。一种新型的、共产主义的、同志式的互助合作关系，在社会生活各方面普遍地出现了，共产主义的道德观念大大提高了。在工矿企业中，实行了两参一改三结合的新制度，风起云涌地展开了技术革新和技术革命，在这些运动中，表现出工人阶级高度的创造才能、智慧和大公无私的共产主义风格；在农村中间，人民公社改变了几千年来小生产者的传统观念，树立起集体主义的新观念；而现在城市人民公社也建立起来，出现了人人乐生产、家家无闲人的新气象；公共食堂和托儿所的普遍建立，使占人口半数的妇女，从灶台和摇篮旁边解放出来了；工农群众知识化，知识分子劳动化；教育与生产相结合，作家、艺术家、科学家与劳动群众相结合，大大改变了文教战线的面貌。共产主义的协作和竞赛，成为各个部门的新风气，“阶级兄弟心连心”，这是近来流行在人们中间的一句口号，这句口号多么响亮呵！在这样的社会中，新人新事不断地涌现，共产主义因素不断在增长。“春风杨柳万千条，六亿神州尽舜尧”——毛泽东同志这著名的诗句，高度概括了当代我国人民的精神面貌。这是决定我国能以多快好省的方法进行社会主义建设的基本因素之一。

这种人与人的关系的变化，人民精神面貌的改变，对文学来说，无疑具有重大和直接的影响。文学总是通过人与人的关系的描写来反映社会。一定时代的社会关系以及作家对于这种关系的看法，决定着一定时代文学的基本内容。解放以后我们的文学和民主革命时期的文学相比较，已经有了很大的发展，现在当国家进入到社会主义建设时期，社会关系与人民生活的巨大变化，对于文学的影响尤其显著。从上届理事会（扩大）会议以来的四年中间，我们文学战线上经历了一次极其深刻的社会主义革命，这就是1957年的反右派斗争。这次斗争，为我国社会主义文学开辟了一条广阔的道路。紧接着这次斗争，全国作家普遍地长期地深入了基层生活，进一步加强了与劳动群众的密切结合。1958年在党的总路线的鼓舞下，掀起了一个声势浩大的文学艺术大跃进的高潮。这四年中间，党中央提出了百花齐放、百家争鸣的政策，提出了工农群众知识化、知识分子劳动化的方针，提出了文化革命的任务。毛泽东同志又向文艺界提出了革命现实主义和革命浪漫主义相结合的艺术方法。这一切大大改变了我们文学战线的面貌，鼓舞了作家和一切文学工作者的信心，提高了文学的思想水平和艺术水平。这四年间可以说是我国社会主义文学一个新的发展时期。周扬同志和茅盾同志的报告中对近年来文学艺术的形势和成绩，已经作了正确的估计和分析。我这里只是谈一谈这个时期中我们文学上的一些主要的变化和特征。

最主要的一个变化，是经过反右派斗争以后文学上所出现的百花齐放的灿烂景象。这几年来，我们出版了大批新的优秀作品，涌现出大批新的作家。这些作品中普遍地表现出鲜明的革命倾向，充满着革命英雄主义和乐观主义的精神，而同时在创作风格上又各有特色，争妍竞艳。革命倾向性的一致和风格形式的多样化，是近年来我们创作上一个重大的发展。文学的风格和形式愈来愈趋向于民族化和群众化。在新民歌运动的冲击下，诗人们努力在新民歌和我国古典诗歌的基础上，创造新的民族形式。小说、戏剧在民族形式的创造上都取得了显著的成就。各少数民族文学的迅速成长，也促进了文学风格和形式的更多样的发展。这种变化是由于时代精神的影响，同时也由于作家和工农兵群众进一步的密切结合。这种发展证明了：只有在工农兵的文艺方向下，才能真正贯彻执行百花齐放、百家争鸣的政策；反过来说，只有贯彻执行了百花齐放、百家争鸣的政策，才能使在工农兵方向指引下的文学艺术取得更丰富、更广阔的内容。正如周扬同志报告中所指出的，在为工农兵服务的方向下，实行百花齐放、百家争鸣、推陈出新的政策，是发展社会主义文艺最正确、最宽广、最富于创造性的道路。我们知道，列宁在提出文学党性原则的同时，就指出了要保证作家个人的创造性。毛泽东同志关于百花齐放、百家争鸣政策的阐明以及鉴别香花毒草的六条政治标准的提出，正是发展了列宁的这个思想，指出了政治上的一致性与艺术风格上的多样性的辩证关系，并且根据对社会主义社会中人民内部矛盾的科学分析，把这个政策作为处理人民内部矛盾的正确方法。四年来，由于正确地执行了这个政策，使文学的内容和形式都取得巨大的发展。从一些优秀作品中间，我们还可以看到作品的倾向性总是通过作家对于生活的深刻认识和真实感受而表现出来。我们作家不是静止地旁观地描写生活，而是参加到生活斗争中间，用饱满的政治热情观察生活，描写生活，所以才能更突出地表现出创作个性，表现出生活的真实，使倾向性和真实性达到尽可能完满的结合。许多作品的共同特征，就是从生活和斗争的描写中间，创造出各种各样的、鲜明生动的劳动人民的英雄形象；通过这些形象，反映出人与人之间的新的关系、新的个性和新的道德观念的成长过程。这些作品之所以受到千百万读者的欢迎，这是最主要的原因。读者所需要的，不只是一般生活现象的描写，而是要比实际生活更高、更强烈、更集中、更典型、更理想的东西。他们要求从作品中间得到强烈的鼓舞，看到革命理想的闪光。英雄的时代要求英雄的诗篇，也应该产生这样的诗篇。近年来许多作家正在探索着这样的创作途径。毛泽东同志关于革命现实主义和革命浪漫主义相结合的创作方法的指出，及时地解决了这个问题，向我们指出了一条广阔的创作途径。我们的许多优秀作品，应当说，已经在不同程度上开始表现了这种新的创作方法的特色。这些作品不仅运用了典型化的方法，创造出各种具有鲜明性格的人物，而且突出地表现了正在萌芽和成长的革命新生力量，向读者展示了时代的远影和革命的理想。例如《红旗谱》《创业史》《山乡巨变》这几部描写农村的小说，不但成功地创造了老一辈的农民典型，从他们身上反映出几十年来中国农村的深刻变化，而且着力地创造了在无产阶级培育下的新的一代农民典型。作者把希望和理想寄托在他们身上，从他们的成长过程中显示出我们国家和人民的未来。在其它不少成功的作品中也同样表现了这种特点。出现在我们作品中间的，不再是旧时代中那种仅仅为着个人命运而或悲或喜的人物，不再是那种无可奈何的悲剧；文学感染人的也不再是那种怜悯和悲叹，而是劳动人民的英雄气概和革命热情。这正是社会主义文学和批判现实主义文学具有本质区别的特征。我们的文学表现了这种特征。修正主义者和另外一些人硬说革命的倾向和革命的理想会妨碍艺术的真实性。他们醉心于个人的琐屑欲望的描写，小市民阴暗心理的刻画，以为这才是艺术的真实。这种所谓“写真实”，实际上恰好是违背了革命的现实，抛弃了革命的精神，表现对于革命的抵触和厌倦，因而在艺术上也就背离了社会主义的道路，退回到资产阶级文学的老路上去了。几年来，我们不但在理论上粉碎了这种倾向，并且用具体的作品证明了社会主义文学的优越性和我们创作道路的正确性。这是我国文学战线上的一个重大的胜利。

文学上另一个重大的变化，就是出现了一个规模广阔、气势磅礴的新民歌运动和群众创作运动。千百万劳动群众投入到这个运动中，写下了大量的诗歌、小说、曲艺等各种形式的作品;其中不少人参加工厂史、公社史、部队史的编写工作。此外,许多老干部也热情地参加了革命回忆录的写作,取得了巨大的收获。在这个运动中,出现了一大批具有较高水平的工农作家,而且肯定地说,还将涌现出更多这样的工农作家。这说明了,从劳动者自身中间产生出优秀作家的条件,在我国已经成熟了。群众创作运动的高涨,反映了我国劳动人民在大跃进的时代中,要用自己的语言和艺术形象表达自己的创造热情的强烈欲望,要使自己成为文化的主人的迫切要求。这种高涨的群众创作运动,是社会主义文化革命的一个重要部分。它为我国文学艺术的提高奠定了极其广阔的基础。应当说,这是延安文艺座谈会以来,文学的普及与提高相结合的方针进一步的发展。

在文学理论批评战线上,经过了 1957 年文学界一场大辩论和对现代修正主义的不断斗争,马克思列宁主义的旗帜已经鲜明地树立起来了,理论批评上的百家争鸣也普遍地展开了。几年来关于创作方法问题、美学问题、诗歌形式问题、文学史问题、英雄人物创造问题以及最近关于人性论、人道主义和遗产问题的普遍讨论,引起了文学界热烈的兴趣,树立了自由辩论的良好风气。特别值得提到的,是全国高等学校文学院系的青年师生热情地参加到文学理论批评的实际斗争中来,发挥了敢想敢说的精神,进行了集体的研究和写作,取得了很大成绩。例如北京大学同学编写的《中国文学史》,就是重大的收获之一。这样就为理论批评战线增加了一股强大的新生力量。尽管在建设马克思主义文学理论的工作上,还需要经过极大的努力,但是我们已经找到了一条正确的途径。

我们的理论批评不是那种脱离实际、脱离群众的教条主义和学院式的，而是紧密地结合着当前的思想斗争和创作实践，坚决贯彻群众路线，遵循着百家争鸣的方针而发展的。经验证明，马克思主义的文学理论批评，必然是通过同资产阶级文艺思想的不断斗争以及通过马克思主义指导下的自由辩论而建设起来的。无论在思想斗争和理论建设中，我们总是提倡旗帜鲜明、立场坚定的态度，提倡理论与实际相结合、革命精神与实事求是的态度相结合的方法；同时又要善于区别敌我矛盾和人民内部矛盾，善于鉴别香花和毒草。对于毒草，我们主张经过群众的批判而彻底铲除，对于香花则应当积极鼓励促使其迅速成长。只有这样，我们的理论批评才会更有效地发挥它的战斗性能和促进创作的作用。

我们的文学队伍，在这个时期中也有了很大的发展。许多作家经过了劳动和斗争的锻炼，经过了历次的思想斗争，逐步树立起马克思主义的世界观；另一方面，大批的工农作家和革命新生力量已经参加到文学队伍里来。其中，如胡万春、费礼文、黄声孝、刘勇、万国儒、李茂荣、李学鳌、饶阶巴桑等，都是从工人、农民、战士中涌现出来的具有相当水平的新作家。各少数民族的文学队伍也大大地扩展了。在作家协会会员中，革命的新生力量已经占了巨大的优势，而且我们还有极其广大的后备军。我们的文学队伍是由专业作家和广大的群众业余作者两部分力量组成的。专业作家深入到群众的土壤中去，同时又从群众的土壤中培养出大批新的作家。这样，就形成了在党领导下的一支以工人阶级作家为骨干的马克思主义的强大的文学队伍。

四年以来，我们文学的变化和发展，我以为上述各点具有最重大的意义。这些变化是带有革命性的。尽管我国社会主义文学还是在年青的时期，但是在党中央和毛泽东同志的领导之下，我们已经开辟了一条康庄大道。这就是文学在为工农兵服务的方向下实行百花齐放、百家争鸣、推陈出新和作家与劳动群众密切结合、普及与提高相结合的道路。沿着这条道路坚决前进，我们文学事业的前途是无可限量的。

我们必须充分地估计这些变化和革新的意义，肯定我们的成绩。但是我们决不能有丝毫的自满。任何时候，自满总是要不得的。从时代和群众的要求来说，我们工作还作得很不够，而且还有不少缺点。应当看到，在今后十年中间，由于经济建设的迅速发展和文化革命的普遍深入，我国劳动人民的文化水平将大大提高，因而对于文学艺术的要求也必然将更加迫切，更加严格。如何使我们的文学能够适应新的形势，更好地贯彻执行党中央和毛泽东同志所指明的文艺路线，促进社会主义建设和社会主义文学的迅速发展，就是这次理事会（扩大）会议所要讨论的问题。

陆定一同志代表党中央和国务院在第三次文代大会上的祝词中以及周扬同志的报告中，向我们提出了今后文艺工作的各项任务。这些任务的基本精神，我以为就是兴无灭资，就是坚持社会主义文学的道路，反对资产阶级的和修正主义的文学道路，就是为了使我们文学更好地为提高人民的共产主义思想觉悟和肃清资产阶级政治影响、思想影响而奋斗。这是社会主义建设时期中文学的根本任务。

社会主义文学是改造和提高人民精神生活的重要武器。

它的主要职责是培养共产主义的新人，发展共产主义的个性，促进社会主义、共产主义的人与人的关系的发展。这是社会主义建设中的一项重大的政治任务。党的八届六中全会决议指出，全国人民共产主义思想觉悟和道德品质的极大提高是实现共产主义的一个重要条件。这是需要几十年时间，依靠全党动员，依靠一切文化教育部门动员才能做到的事情。而文学，由于它具有强大的艺术感染力量和形象教育的作用，负有重大的使命。我们的一切工作，应该朝着这个远大的目标，为着不断地创造这个条件而努力。毛泽东同志曾经说过，我们是以最广和最远为目标的革命功利主义者。因此，我们的文学不但要密切地配合当前的任务，并且要与人民的长远利益相结合。我们应当认真地考虑社会主义文学的长期建设工作，要求在今后若干年内，不断地产生出一批大大超过目前水平的杰出作品，培养出更多的具有高度政治修养和艺术修养的作家，建立起更富于创造性的马克思主义的文学理论和文学批评。文学的共产主义教育作用总是通过作品的艺术感染力量而表达出来。没有强大的艺术力量，也就不能够充分地表现出崇高的政治思想内容。为了使我们文学更好地担负起时代的任务，应当采取积极措施，使我们队伍的政治水平和艺术水平有更迅速和普遍的提高。我们作家都是拥有几十万、几百万甚至上千万的读者群众的，我们必须重视自己的责任，向自己提出更严格的要求，使我们文学在社会主义建设事业中发挥出更加巨大的作用。

在建设社会主义文学的同时，我们必须同一切资产阶级思想，尤其是现代修正主义思想作坚决的不调和的斗争。肃清资产阶级政治影响、思想影响和提高人民的共产主义觉悟和道德品质是两个不可分割的基本任务。布新必须除旧，要促使新的事物的生长，就必须促使旧的事物迅速死亡。任何新的事物、新的意识的成长，都要和旧的事物、旧的意识作你死我活的斗争，这是客观的规律。社会主义、共产主义的人与人的关系并不是随着旧的经济基础的被消灭而自发地出现的。它需要经过不断的调整与改革，不断的教育与提高，尤其需要与阻碍它发展的资产阶级思想作不断的斗争。资产阶级意识形态并不是随着资本主义经济基础的消灭而立即消失的，阶级斗争也不会立即结束的。资产阶级意识形态的存在，是上层建筑同经济基础的主要矛盾之一。否认这种矛盾的存在是不现实的，是不切实际的。而且在社会主义社会中，由于资产阶级法权残余的存在，资产阶级政治、思想影响的存在，仍然会产生出资产阶级分子和修正主义分子。此外，我们还必须看到资产阶级的文化教育和习惯势力对于知识分子的影响还是相当深远。要彻底肃清这些影响，并不是短时期的事情。党告诉我们，在整个社会主义建设过程中，无产阶级和资产阶级的意识形态的斗争还将长期地、曲折地、时起时伏地继续下去。政治战线、思想战线上的社会主义革命必须贯彻到底，才能在人们的思想上和道德上最后消灭掉资本主义的残余，极大地提高人民的共产主义思想觉悟和道德品质。

文学是思想战线上的前哨，总是最敏锐地反映着阶级斗争的形势。我们的社会主义文学就是通过这样一系列的思想斗争而发展过来的。文学上的这些思想斗争，归根到底是反映着新的生产关系同旧的生产关系的斗争，经验证明，每逢生产关系有了新的变革的时候，这种斗争就会在文学领域内呈现出来。胡风反革命集团的进攻出现在社会主义改造的过程中，文艺界右派的进攻出现在资本主义所有制刚刚被消灭以后，这都不是偶然的。而现在，当社会主义革命日益深入的时候，文学战线上也仍然会继续出现兴无灭资的斗争，也是毫不奇怪的事情。如果这样一个深刻的社会主义革命，居然可以毫无矛盾，那倒反而是奇怪的了。马克思主义者对于现实生活中的矛盾，对于意识形态上的矛盾，不能够采取回避或调和的态度，必须区别这些矛盾的性质，正确地对待和处理这些矛盾，通过不断的斗争，取得兴无灭资的彻底胜利。我们的创作不但要热情地去歌颂革命的新生事物，也要无情地去鞭挞一切垂死的、反动的事物；我们的理论批评尤其要和各种资产阶级思想，首先和现代修正主义思想作不调和的斗争。在社会主义社会中，资产阶级思想的进攻常常采取一种伪装的、狡猾的形式，用马克思列宁主义的词句作为自己的保护色。文学上的现代修正主义就是它的一种主要表现形式。过去胡风分子、右派分子所宣传的文艺思想以及最近文学界正在批判的人性论和资产阶级人道主义思想，都是修正主义在我国文学上的表现。这种修正主义思想在我国文学上虽然不占重要的地位，但是由于它经常在马克思列宁主义的伪装下用资产阶级的腐朽思想来欺骗群众，麻痹人民的革命意志，用资产阶级的文学观点来反对无产阶级的文学，它在政治上和文学上的危害性是绝不容许我们低估的。同时，这种修正主义文艺思想是一种国际的现象。国际的修正主义者也正在露骨地宣扬人性论、资产阶级人道主义和和平主义的思想。这种思想是和马克思列宁主义水火不相容的。反对修正主义是文艺战线上的长期斗争。为了保卫马克思列宁主义的纯洁性,为了肃清资产阶级的思想影响和提高人民的共产主义觉悟,必须在文学上坚决摧毁这种反动思想,把它从我国文学领域内彻底铲除干净。

坚决反对现代修正主义的文艺思想

现代修正主义是当前国际共产主义运动中的主要危险,是帝国主义政策的产物。1957 年在莫斯科召开的共产党和工人党代表会议的宣言中指出:“资产阶级影响的存在,是修正主义的国内根源。屈服于帝国主义的压力,则是修正主义的国外根源。”因此,反对现代修正主义不仅是国内思想战线上的斗争,并且是国际性的长期斗争。

现代修正主义在意识形态上的目标,就是要破坏马克思列宁主义关于阶级斗争和无产阶级专政的学说。他们知道,这个学说是马克思列宁主义理论的核心,也是它的伟大力量之所在。要破坏国际共产主义运动,首先就要破坏这个学说。铁托集团竭力鼓吹阶级协调,宣扬和帝国主义“积极共处”、“和平合作”,宣称列宁的学说已经“过时”,其目的无非是妄图破坏社会主义阵营,服务于帝国主义。为了帮助帝国主义麻痹各国人民的革命斗志,他们近来尤其热心于和平主义的宣传。他们到处散布帝国主义者“放下屠刀,立地成佛”的幻想,企图在群众中造成一种错觉,似乎不要经过严重斗争就可以得到真正的持久和平;他们故意混淆正义战争与非正义战争、革命战争与反革命战争的区别，在群众中制造对于反侵略、反压迫战争的厌恶情绪。为了替这一套和平主义和反社会主义的宣传寻找“道义的根据”，他们从资产阶级思想武库中找出了人道主义和人性论作为武器。

保卫世界和平是世界人民的庄严要求。中国人民同苏联人民、社会主义各国人民一起，始终是保卫世界和平最坚定的战士。我国是著名的和平共处五项原则的倡议者。我国一向正确地执行了关于不同制度国家之间和平共处的原则。一百年来曾经饱受帝国主义侵略战争祸害的中国人民，深深懂得：帝国主义是战争的土壤，和平不能乞求，只有通过斗争才能取得真正的持久的和平。争取和平是同社会主义、同革命斗争不能割裂的。列宁在《和平问题》中说：“我们的理想就是结束战争，实现国际和平，停止掠夺和暴行，但是只有资产阶级诡辩家才会用这种理想来迷惑群众，把它同立即直接鼓吹革命行动割裂开来。”现代修正主义者就是这种资产阶级的诡辩家。在他们看来，似乎要和平就不要坚决反对帝国主义，要坚决反对帝国主义就会破坏和平。他们把和平共处和反对帝国主义斗争截然对立起来。这种奇怪的逻辑实际上是帮助帝国主义延长寿命。所以说，它是帝国主义政策的产物。

文学上的修正主义者和政治上的修正主义者一样，力图抹煞文学的阶级性和党性，抹煞无产阶级文学与资产阶级文学的区别。他们用资产阶级的人性论、人道主义来反对无产阶级的文学，反对列宁的关于文学党性的原则，提倡和资产阶级意识形态和平共处。卢卡契在 1956 年匈牙利事变前一个月所发表的文章中，公开地否定列宁关于帝国主义与社会主义两个阵营的理论，说什么“马克思主义的任务在于要从全面观点来观察事物，从和平共处的观点，从今天战略的观点无偏见地来批判作品”。在他看来，从阶级观点、革命观点来评判作品就是不全面的，就是“偏见”；而从两种意识形态和平共处的观点来评判作品，才是“全面的”、“大公无私”的。可是就在他放出这种烟幕的下一个月，这位纳吉政府的文化部长就和美帝国主义者勾结一起，在匈牙利事件中公开叛变了。

另一个著名的叛徒霍华德·法斯特，在他叛变革命以后所写的一本书中说：“很可能我们会亲眼看到民主的社会主义和民主的资本主义在为我们子子孙孙缔造一个更好的世界的工作中和平合作。”看吧，这就是叛徒们对于和平共处的曲解。多么的赤裸裸，多么的无耻啊！南斯拉夫文学界的现代修正主义者，一方面宣称他们的文学是超政治的，一方面却为铁托集团的政治纲领大肆吹捧。这个臭名昭著的政治纲领，主张文学艺术“要摆脱阶级的制约和局限性”，要服务于“作为生物的人的真理”。他们把这种文学标榜为“人道主义的文学”，“具有人性目的的文学”。这种所谓人道主义的文学是什么呢？它一方面竭力鼓吹和平主义，反对革命战争和正义战争，醉心于揭露社会主义制度的“黑暗”；一方面津津有味地歌颂个人主义，美化资产阶级的生活方式。从这种所谓人道主义的观点看来，革命斗争和革命战争都是不人道的，屈服于帝国主义倒是人道的；无产阶级专政是不人道的，资产阶级虚伪的自由倒是人道的；社会主义的集体劳动是不人道的，资产阶级的个人主义、享乐主义倒是最人道的。在他们看来，人生的最高目的就是满足于个人的幸福和爱情，满足于个人的物质享受，而革命和斗争则是讨厌的东西。正是这样，所以他们无耻地诽谤社会主义国家的生活，美化资产阶级的生活；诽谤社会主义的文学，宣扬资产阶级的文学。这种所谓人道主义的文学，实质上是反映工人阶级叛徒对于世界社会主义力量日益强大所感到的恐惧和仇恨。

这种资产阶级和平主义和资产阶级人道主义的思想也影响了一些革命意志衰退的作家。我们看到有一些作品渲染着革命的、反法西斯战争的“恐怖”和“残酷”，把劳动人民和革命战士写成贪生怕死，士兵不知道为什么而战，主人公除了追求个人幸福和家庭幸福以外，再没有什么较多的理想了。社会主义文学一向所坚持的以共产主义思想教育人民的精神和描写无产阶级英雄气概的特色，在这些作品中消失了，而被一种阴郁的、灰暗的资产阶级人道主义思想所代替了。我们不禁要问：这种作品对于广大人民群众有什么好处呢？对于保卫社会主义祖国和世界和平的战士们会产生什么样的作用呢？我们不能容许这些充满着资产阶级思想的作品冒充社会主义的香花来迷惑人民。

正因为现代修正主义者打着“人道主义”的旗号来从事和平主义和反社会主义的宣传，为了揭露它的虚伪性和反动性，我想谈一谈我们对人道主义的一些看法。

人道主义思想是历史的产物。我们应当按照马克思主义的历史观点和阶级观点来考察它。历史上有过各种各样的人道主义，我们要看它们赞成什么，反对什么，对当时和今天人民的利益关系如何，而对它们分别采取不同的态度。

资产阶级人道主义的实质，是以个人为本位、自我为中心的个人主义；它反映着资本主义生产关系的要求。但对于封建主义来说，它是进步的思想。在文艺复兴时期和欧洲资产阶级革命时期中，它曾经产生过进步作用，对近代文化的发展有过重大贡献。它之所以能够产生这种进步作用，就是因为它和反封建的革命相结合，离开了这一点，人道主义便成为虚伪的说教。

到了资产阶级取得政权以后，资产阶级的革命性立即丧失了。资本主义制度不但不能实现其自由、平等、博爱等等诺言，反而带来了更加公开的、无耻的、直接的、冷酷的剥削。人道主义思想一旦和反对封建主义的革命分离开来，就丧失其原来的光辉，成为欺骗群众的一种改良主义思想了。尽管人道主义者中间，也有一部分人，包括某些作家在内，确实不满意于资本主义的残酷剥削，而且谴责它，但其目的并不是要变革这个制度，而是企求以改良和妥协的方法来巩固资产阶级制度的存在。19 世纪资产阶级的人道主义基本上是属于这种改良主义思想的体系。由于社会发展情况的不同，直到 19 世纪后半期，俄国和其他一些封建、半封建国家中的进步作家的肩上还担负着反封建的任务。同农奴解放运动联系起来，19 世纪的俄国文学因此放射出灿烂的光辉。但是即使在 19 世纪俄国文学中间，人道主义思想，例如托尔斯泰的人道主义，也并不是它的精华，更不是值得我们学习的东西。

现代修正主义者往往利用 19 世纪的文学作为幌子来大肆宣扬资产阶级的人道主义，抹煞资产阶级人道主义与无产阶级人道主义的区别。他们把资产阶级人道主义说成是 19 世纪文学最可宝贵的“精华”，是现实主义的基础。卢卡契就认为人道主义和现实主义是“有机的整体”。所以我们还必须来看一看资产阶级人道主义思想在19世纪文学中的作用。

19世纪的现实主义文学毫无疑问具有重大的历史价值。它的价值是在于它通过艺术的真实描写，深刻地揭露出资本主义社会的矛盾，有力地批判了资本主义制度的罪恶，引起群众对资本主义的憎恨，因而在一定意义上打击了资产阶级的反动统治。一些杰出的作家由于他们自己在社会实践中所感受到的深刻矛盾和痛苦，迫使他们去注视现实，同情人民和寻求出路，这就是作家的实践和认识对于创作的作用。而在这种认识的过程中，他们世界观中的人道主义思想却常常阻碍他们更透彻地去看清现实的本质和前途。他们不是从阶级斗争的观点和社会发展的规律去认识现实，而往往从“人类之爱”这一类抽象的观念去认识现实，因而不能正确地看到社会斗争的出路，甚至于避开了现实的斗争。这种思想反映在他们作品中也常常表现为一种消极的因素。特别是19世纪中期以后的现实主义作品中所表现出来的，大多数是一种悲天悯人、愤世嫉俗的和个人奋斗的思想。这种思想不是鼓舞人们去和资本主义作坚决斗争，而是劝导人们去洁身自好，独善其身。作者不是向人民指出斗争的正确道路，而是以悲叹和眼泪去抚慰他们的心灵，以良心的药膏去治疗他们的痛苦，引导他们去和现实妥协或者作绝望的消极的抵抗。被毁灭了的贵族知识分子、被社会排挤的资产阶级知识分子，在资本主义走向没落的年代中，深刻地感到自己的孤立无援，找不到出路。就在这种矛盾的基础上，一方面迫使他们去同情人民，关怀人民；而另一方面又给文学带来了一种强烈的悲观主义。

列宁指出："悲观主义、不抵抗主义、向'精神'呼吁，是这种时代里不可避免地要出现的观念形态。"19 世纪中期以后，欧洲资产阶级文学中人道主义的思想，可以说就是列宁所指出的这种观念形态的表现。

马克思主义的经典作家曾经对 19 世纪一些伟大作家作出过很高的评价，然而却毫不含糊地指出这种人道主义的消极和有害作用。我们大家都知道，恩格斯是怎样斥责了格律恩用"人道""人性"的观点去评价歌德。格律恩把歌德说成是"人类真正的法典"、"完美的人性"、"人类社会的理想"。恩格斯指出，这些所谓伟大的"人的东西"正是歌德庸俗的小市民的一面；而歌德的伟大则在于他对当时德国社会的反抗、敌视和辛辣的嘲笑。格律恩把浮士德说成是"人道主义的人"，恩格斯尖锐地讽刺他说："格律恩先生总是把《浮士德》看作圣徒约翰的启示录。"

列宁对于托尔斯泰的评论是尤其为大家所熟知的。他同样斥责了那些取消派、路标派和资产阶级自由派用"良心"、"人道"这些观点去评价托尔斯泰。他指出托尔斯泰的伟大在于他真实地反映出第一次俄国革命中的某些本质方面，揭露了沙皇政府的黑暗。托尔斯泰的批判力量是在于表现了几百万农民的观点。列宁称赞托尔斯泰是近代艺术发展上的一大进步，但是对于托尔斯泰反动的教义——他的"良心论""普遍的爱"和"不抵抗主义"却给予毫不容情的批判。托尔斯泰的"勿以暴抗恶"可以说是 19 世纪文学中资产阶级人道主义思想最突出的表现，列宁说，这是"麻醉被压迫群众的纯净的精制的新毒药"。难道还有比这更尖锐的批评吗？

列宁指出托尔斯泰的矛盾之一，正是现实主义和资产阶级虚伪的人道主义的矛盾。他说托尔斯泰“一方面，是最清醒的现实主义，撕毁所有一切的假面具；另一方面，鼓吹世界上最混蛋的一种东西，即宗教，企图用信奉道德的神父来代替官方的神父，这就是说，培养一种最巧妙的、因而是特别恶劣的神父主义。”正是在这种矛盾之下，托尔斯泰“绝对不能理解工人运动和它在为社会主义而斗争中的作用，同时也绝对不能理解俄国革命，这是不言而喻的”。所以托尔斯泰完全避开了1905—1907年的群众革命斗争。从列宁这些分析中间来看，那么所谓人道主义是现实主义的基础，又有什么根据呢？

上述两个例子很清楚地说明了19世纪文学中人道主义的实质。为什么过去那些反马克思主义的评论家总是喜欢从人性和人道主义观点上去评价那些伟大作家，而马克思主义经典作家则总是从相反方面去斥责他们呢？为什么现代修正主义者又总是和过去那些反马克思主义者唱着同一个调子呢？这正好说明了，无产阶级与资产阶级对待文学的两种不同的评价标准：一种是从历史唯物主义的观点，也即是从阶级论的观点出发的；而另一种则是从唯心主义的观点，也即是从人性论的观点出发的。

19世纪文学中的人道主义思想同无产阶级思想比较起来，固然是消极的因素，但是在国际无产阶级革命运动起来以前，它对于人民中某些阶层也多少还有一定的作用，因为它多少还揭露了资产阶级反人道的罪恶。而现代修正主义者所鼓吹的人道主义则就完全不同了。它只是假借人道主义的幌子来代替社会主义，想把社会主义蜕化成为资本主义；它不是为了去反对帝国主义、资本主义的罪恶，而是为了延长它们的寿命。所以我们决不能把这种所谓“人道主义的文学”和19世纪现实主义文学相提并论。对待社会主义和帝国主义的态度，是我们今天判断各种思想的进步或反动的一个主要准则。现代修正主义者的所谓人道主义，正是在这一点上显露出它反动的本质。

十月革命以后，帝国主义者曾经动员了他们的御用文人，以“人道主义”的名义向伟大苏维埃政权发泄他们兽性的仇恨。高尔基当时斥之为无耻主义。他说：“不知为什么，人道主义者和‘人权保障者’只注意着一块地方，这就是社会主义苏维埃联盟所在的地方。”“如果在苏联枪毙五十个最卑鄙的犯罪者，他们就喊叫着‘残忍’，可是如果在印度，在印度支那，成千成万的无辜的人们被大炮和机关枪杀死，人道的知识分子就谦逊地沉默了。”今天这种帝国主义的御用文人也仍然和修正主义者互相唱和，以“人道”的名义来反对和污蔑无产阶级专政。此外，目前资本主义国家和殖民地国家的知识界中，还有这样的一些人道主义者的作家，他们不满意帝国主义的战争政策和殖民政策，同时对社会主义、共产主义还不能有正确的理解，但是他们在和平运动中间是反对帝国主义的。我们应当从政治上团结他们，从思想上帮助他们，使他们在反对帝国主义、保卫世界和平的统一战线中发挥出积极的作用。

我们反对资产阶级人道主义，提倡无产阶级人道主义。无产阶级人道主义是以共产主义作为思想基础的，它是彻底的革命的人道主义。无产阶级人道主义是要通过阶级斗争和革命，解放无产阶级自己，同时解放一切被压迫的人民。苏联文学、各社会主义国家文学和我们社会主义文学中，许多是经过考验的。描写社会主义革命和建设、描写革命战争和保卫和平斗争的优秀作品中，都充满了这种崇高的革命人道主义精神。这些作品中光辉灿烂的英雄人物，比起那些宣扬资产阶级人道主义、和平主义作品中的“英雄”来，其精神状态之高下，简直是天差地别。

现代修正主义者从来不敢公开承认人道主义的阶级性质。他们所标榜的，是超阶级的、抽象的人道主义，实质上则是资产阶级的人道主义。自然，他们也会在口头上谈论“无产阶级人道主义”或“社会主义人道主义”，正像他们在口头上也谈论“社会主义”、“共产主义”一样。碰到这种场合，我们就要追问一下，他们这个“无产阶级人道主义”要不要革命？要不要反对帝国主义？马克思在和右倾机会主义的拉萨尔决裂时写道：“工人阶级是革命的，否则一无所有。”只谈人道主义而不要革命，用人道主义来装饰和平主义的宣传，低声下气地同世界人民最凶恶的敌人美帝国主义者讲所谓“真诚合作”，这是对工人阶级最无耻的背叛。

现代修正主义者用人性论作为人道主义的哲学根据。他们诬蔑社会主义文学缺乏“人性”或“人情”，认为资产阶级文学写了“永恒的”、“共同的”人性，所以才有“永恒的魅力”。这种人性论的邪说已经在创作上产生了恶劣的影响，现代修正主义者力图诽谤社会主义社会和无产阶级专政怎样破坏了“善良的人性”，使得一些“普通人”的“乐生恶死”以及他们的“男女之爱”、“亲子之爱”这些“人类共性”在新社会受到了压抑。不难看出，这是何等无耻的颠倒黑白！

我国文艺界批判修正主义思想斗争中，展开了对这种人性论的有根有据的辩论。在这场辩论中，又一次表现出马克思主义新生力量的锐气。现在我想就人性论问题说一些意见。

人性的问题确实是古代以来中外哲学家、文学家不断争论的问题。两千多年以前，我国墨子的“兼爱”，杨朱的“为我”，孟子的“性善论”，荀子的“性恶论”，就是一场人性问题的大辩论。西方古代也是一样，从苏格拉底、柏拉图直到18、19世纪哲学家，不少人从事于人性问题的探讨。这些人一心要解决社会之谜，人生之谜，可是他们都不懂得从社会的客观存在中间找原因，却要从人们的主观世界中间找原因。他们往往把人性看成是天赋的东西，也就是抽象的、永恒的东西。18世纪和19世纪的启蒙主义者，逐渐认识到环境对于人的决定作用，但是仍未能完全摆脱唯心主义的观点。正如毛泽东同志在《实践论》中所指出的：“马克思以前的唯物论，离开人的社会性，离开人的历史发展，去观察认识问题，因此不能了解认识对社会实践的依赖关系，即认识对生产和阶级斗争的依赖关系。”所以他们也就不能真正解决人性问题。直到马克思和恩格斯天才地解决了存在与意识、社会存在与社会意识的关系，才使人性问题获得了科学的阐明。马克思指出：人的本质是一切社会关系的总和。可见，要了解人的本质，要了解人性，就不能离开人的社会性，不能离开社会关系——在阶级社会中就是阶级关系。毛泽东同志正是根据马克思的原理，明确指出了“只有具体的人性，没有抽象的人性。在阶级社会里就是只有带着阶级性的人性，而没有什么超阶级的人性”。

过去的梁实秋之流，今天的巴人之流，都企图用他们所谓的“人类共性”来否定人的阶级性。巴人所鼓吹的“人类共性”，用他的话说来，就是“对爱情的追求，对母爱的依恋，生的欢乐，死的厌恶，幸福生活的向往，血性仗义的敛敬……”等等。如果把“对爱情的追求，对母爱的依恋，生的欢乐，死的厌恶”作为人类的本能来看待，那么马克思主义者并不否认人类有这些共同的本能；但是人不能离开社会而存在，人的本能也不能离开他的对象而表现。作为社会的人，他的这些本能也要通过一定的社会关系来表现，并且受到社会关系的制约。所以人的意识、感情不是由人的本能所决定，而是由他的社会生活实践所决定；在阶级社会里，就是由社会的阶级关系所决定。男女之爱，亲子之爱等等，在不同的时代，不同的阶级，都有不同的社会内容，因为它们都要通过具体的社会生活而表现出来。我们能够寻找得出既不属于任何时代也不属于任何阶级的爱情关系和家庭关系吗？莎士比亚、巴尔扎克、托尔斯泰、曹雪芹等，都是描写男女爱情和家庭关系的能手，他们正是通过这种描写反映了一定的社会关系。排除了具体的社会生活关系，剩下的就只是一种生物的本能，文学又怎样来表明社会现象、怎样凭借本能的描写来激动人心呢？林黛玉和贾宝玉如果没有他们反对封建家庭的斗争，罗米欧与朱丽叶如果没有他们和贵族制度的矛盾，他们的爱情的悲剧又怎样形成、怎样存在呢？人们又怎能为他们的命运而感动呢？鲁迅总结得好：“文学不借人，也无以表示‘性’，一用人，而且还在阶级社会里，即断不能免掉其所属的阶级性，无需加以‘束缚’，实乃出于必然。”人性论者就是把阶级性和人性对立起来，崇拜抽象的人性，反对人的阶级性，千方百计地要用“共同人性”去代替阶级性。

这种思想的危害性就在于它认为一切人，包括剥削者、压迫者、侵略者在内，都是具有人类善良本性的人。只是他们的善良本性被自己的阶级特征所“淹没”了。按照他们这种观点看来，帝国主义者的侵略本性也是不存在的，因为他们也是具有人类共有的崇高东西的人。这种观点所达到的结果，就是以人性的感化去代替阶级斗争和革命，模糊了阶级界限和敌我观念，在政治上是极其反动的东西。

人性论者认为古典艺术作品之所以能够激动世世代代人们的心灵，就是由于这些作品表现了所谓永恒的、共同的人性。这种理论是毫无科学根据的。人们能够理解和欣赏古代艺术，这并不是什么不可理解的事情。每个时代和阶级的人都有他们自己的社会意识，而又能理解和感受其他时代和阶级人们的思想感情。这有什么可以奇怪的呢？社会是经过不断的阶级斗争发展过来的。《共产党宣言》中指出，社会上的这一部分人对另一部分人的剥削，是过去一切世纪所共同的事实。所以，“各个时代的社会意识，尽管形形色色，千差万别，总是在一定的共同的形态中演进的，也就是在那些只有随着阶级对立的彻底消逝才会完全消逝的意识形态中演进的。”在各个时代的阶级斗争中，凡是同被压迫阶级和广大人民利益相联系的思想感情，就可能被后来的人民所感受、激动。杰出的古典作品之所以能够引起我们的感动，就其内容来说，基本上就是这个原因。这些作品直接或间接地反映了当时社会斗争中某些和人民利益相联系的思想感情，通过高度的艺术概括，使它具有更大的普遍性和历史意义。过去每个时代的统治阶级中都有遭其统治者迫害的人物，有敢于反抗的人物，他们并不一定超越其自己的阶级界限，然而在当时的社会斗争中，他们可以和人民的利益相联系，在一定程度上成为人民的代言人，因而反映在他们身上的思想感情和优美品德，也就具有较大的普遍性。它们能够为当时人民所喜爱和感受，也能为后来的人民所喜爱和感受。文学之所以能够流传下去，只能这样去说明。此外，当然还包括艺术形式的因素；优美的艺术形式能够使后来的人喜爱，但形式和内容也仍然是不能分开的。必须指出，并不是所有古典作品都能引起各个时代各个阶级一切人们的同样性质、同样程度的感受，也不是各个时代各个阶级的人们都是在同样意义、同样角度上去感受它们。一部《红楼梦》曾经引起多少不同的看法；一个托尔斯泰曾经有多少不同的评价；有人为李煜的词而悲叹流泪；有人则讨厌他的感伤情调；资产阶级认为崇高的东西，无产阶级未必认为崇高；反过来也是一样。18、19世纪欧洲古典文学中间，那些对于当时社会黑暗的批判和抗议，特别是反封建的革命精神，对今天和今后的读者仍然有激动的力量，但是激动的性质和程度，和前人的感受已经大不相同了。今天的青年固然也有人在爱情上有这样那样的烦恼，但是如果他是具有社会主义觉悟的人，读了《少年维特之烦恼》以后，断然不会像当年德国某些青年人那样穿起黄背心而自杀。另一方面，这些古典作品中的个人主义、虚无主义、感伤主义的情调，今天很少能感动有觉悟的工人阶级，当然它还能感动一些觉悟不高的人。但这正是它的消极作用，是同无产阶级的人性相抵触的东西。现代修正主义者极力美化的所谓永恒的、共同的人性，恰好是这类有害的东西。

毛泽东同志告诉我们，不要从观念出发，而要从客观实践出发去看问题，因为观念只是客观实践的产物。所谓人性，无非是指爱和恨、忠贞、勇敢、公正等等一类观念。但是世界上决不会有无缘无故的爱和无缘无故的恨，也不会有超阶级的抽象的忠贞、勇敢、公正等等。古典作品中所反映出来的某些观念，就是古代社会生活斗争中的产物；它之所以引起后人的共鸣，总是通过后来人们的一定的社会意识作用，人们只有从社会的意义和作用上估量它们，才能真正地理解它们，欣赏它们。

马克思主义经验作家曾经无数次尖锐地批判过这种人性论的谬误。马克思和恩格斯严厉地斥责过叛徒克利盖"把争取共产主义变成爱的呓语"，"把争取共产主义的斗争"变成对于"共性的探求"；斥责过德国社会主义者把社会主义和共产主义当作"关于实现人性的无谓的冥想"。毛泽东同志关于人性问题的阐明，彻底地驳倒了现代资产阶级文人的人性论，并且指出，资产阶级、小资产阶级所鼓吹的"人性"实质上就是资产阶级的人性，就是资产阶级的个人主义。现代修正主义之所以大肆宣扬这种人性论，其目的无非是要保卫他们资产阶级的人性，反对无产阶级的人性，要按照资产阶级的世界观来改造世界。这确实不只是美学范围内的一个理论问题，而是意识形态上的两条道路的斗争。

现代修正主义者所鼓吹的这种抽象的人性论和资产阶级人道主义的文学，是一种彻头彻尾的反马克思主义的文学，是瓦解劳动人民斗志的文学。它同社会主义文学是根本对立的。打倒这种叛徒文学，肃清这些乌烟瘴气的东西，保卫马克思主义文学的纯洁性，这是一切革命文学家的共同责任。

为提高人民的共产主义觉悟而奋斗

现在全世界上十亿人口的地区里，正在进行着突飞猛进的社会主义建设；在世界其它地区，如日本、土耳其、南朝鲜、古巴、阿尔及利亚、刚果等国家的人民，正在展开一场汹涌澎湃的反帝国主义斗争。一条极其广泛的反帝国主义统一战线正在全世界范围内形成。这是遏止帝国主义侵略战争、保卫世界和平的伟大力量。中国作家必须以最大的热情，用我们的作品去支持这些斗争，和苏联及其他兄弟国家的社会主义作家团结起来，和世界上一切革命作家、一切反帝国主义、反殖民主义的作家们团结起来，坚决反对以美国为首的帝国主义侵略政策和备战阴谋。在我们国内，人民正以冲天干劲在建设我们的祖国，改变几千年来一穷二白的状况。我们不但彻底废除了人剥削人的制度，而且正在建立社会主义、共产主义的人与人的关系。劳动人民空前未有地发挥了他们的智慧、才能和个性自由，表现了劳动者大公无私的阶级友爱。千千万万劳动人民在技术革命中创造了那么多的奇迹，在文化革命中唱出了那么多动人的民歌，正是说明了在社会主义制度下劳动人民思想和个性的解放。如果要说人道主义，难道有比这更伟大的人道主义吗？这是无产阶级的人道主义，是从资本主义私有制度中解放出来的、最彻底的人道主义。然而马克思主义者并不把人道主义这个概念看做是共产主义的最高体现。我们知道，马克思早就斥责过一些空想的共产主义者把共产主义当作人道主义原则的特殊表现的错误。共产主义的目标要比这远大得多。它要彻底解放人类，征服自然和宇宙。

我们的文学为着当前的社会主义建设，也是为着共产主义最高理想而奋斗。它是能够最真实地反映出我们时代精神和生活面貌的文学，是发展共产主义个性的文学，是培养共产主义新人的文学。我们认为劳动和斗争是生活的美的基础。在社会主义时代里，当劳动和斗争成为人们自觉的创造性活动的时候，文学艺术具有比过去的一切文学艺术更广阔的天地。为了创造这样一种美的文学，我们不但要树立共产主义世界观，并且要掌握能够更适应于这种任务的艺术方法。现在我们所主张的革命的现实主义和革命的浪漫主义相结合的艺术方法，就是继承了我国和世界文学艺术史上一切优良的传统，吸收了世界无产阶级文学艺术的经验，在马克思主义的基础上加以革新和发展，以适应于表现这个英雄时代的艺术方法。这种方法，要求作家把革命的理想和革命的现实在作品中统一地表现出来；要求作家把对现实的深刻认识和共产主义的革命精神结合起来，从而使现实生活丰富多彩的色调和雄伟奔放的时代声音融和地表现出来。作为这种艺术方法的基础的，是马克思主义的不断革命论与革命发展阶段论相结合的学说，是作家的实践与认识的一致，是革命精神和实事求是的科学态度的一致。一个马克思主义的作家，应当是一个最清醒的现实主义者，又是最富于理想与创造性的革命浪漫主义者。他既不是只看到自己鼻尖的人，也不是揪着自己的头发想飞离地球的人。

周扬同志和茅盾同志的报告中，对于这个问题已经作了精辟的阐释，我只想补充下面两点意见。

第一，是关于理想和现实相结合的问题。在这个问题上，曾经有过一些不正确的看法的。有些人以为强调理想就会妨碍真实，他们把现实主义理解为只是按照实际生活如实描写，不需要比实际生活更高，也不需要理想和幻想；有些人则以为表现革命的理想，就是把今天的生活描写成明天的样子，只要单纯地依靠一些夸张和幻想的艺术手法就可以表现了。这都是对于现实主义和浪漫主义的庸俗理解。我们认为理想与现实是一种对立的统一的关系，理想是建立于现实的基础之上，而又引导现实向前发展。艺术的真实性，正是由于它表现了现实的革命发展，表现了比实际生活更高、更强烈、更有集中性、更典型、更理想的东西，所以才能够具有鼓舞人向前的力量，才能够打动千百万读者的心灵。创作方法上的理想与现实的结合，正是为了达到这种要求。所以，我们反对那种为描写生活而描写生活的爬行的现实主义的倾向，也反对那种脱离现实生活去幻想未来的虚伪的浪漫主义的倾向。理想与现实的结合，是要求作家从现实生活基础上提高一步，表现出我们时代的远景和理想，使人们读到这些作品，为之神旺气振，眉飞色舞。这不是只依靠某种艺术手法所能做到的事情。根本的问题是要求作家从共产主义的思想高度上，从未来的远大目标上，去观察生活、处理题材和人物。现实是不断发展的，只有在革命理想的照耀之下，才能更清楚地看出它本质的真实，更突出地反映出这种真实。举例来说，在一些描写民主革命时期题材的作品中，有的是从社会主义、共产主义思想高度上来描写的（例如《红旗谱》），有的则只是从民主革命思想高度上来描写的（例如《新儿女英雄传》）。它们都是描写过去在党领导下的人民斗争，尽管艺术能力有高低，但作品所反映的历史内容哪一种更真实呢？这是无需答复就可以明白的。一个革命作家，如果没有革命的理想，没有革命的追求，他的创作又是为了什么目的呢？修正主义者是从倒退的方向来看现实，他们是看不到真实的。追随于生活后面的作家，他们也不可能充分表现出时代的真实，只有站在共产主义思想高度的作家，具有伟大理想和革命热情的作家，才可能更真实地、更正确地表现出这个伟大的时代。

自然，除了思想高度以外，还需要有生活的深度。马克思主义者从来认为实践是认识的基础。革命的理想正是建立在实践与认识的一致上，脱离革命实践的理想是空洞的，消极的。我们不需要这样的理想。思想的高度和生活的深度互相结合，是使革命理想和现实能够统一地在作品中表现出来的主要关键。

第二，是关于革命英雄人物的创造问题。这涉及到对于典型的理解。在这个问题上，也是有过争论的。一种错误的倾向是把典型的意义理解得很狭隘，只强调表现社会本质，忽视了典型人物还必须具有鲜明的个性。这种倾向容易把创作引导到概念化、公式化的道路上去。另一种错误的倾向是否认典型的阶级性和倾向性，这就会把文学引导到修正主义的道路上去。我们认为典型人物总是代表一定的阶级倾向和时代精神的，而同时又是具有独特的鲜明个性的。为什么我们要特别强调创造革命英雄的典型呢？就因为他们是时代精神的代表者，是现代无产阶级和劳动人民的杰出榜样。我们的文学既然以提高人民的共产主义觉悟为主要任务，就应当首先去创造各种各样的、有共产主义道德品质和英雄气概的劳动人民形象，歌颂生活中新生事物的萌芽，以鼓舞教育千百万人民。恩格斯在给拉萨尔的信中说："主要的人物事实上代表了一定的阶级和倾向，因而也代表了当时一定的思想。他们行动的动机不是从琐碎的个人欲望里，而是从那把他们浮在面上的历史潮流里汲取来的。"恩格斯这一段话正是对于他所提出的"典型环境中的典型性格"这个原则作了最好的阐明。他清楚地指出作家要去创造能够代表一定时代精神和阶级倾向的各种典型。那么，在今天我们这个时代里，作为典型环境中的正面的典型性格，不正是那些从生活斗争中不断涌现出来的革命英雄吗？恩格斯这段话彻底驳斥了那些认为典型没有阶级性和倾向性的错误理论，驳斥了那种片面地强调写个人琐碎欲望和写"小人物"的修正主义的理论。毛泽东同志向我们指出，文艺作品应当把日常的现象集中起来，把其中的矛盾和斗争典型化，使人民群众惊醒起来，感奋起来，推动人民走向团结和斗争，实行改造自己的环境。这些话都说明了典型的倾向性的意义。只有坚持这种创造典型的原则，才可能达到倾向性与真实性的一致。一百多年前，马克思和恩格斯就要求作家去描写无产阶级的叱咤风云的英雄人物，而在目前这样的伟大的时代里，我们难道不应当更好地去创造这个时代的英雄形象吗？

自然，这不是说，我们不要描写反面人物了。我们也要描写他们。我们描写他们，是为了鞭挞他们，为了肃清资产阶级的思想影响，消灭资本主义残余。任何事物有正面必有反面；任何时候，生活中总存在着矛盾。避开矛盾是错误的。作家总是通过各种矛盾和斗争表现出劳动人民的英雄品质。

有人以为大家来描写革命英雄人物，就会写成千篇一律，这只能说明他对于革命生活的无知。现实生活中英雄人物的性格是多种多样的，他们是具有最丰富的精神生活和鲜明个性的人。作家不仅要概括、集中英雄人物的本质特征，还必须描写出各个英雄的独特个性，典型性格必须是通过人物的鲜明个性的描写而表现，决不能用一些抽象的革命概念来代替，或者把某些性格特征从外部贴到人物身上去，也不能依靠某些人为的惊险情节来表现他们的英勇。人物的创造必须是通过作者生活斗争中的真实的认识、感受和艺术的概括，才能产生出感染人的力量。

革命现实主义和革命浪漫主义相结合的方法是一条极其广阔的创作途径，它要求有多种多样的风格和形式，要求批判地吸收中外古今的一切优良传统加以融会贯通，推陈出新。这种方法绝不是什么创作规程，不是配方单，而是向作家指出一种创作实践的原则，要求作家在这个共同原则下更充分地发挥出创作的个性，贯彻百花齐放、推陈出新的文艺方针。

我们的任务是艰巨的，我们的前途是光明灿烂的。这次文代大会总结了上次大会以来的文学艺术经验，进一步明确了我国社会主义文学艺术的道路和方针、方法，提出今后奋斗的任务。我们应当根据党的文艺方针路线来讨论文学方面实现这些任务的具体要求。

第一，是在创作上更好地贯彻工农兵方向和百花齐放的政策。为了发展创作，提高质量，我们要求：在创作上展开在共同的革命倾向下多样题材、多样风格、多样形式的自由竞赛。我们要有更多的迅速反映当前现实的短小作品，也要有更全面地深刻地描写一定历史时代的大型作品；我们提倡描写当前重大斗争题材的作品，也要求有反映社会生活各个方面的题材和描写历史题材的作品。倾向必须正确，题材、形式、风格、体裁上应当力求宽广，避免狭隘。近年来小说、诗歌、电影、戏剧有很大发展，还应当继续发展；同时，我们还必须更积极提倡散文、特写、政论、儿童文学、革命回忆录等各种形式；并且进一步开展群众创作运动，使普及与提高更好地结合。这种创作上的自由竞赛，应当根据作家的经验和特长，依靠作家的干劲和创作热情；正确地对待质量与数量的关系，而不要片面地追求数量，或脱离现实基础去好高骛远。

我们要求：创造出更多的令人难忘的英雄形象，作为人民学习的榜样。在我国文学史上，一个司马迁描写了多少历史人物，一部《水浒传》又创造了多少古代农民革命英雄形象。我们应当学习我们祖先的精神，产生出我们这个时代的司马迁和施耐庵，在社会主义文学的画廊上展示出一系列的无产阶级英雄的不朽典型。

我们要求：在坚持文学的党性原则的同时，更好地发挥文学的独创性。文学的党性和创作的个性是互相结合的。只有在无产阶级坚定鲜明的立场上，才能最自由地发挥创作的个性；反过来说，在马克思主义世界观的基础上，发扬了个人的创造性，才能充分表现出文学党性的力量。革命的文学要有革命的独创性，有自己民族的独创性，又要有各个作家的个人的独创性。革命的作家要有对于生活和艺术的正确的独到见解，又要有表现生活的独特风格，从而能更好地促进百花齐放。我们既要继承传统，又要突破传统，才能更好地做到推陈出新。主要的关键在于：坚定立场，解放思想，深入群众，提高修养。

我们要求：坚持不懈地贯彻知识分子劳动化的方针，改进我们的生活方式。我们要永远和劳动人民打成一片，和他们共呼吸，共命运。要保持勤劳、朴素、艰苦奋斗的作风，坚决反对追求名利的个人主义恶劣习气。在我们生活中，加强政治锻炼、参加劳动和斗争、提高文化和艺术修养和努力创作实践，应当是互相结合的。为了使这些方面配合得更好，每个作家要根据创作需要和个人情况，定出今后一定时期内的生活、学习和创作的计划。作家协会及其分会应当在这方面作出比较长期的全面安排，给予作家以热情的切实的帮助；我们要有更多的作家，继续深入到各方面的基层生活中去，参加劳动和斗争。群众生活是创作的土壤，我们的根扎得愈深，社会主义文学的百花，就必然开得更繁盛。

第二，是加强文学的理论批评，更好地实践百家争鸣的方针。在这方面，我们的中心工作是：认真学习和阐发马克思列宁主义的美学理论和毛泽东文艺思想；坚决反对现代修正主义和一切资产阶级反动文艺思想；加强对当代作品的评论工作；进行对文学遗产的研究、批判和继承；认真总结革命文学的历史经验。这些都是长期的任务。马克思主义的真理总是经过反复的斗争，反复的辩论，才愈来愈明确。因此，进行不断的思想斗争，树立自由辩论的风气，提倡马克思主义的理论与实际相结合的科学方法，是发展文学理论批评工作的基本条件。我们的态度是：坚持原则，旗帜鲜明，而同时又是实事求是，以理服人。我们首先要发扬马克思主义理论批评的战斗性和创造性，同时也要防止克服简单化、片面性和教条主义的倾向。我们要求：各文学研究机构、各文学刊物、各高等学校文学院系在现代文学的评论上，在学习和批判文学遗产的工作上，在总结文学历史经验的工作上，在继续开展学术辩论的工作上，互相配合，通力协作。我们要求：大力加强作品的评论工作，多多写出一些方向正确而且有独创见解和精湛的有艺术分析的评论文章。这是浇花锄草，发展创作的一个重要条件。批评家应当满怀热情地去注意和关怀新的作品，鼓励和帮助新的作家；应当用同志式的态度和作家商讨问题，研究各个作家的创作经验，作家也应该用虚心的态度去倾听批评家和读者的意见。一部作品的产生总是要经过艰苦的努力，我们必须尊重作家的劳动，绝对不能采取贵族老爷式的粗暴轻率态度，也不要采取无原则的捧场态度。不但理论批评工作者应当注意作品的研究和评论，作家和诗人也都应该参加评论的写作。文学史上有许多杰出的作家，同时也是杰出的评论家。我们应当向他们学习。文学团体和刊物应当有计划地组织作品讨论，发展群众的业余评论，以鼓舞创作热情和促进创作水平的提高。近年来各文学研究机构和高等学校文学院系在整理研究文学历史经验方面，已经做了很多工作。我们要求在这个基础上继续深入研究，总结经验，编写出更富于创造性和科学性的文学史和文学理论教材。

第三，是扩大文学队伍和提高队伍的水平。四年来文学队伍有了很大的发展和提高，但和国家建设情况和需要相比较，我们的队伍究竟还是很小。我们不但要继续改造现有的队伍，坚持作家工农化，尤其要从群众中不断去发现、培养更多的工农出身的作家和青年作家；不但要扩大队伍，而且要提高队伍的水平；不但要认真学习马克思列宁主义，学习毛泽东同志的著作，并且充实社会知识、文化知识，不断提高艺术技巧。提高艺术修养与技巧，就是为了锻炼我们的武器；武器锻炼得愈锋利，文学的战斗性就愈能发挥。我们应该采取多种的灵活方式，帮助青年作家提高政治和艺术水平。我们要求每个省、市、自治区分会在党委领导下，在革命斗争的锻炼中和不断的艺术实践中，迅速地各自建立起一支更加精锐的专业作家队伍和一支更加广泛的群众创作队伍。专业作家应该扎根在自己的生活根据地，不要因为专业创作而脱离群众生活。群众的业余创作组织应该得到文学团体和刊物的热情支持和帮助，在提高指导下取得更大的普及。

第四，是提高文学刊物和书籍的质量，加强编辑的工作。文学刊物和出版社是我们的战斗阵地。我们每个刊物和出版社都联系着广大的读者群众，对于树立文学的正确方向和健康风气有很大关系。因此办好刊物，首先是全国性的文学刊物，提高出版物质量，是作家协会及其分会的主要工作之一。我们要求：刊物不但要有鲜明的倾向和丰富的内容，并且在编辑工作上也要发挥创造性。刊物编辑工作应当在鉴别香花毒草的六项标准下，坚决贯彻百花齐放、百家争鸣的精神。我们强调提高刊物和出版物的质量，提倡严肃认真、生动活泼的编辑作风，反对粗制滥造、陈陈相因的编辑作风。我们要求：文学刊物和出版社，不但要把培养新作家、团结老作家作为自己的职责，而且应该采取措施加强对编辑工作者的培养和提高。编辑工作者和作家、评论家一样，都是文学事业上的重要骨干。编辑工作者担负着文学战线上极其繁重的教育和组织工作，必须充分重视他们，帮助他们学习和深入群众生活，积极提高政治修养和文学修养。

我们要做的工作还有很多，但首先要求把上述一些主要工作做好，使党的文艺方针得到具体的贯彻。做好这些工作的基本关键是不断地改造和提高我们的世界观，加强党对文学的领导。革命文学事业是革命事业中的一部分，必须坚决服从党的领导。这是列宁关于党的文学的根本原则。我们必须坚定不移地遵守这个原则，反对一切脱离政治的倾向。

世界已经进入到20世纪的60年代。共产主义的太阳已经照亮东方，西方世界阴霾重重，正在一天一天地烂下去。帝国主义的寿命不很长了。这是帝国主义和无产阶级革命的时代，是社会主义和共产主义胜利的时代。在文艺战线上，也是社会主义、共产主义文艺胜利的时代。只要坚持马克思列宁主义和毛泽东的文艺路线，积极努力，艰苦奋斗，我们一定能够创造出更加辉煌的成果。让我们在毛泽东旗帜下更好地团结起来，让我们同苏联和一切社会主义国家的人民与作家团结起来，同全世界一切反对帝国主义、殖民主义的人民与作家团结起来，为了伟大的社会主义建设和共产主义的理想，为了世界和平和人类的明天，在战斗中奋勇前进吧！